週末作って毎日簡単！

# 作りおきのラクうまおかず

平岡淳子 著

ナツメ社

prologue

# まとめておかずを作りおきしておくと、

　私にとって毎日のごはん作りは「今日は夫や娘の好きなコレをつくろうかな……」「今日はアレが食べたいな……」「冷蔵庫にアレが残っているから、今日はコレをつくろう……」などと考えながら買い物をしたり、準備をして、とても楽しい時間です。

　しかし、仕事が忙しかった日やいろいろと疲れている日、体調がすぐれない日のごはん作りは「どうしよう……」と正直、困ってしまうことがあります。

　このような仕事をしていると、どんなときもごはん作りには困らないだろうと思われがちなのですが、メニューを考えることはできても、作って片づけてが体力的にキツイなぁと感じてしまうときがどうしてもあります（苦笑）。

　そんなときに、お惣菜を買ってきて食べるのは簡単なのですが、続いてしまうと気が引けます。家族にも少し申し訳ない気持ちになります。

　でも、魔法使いではありませんから、呪文を唱えてステッキをふりかざして出来上がり！　というわけにもいきません。やはり、どこかで少しでもいいから時間を作り、できるときに準備をしておくことが必要なのかなと思います。

　手作りのごはんには、まごころがたっぷり詰まっています。それだけで、人は元気になれるものです。

　この本では、そのときの心と時間の余裕に合わせて選んでいただけるように、気楽にささっと作れる簡単なものから、じっくりと時間をかけて作る煮込み料理まで、あらゆる種類のおかずをご紹介しています。

　朝でも夜でも休日でもいいと思います。週に1時間半「作りおきのおかずをつくる時間」を確保してみれば、必ず、忙しい日の救世主になってくれるはずです。

2015年 冬　平岡淳子

# 忙しい日でもおいしいごはんが食べられる

# CONTENTS

この本の特長と決まり…10

## PART 1
### 作りおきの基本＆徹底活用術

まとめて作っておいしく使い切る！

作りおきおかずで
1週間ラクうまごはん生活をはじめよう！…12

作りおきおかずの冷蔵・冷凍保存の基本…14

これがあると便利！
ラクラク野菜＆魚介冷凍ストック…16

作りおきおかずをおいしく食べきる活用法…18

作りおきおかずで実践！平岡さん家の
ラクうまごはん作り1week!…20

作りおきおかずのおすすめ調理器具＆道具…24

**column**
この本で使う調味料のこと…26

## PART 2
### 定番の便利おかず

いろんなメニューに早変わり！

#### 作りおきおかずでラクうま晩ごはん

❶ 肉じゃがの和風献立…28
❷ あさりのトマトパスタの洋風献立…29
❸ えびにら水餃子の中華風献立…30
❹ チキン南蛮キャベツタルタルの献立…31

#### 定番おかずのおいしい作り方

❶ **定番コクうまカレー**…32

カレーバリエ…34
　根菜カレー／完熟トマトとコーンのカレー／
　ひき肉と夏野菜のカレー／欧風シーフードカレー

カレーアレンジ…35
　野菜とカレーのオーブン焼き／
　カレーの残りでサモサ風／カレーうどん

❷ **鶏のから揚げ**…36

から揚げバリエ…38
　もちこチキン／豚こまから揚げ／
　ふっくら鶏むね肉のから揚げ／ハーブフライドチキン

から揚げアレンジ…39
　から揚げおにぎり／ベトナム風揚げ鶏／から揚げサラダ

❸ **肉じゃが**…40

肉じゃがバリエ…42
　トマト肉じゃが／ツナじゃが／シンプル牛すじ肉じゃが／
　ピリ辛鶏肉じゃが

肉じゃがアレンジ…43
　温泉卵のせ／和風あんかけオムレツ／焼き春巻き

❹ **ハンバーグ**
　赤ワイントマトソースとアボカドソース…44

ハンバーグバリエ…46
　和風ポークハンバーグ／ひとくちイタリアン風ハンバーグ
　／チーズinハンバーグ／
　プロヴァンス風目玉焼きのせハンバーグ

ハンバーグアレンジ…47
煮込みハンバーグ／ピーマン、パプリカ、ズッキーニの肉詰め／ハンバーグサンド

### ❺ 餃子…48
餃子バリエ…50
えびにら餃子／春菊と白菜の餃子／牛肉とトマトの餃子／えびとれんこんの餃子
餃子アレンジ…51
水餃子／ペリメニ風／サルサ風揚げ焼き餃子

### ❻ 鶏むね肉のしっとりゆで オイスター中華ダレ…52
ゆで肉バリエ…54
ゆで牛すじ／ゆで豚／ゆで牛すね肉／鶏ハム
ゆで肉アレンジ…55
ゆで豚のポッサム（韓国風ゆで豚の野菜巻き）／牛すじと豆腐、大根のしょうゆ煮込み／鶏ハムのサラダ

### ❼ ミートソース…56
ミートソースバリエ…58
白いミートソース／タコスミートソース／坦々ミートソース／エスニックミートソース
ミートソースアレンジ…59
ミートオムレツ／ミートソースとブロッコリーのココット／ミートチーズ春巻き

### ❽ シーフードフライ（あじフライ）…60
シーフードフライバリエ…62
えびフライ／かきフライ／いかリングフライ／ほたてフライ
シーフードフライアレンジ…63
あじフライのサラダ／フライのタルタルグラタン／えびフライサンド

### ❾ 麻婆豆腐…64
麻婆豆腐バリエ…66
麻婆春雨／麻婆揚げじゃがいも／麻婆なす／麻婆白菜

麻婆豆腐アレンジ…67
麻婆白菜そうめん／麻婆じゃがいものチーズ焼き／麻婆なすのご飯レタス包み

### ❿ えびのマカロニグラタン…68
グラタンバリエ…70
サーモンとじゃがいものフライパングラタン／なすのミートラザニア／チキンときのことトマトのグラタン／かきとほうれん草のグラタン
グラタンアレンジ…71
グラタンのクレープ包み焼き／グラタンコロッケ／パングラタン

### column
**作りおきおかずをおいしく作るだしのとり方**
和風だし／だしがらふりかけ…72
中華だし／だしがらささみの簡単から揚げ／洋風チキンスープ／洋風だしがらゆで鶏の香味野菜あえ…73

### column
**困ったときのクイックおかず①**
納豆オムレツ／ハムとチーズとねぎのオープンオムレツ／豚肉キムチ卵炒め／トマトと卵の炒め物…74

# PART 3
## 肉＆魚介の作りおきおかず

しっかりボリューム！

### 余りものでラクうま弁当＆ランチ

❶ おかずおにぎり弁当…76
❷ 肉じゃがオムレツ弁当…77
❸ しょうが焼きサラダプレート…78
❹ ミネストローネのランチプレート…79

### 鶏肉 のおかず

照り焼きチキンロール…80
ガーリックバターチキン／
ミラノ風チキンカツ…81
鶏の天ぷら／鶏レバーのしょうが煮…82
油淋鶏／棒棒鶏…83
本格チキンカレー／鶏ピザ…84
キャベツチキン南蛮／鶏の白ワイン煮込み…85

### 豚肉 のおかず

豚の角煮と煮卵…86
焼き豚／ひとくちトンテキ…87
豚のしょうが焼き／豚みそ…88
回鍋肉／野菜と黒酢の酢豚…89
ハーブローストポーク／
豚とプルーンの赤ワイン煮込み…90
ねぎみそダレトンカツ／豚の五目春巻き…91

### 牛肉 のおかず

牛肉のデミグラスソース煮込み…92
すき焼き／牛肉と玉ねぎのしょうゆ煮込み…93
プルコギ／ビーフストロガノフ…94
チンジャオロースー／ローストビーフ…95

### ひき肉 のおかず

スウェーデン風ミートボール…96
中華風ミートボール／四川風おかずワンタン…97
ミートローフ／アッシェパルマンティエ…98
ミートクリームコロッケ／チキンナゲット…99

ドライカレー／野菜鶏そぼろ…100
シュウマイ／しそと松の実のつくね…101

### 切り身魚 のおかず

金目鯛の昆布じめ…102
コールドサーモンパプリカソース／
自家製まぐろのツナ…103
ねぎま／かじきのベーコン巻きフライ…104
かつおの佃煮／鮭のちゃんちゃんホイル焼き…105

### 青背魚 のおかず

しめさば…106
いわしのマリネ／さんまのハーブ焼き…107
あじの南蛮漬け／ぶりの照り焼き…108
いわしの梅煮／さばの竜田揚げ…109

### 魚介 のおかず

えびチリ…110
かきの中華風オイル漬け／いかのレモンマリネ…111
いかのトマト煮込み／たことたらこのコロッケ…112
えびマヨ／えびのさつま揚げ…113

### column
### 揚げ物4日目リメイクレシピ

天丼／天むす／うどん／卵とじ丼…114
ごましょうゆ甘酢あえ／スイートチリマヨあえ／
ポン酢おろしあえ／サルサドレッシングサラダ…115

### column
### 困ったときのクイックおかず②

すごもりキャベツ／なすとしいたけのじゃこピザ／
ゆでいんげんと豚しゃぶのごましょうがあえ／
なすの油炒め…116

# PART 4
## 卵・豆腐・豆類の作りおきおかず

手軽でヘルシー！

### 余りものでラクうま朝ごはん

① ミートソースのせごはんプレート…118
② 納豆オムレツのおそうざいプレート…119
③ ゆで肉スープでにゅうめんの献立…120
④ クラムライスプレート…121

### 卵 のおかず

ふくさ焼き…122
卵焼き／味たまご…123
アジア風牛肉オムレツ／
じゃがいもとハムのスペイン風オムレツ…124
にんじんとツナの卵炒め／茶碗蒸し…125
大阪風いか焼き／
ズッキーニとコーンとトマトの卵パイ…126
かに玉／親子煮…127

### 豆 のおかず

チリコンカン…128
ひたし豆／金時豆の甘煮…129
五目豆煮／ふわふわ枝豆豆腐…130
青大豆とれんこん、えびの明太マヨあえ／カスレ…131

### 豆腐 のおかず

五目白あえ…132
肉豆腐／焼き油揚げの香味梅あえ…133
豆腐のジョン／豆腐とひじきの揚げ団子…134
厚揚げの肉巻きカツ／豆腐の中華マリネ…135
おからといかの煮物／厚揚げのケチャップ炒め…136
お揚げの宝煮／がんも煮…137

#### column
**一品で終わらせたいときの丼＆ワンプレート**

中華丼／春菊トマト肉豆腐どんぶり／ビビンバ／
野菜と卵のクッパ…138
えび、にら玉、トマトどんぶり／
ラタトゥイユとモッツァレラの冷製パスタ／
ねばねば納豆丼／野菜たっぷりチーズトースト…139

#### column
**困ったときのクイックおかず③**

洋風かつおのたたき／たことトマトのサラダ／
あじのたたき／まぐろとアボカドとくるみのサラダ…140

# PART 5

## 野菜の作りおきおかず&サラダ

### 作りおきおかずでヘルシーランチ

❶ 鶏五目ぞうすいのヘルシー献立…142
❷ 玄米ガパオライスの献立…143
❸ しめさばサラダプレート…144
❹ 玄米塩おにぎりプレート…145

### 緑黄色野菜 のおかず

ラタトゥイユ…146
アスパラガスの生ハム巻きフライ／
パプリカと紋甲いかの中華炒め／
ほうれん草とトマト・チーズのロールカツ…147
ゴーヤとウインナーのかき揚げ／にらレバ／
いんげんのごまみそあえ…148
にんじんといんげんのたらこ炒め／春菊とちくわのナムル／
豚とセロリとパプリカの炒め物…149
小松菜といかの梅あえ／かぼちゃと卵のサラダ／
かぼちゃ茶巾のチーズ焼き…150
パプリカのオイル漬け／ブロッコリーと卵の明太マヨあえ／
かぼちゃのグラタン…151

### 淡色野菜 のおかず

筑前煮…152
れんこんのもちもち揚げ／かぶときゅうりとミニトマトの
ピクルス／れんこんの挟み揚げ…153
八宝菜／れんこんの豚肉巻き照り焼き／
キャベツとあさりの酒蒸し…154
大根と鶏肉のこっくり煮／大根と豚ばら肉の和風だし煮／
白菜と豚ばら肉のピリ辛中華蒸し…155
白菜としめじのカレークリーム煮／レモンなます／
キャベツのミルフィーユ…156
肉入りごまきんぴら／五目きんぴら／たたきごぼう…157

### いも のおかず

里いもと鶏ひき肉の煮物…158
じゃがいもとほたてのオーブン焼き／じゃがいもと豚肉の
オイスター炒め／山いもたっぷりのお好み焼き…159
さつまいもとじゃこのきんぴら／さつまいものレモン煮／
じゃがえび…160
マッシュポテト／じゃがいも餅／
じゃがいもといんげんのスパイス炒め…161

### きのこ のおかず

きのことチキンのクリーム煮込み…162
きのこペペロンチーノ／きのことツナとなすのトマト煮込み
／マッシュルームとほうれん草のクリームパイ…163
塩なめたけ／きのこ春巻き／
きのこと厚揚げのピリ辛炒め…164
きのこと豚肉のストロガノフ／きのことささみのホイル焼き
／しいたけの肉詰めフライ…165

### 乾物 のおかず

切り干し大根の甘酢あえ…166
ごちそうひじき煮／高野豆腐の肉詰め煮込み／
チャプチェ…167
クーブイリチー／かにと春雨の炒めもの／
しらすとわかめの卵焼き…168
松前漬け／高野豆腐のごまから揚げ／
桜えびと玉ねぎ、そら豆のかき揚げ…169

### おそうざいサラダ

シーフードサラダ…170
春菊とくるみ、じゃこのサラダ／トマトとツナ入り
　にんじんサラダ／豆腐とわかめのサラダ…171
ヤムウンセン／ポテトサラダ／スパゲッティサラダ…172
ひじきとささみのサラダ／マカロニサラダ／
ニース風サラダ…173

#### column
**冷凍野菜からのパパッと料理**

ゴーヤチャンプル／パプリカのきんぴら／
トマト、なす、豚肉炒め／たらこマッシュ…174
揚げなすと小松菜の炒め煮／落とし卵とオクラのみそ汁／
きのことツナのオムレツ／キャベツとベーコンの卵とじ…175

#### column
**困ったときのクイックおかず④**

明太ポン酢冷奴／小松菜とじゃこのオイル蒸し／
玉こんにゃくの炒り煮／ハーブフライドポテト…176

# PART 6

\時間があるときに作っておきたい／

## 煮込みおかず＆あったかスープ

### 作りおきおかずで持ちよりパーティー

❶ 牛ステーキ肉のグリルがメインのおもてなし…178
❷ ひとくちイタリアン風ハンバーグのおもてなし…180

### 煮込みおかず

豚もつ煮込み…182
牛すじの土手煮／牛肉のトマト煮込み…183
ビーフシチュー／白菜のクリームシチュー…184
ロールキャベツ／チキンとパプリカの煮込み…185
あさりとじゃがいものトマトソース煮込み／ポトフ…186
うちのおでん／簡単参鶏湯…187

### あったかスープ

クラムチャウダー…188
オニオングラタンスープ／ミネストローネ…189
えびワンタンとレタスのスープ／
にんじんとかぼちゃのクリームスープ…190
なすと豚肉のすいとん／白みそと酒粕の豚汁…191

#### column
金曜日に必ずチェック！ 冷蔵庫整理メニュー
いろいろカレー…192
かつおの手こね寿司／あんかけチャーハン／
春菊とえび、ベーコンのパスタ…193
いろいろかき揚げ／オイスターソース炒め／
なんでもトマトスープ／なんでも浅漬け…194
ちゃんこ鍋／おじや／中華麺／煮込みパスタ…195

#### column
おかず作りがラクになる！
ソース・タレ・ペースト

★ソース
さっぱり梅ソース→大根と春菊とたこのサラダ／
ハニーマスタードソース→チキンメンチカツ／
パプリカマヨソース→ほたてとえびの冷製パプリカソースがけ…196
トマトソース→かつおのフライ イタリアン仕立て／
ホワイトソース→えびとアボカドのクロックムッシュ／
スイートチリソース→生春巻き…197

★タレ
塩ねぎダレ→牛タン塩焼き／
にらじょうゆダレ→しゃぶしゃぶ／
ごまダレ→さつま揚げと小松菜のあえもの…198
からし酢みそダレ→鯛と香味野菜のからし酢みそあえ／
ゆずみそダレ→なすのみそチーズ焼き／
麺つゆダレ→揚げびたし…199

★ペースト
鮭フレークペースト→鮭フレークペーストのサワークリームあえ、じゃがいものせ／
バジルペースト→トマトと豆腐のサラダ／
えびペースト→万願寺唐辛子のえび団子詰め揚げ…200
パプリカトマトペースト→青大豆とモッツァレラのサラダ／
ゆで卵ペースト→野菜ロールカツのゆで卵ペースト添え／
白身魚ペースト→コーンのさつま揚げ…201

**おかずさくいん** …202

# この本の特長と決まり

まとめて作っておくと毎日の食事作りがラクになる、おいしいおかずをたくさん紹介しています。
本書の特長をおさえて上手に使いこなしましょう。

### 調理のコツ！で おいしく作るコツを わかりやすく解説

定番料理のおいしく作るコツは、写真つきで丁寧に解説。食材別の料理にも調理のコツが入っているから、料理の腕も上がりそう！

### お皿の上が想像できる、 うれしい盛りつけ例！

作りおきおかずの盛りつけ方をわかりやすく解説。今夜の盛りつけの参考に。

### 作り方の順番がわかる 豊富なプロセス

定番料理の作り方は目で追いながら失敗なく作れるプロセスつき。

## カロリーは 1人分です

カロリーはすべて1人分で『日本食品標準成分表2010』をもとに計算しています。

## わかりやすい 冷蔵・冷凍保存マーク

それぞれの作りおきおかずには冷蔵、冷凍期間を示すマークをつけています。

## パワーアップ！ おすすめシーンアイコン

そのおかずがどんな人やシーンに向いているかを示すイラストマークつき。参考にしましょう。

おばあちゃん　お父さん　お姉さん　中高生

子ども　おつまみ　おもてなし　朝食

夕飯　お弁当

### 下味・冷凍など、 おすすめの保存法を紹介

下味で冷凍したほうがおいしいもの、完成させてから保存するものなど、おすすめの保存法を紹介。

---

◎材料は4人分を基本にしています。
◎計量単位は1カップ＝200㎖、大さじ1＝15㎖、小さじ1＝5㎖、米1合＝180㎖としています。
◎水溶き片栗粉は片栗粉を同量の水で溶いたものを使用しています。例外の場合は、記載している分量で調理します。
◎電子レンジは600Wを基本としています。500Wの場合は加熱時間を1.2倍にしてください。
◎「少々」は小さじ1/6未満、「適量」はちょうどよい量、「適宜」は好みで必要であれば入れることを示します。

### 定番からの バリエ・アレンジ も豊富！

食材や味つけ、調理法のバリエーションや、定番おかずのアレンジレシピまで豊富に紹介！

### 素材別に毎日の献立に 役立つおかずを紹介！

夕飯、おつまみ、お弁当、おもてなしにも使えるおいしいおかずがたっぷり。

PART 1

まとめて作っておいしく使い切る!

# 作りおきの基本＆徹底活用術

作りおき生活をはじめるにあたり、おぼえておきたい基本をわかりやすく紹介！
冷蔵、冷凍のコツやおいしい解凍方法、
おいしく使い切るアイデアなど満載でお届けします。

### 作りおきおかずで
# 1週間ラクうまごはん生活をはじめよう！

1週間分のおかずを作りおきしておけば、食事作りがぐんとラクになる！
日持ちする煮物や揚げ物と、冷凍できるものを活用して、簡単でおいしい食生活を始めましょう。

## 1

### 週末まとめて
### お買い物♪

普段忙しくて、平日に落ち着いて買い物ができない方は、週末にまとめてお買い物をするのがおすすめです。休日に買うのは日持ちする食材を中心にして、お刺身などの生ものは週の途中で買い足しましょう。冷凍できるものや日持ちするものを週末に調理して、平日はそれらを使い回すとラク。

## 2

### 週末どこかで1時間半ほどを
### 作りおきタイムに

週末に1時間半くらい、作りおきおかずを作る時間、または材料を準備する時間を作ることが大切です。今日はちょっと余裕があるという日に、頑張ればいいと思います。まとまった時間が作りにくい場合は、毎日の食事作りの際に多め（1.5倍〜2倍）に作り、その都度ストックしても。

> 平岡さん家の

# ある日の作りおきスタイル

### パターン 1 野菜はまとめてゆでてストックしておく

冷凍できる野菜は週末にまとめてゆで、食べやすいサイズに切ってからラップをして保存袋に入れ、冷凍庫に入れておきます。小松菜やほうれん草、ブロッコリー、いんげん、そら豆、グリーンピースなどが、ストック野菜に適しています。使用するときは自然解凍を。

### パターン 2 煮込みやゆで肉と短時間調理を同時に

作りおきするときは、同時に調理することで時間短縮を！ たとえば私は、コンロのひとつでポトフやカレー、シチューなどの煮込み料理を作りながら、もうひとつのコンロでは鶏そぼろやミートソース、たらこ炒めなど、パパッと炒められる料理を数品作っています。

### パターン 3 揚げ物を作るときは必ず少し冷凍する

から揚げや魚のフライなど、揚げ物を作るときは、衣をつけた状態で少し残して、冷凍しましょう。何種類かたまると、フライの盛り合わせとして一気に揚げて、豪華な食卓に。おもてなしにも最適！ なお、なすは素揚げした状態で冷凍ができるので便利です。

### パターン 4 必ず多めに炊いて冷凍ご飯をストック

ご飯は多めに炊き、ご飯茶碗一杯分ずつラップで包んで保存袋に入れ、冷凍庫に入れてストックを作っておきましょう。ご飯が熱いうちに冷凍庫に入れてOKです。解凍するときは自然解凍せず、凍ったままラップごと電子レンジにかけて温めてください。

## 作りおきおかずの
# 冷蔵・冷凍保存の基本

作りおきは保存方法にこだわるのが大切です。なんでもすぐに冷凍せずに、食べる頻度や素材によって保存方法を変えましょう。保存容器への詰め方も注意してください。

### すぐに食べたいものは 冷蔵保存

本書に記載した保存期間以内に食べ切れるものは冷蔵庫で保存を。冷凍すると、どうしても風味が落ちるので、できるだけ冷蔵がおすすめです。また、マリネや漬け物など日持ちしやすいものも冷蔵保存しましょう。とくに生野菜を使ったおかずは、冷蔵のほうがシャキシャキとした歯ごたえをキープできます。

**常備菜系**

**漬け物系**

**1週間で食べ切ってしまうもの**

加熱していないものは1〜2日で食べるのが理想。火を通したものや酢漬け、マリネなどは日持ちしやすいですが、1週間程度で食べ切りましょう。

---

### 調理するときのコツ

**食材にしっかり火を通す**

火が通っているおかずのほうが日持ちしやすいので、生焼けの部分がないようにしっかりと火を通しましょう。

**味はしっかり目にして保存性を高める**

味つけを濃くしたほうが菌は繁殖しにくくなり、保存性が高まります。塩や砂糖、しょうゆなどでしっかり味つけを。

### 容器に詰めるときは

**保存容器や瓶は熱湯消毒→乾燥を**

保存容器は水けをよく切ってから使用を。瓶は熱湯に5分ほどつけて煮沸消毒してから、乾いた布でよく拭き取って。

**粗熱をよく取って空気を抜いてから**

保存容器に入れたあと、粗熱を取らないと水滴がつき、傷みやすくなります。空気をきちんと抜くことも大切。

## ストックしたいものは 冷凍保存

必要なときにすぐ調理できるように、ある程度の量を冷凍庫でストックしておくと便利です。完成品を冷凍する場合もありますが、素材ごとに下味をつけたり、衣や皮で包んだりした状態で保存すると、さらにおいしく仕上がります。使用する際は、冷蔵庫に一晩〜半日かけておき、解凍してから使いましょう。

鶏肉に下味をつけて！

解凍してから火を通して！

### たねのまま冷凍

**餃子、シュウマイなどは肉だねのまま冷凍**

ハンバーグやつくね、シュウマイの肉だねなどは、そのまま冷凍用保存袋に入れて平らにして冷凍を。または、1個分ずつ成形してからラップに包み、冷凍用保存袋に入れて保存するのも便利です。グラタンの具も同様に。

グラタンの具もまとめて

残った餃子の肉だねも

つくねもまとめて冷凍！

### 下味冷凍

**肉や魚に下味をつけて冷凍用保存袋に入れて冷凍**

から揚げやしょうが焼きのように下味をつけて作る料理は、下味をつけた状態で保存袋に入れ、冷凍しておきましょう。1回ごとに使う分ずつ小分けにして袋に入れておくと便利。保存袋は必ず冷凍用のものを使いましょう。

### 衣をつけて、皮に包んで冷凍

**衣をつけて揚げる前に冷凍を。皮に包んでから冷凍も便利**

えびフライなどは揚げずに、パン粉をつけた状態で保存を。袋のなかに水分が残っていると、パン粉が水分を吸収して傷みやすくなるので注意！ 解凍時も水滴に気をつけて。

フライは揚げる前に！
ワンタンは包んでから冷凍

### 完成させて冷凍

**グラタンはアルミ型に入れて。揚げたフライは冷凍しても**

たくさん揚げて残ったフライなども冷凍可能です。グラタンはアルミ型に入れてチーズをのせて完成させてから冷凍すると便利。温めて食べるものは、解凍後に再度火を通すこと。揚げ物はホイルに包んでトースターへ。

あとは焼くだけでOK！

粗熱を取ってから冷凍を

# これがあると便利！
# ラクラク野菜&魚介冷凍ストック

冷凍庫にいつもストックしておくと便利な野菜と魚介類一覧はこちら！
すぐに使えるようにゆでたり切ったり揚げたりと、下ごしらえした状態で保存袋に入れましょう。

## 冷凍野菜ストック

鮮度が命の野菜も、種類によっては冷凍保存が可能。そのまま冷凍できるものは少なく、多くは下ごしらえが必要になります。水けをしっかりきって、ラップで包んでから保存袋に入れましょう。

**ゆでブロッコリー**
ブロッコリーは小房に分け、塩ゆでしてからよく水けをきって冷凍用保存袋へ。

**細切りパプリカ**
パプリカはヘタと種を取り除き、縦に細切りにしたものをまとめて冷凍用保存袋へ。

**揚げなす**
なすは素揚げして、粗熱を取ってから冷凍用保存袋へ。みそ汁やさっと煮にも。

**ゴーヤ**
ゴーヤは縦半分に割ってワタを取り出してから半月切りにし、冷凍用保存袋へ。

**ミックスきのこ**
種類ごとに適した下処理を。布巾などで汚れを落とし、切ってから冷凍用保存袋へ。

**ゆでオクラ**
オクラは板ずりをしてゆでて水けをきり、小口切りにしてから冷凍用保存袋へ。

**せん切りにんじん**
皮をむき、サラダにも使いやすい細かいせん切りにしてから冷凍用保存袋へ。

**ゆで小松菜**
固めにゆでて水けを絞って4cm長さに切り、小分けにしてラップで包み冷凍用保存袋へ。

**マッシュポテト**
じゃがいもはゆでてつぶして保存するのがベター。調味せずにマッシュした状態で。

**ゆでキャベツ**
キャベツは熱湯に入れ、しんなりする程度までゆでてから水けをきり、冷凍用保存袋へ。

**トマト**
トマトは切ると種まわりが流れてしまうので、切らずに丸ごと冷凍用保存袋へ。

### memo
**葉物野菜は密閉瓶で長持ち**
葉物野菜は食べやすいサイズにカットし、つぶれないように重ねて密閉瓶へ。瓶は煮沸消毒し、水けを拭き取っておくこと。

## 冷凍魚介ストック

一度にたくさん使わない魚介類はすぐに鮮度が落ちてしまうので、余ったら冷凍用保存袋に入れて冷凍しましょう。それぞれ下処理をしてから冷凍しておくと、解凍後すぐに使えてラクです。

**あさり（殻つき）**
砂抜きをしてから殻をこすり洗いして、水けを拭き取って殻つきのまま冷凍用保存袋へ。

**むきえび**
えびは背ワタを取り、尻尾をこそげ取って、むきえびの状態にしてから冷凍用保存袋へ。

**たらこ**
生のままでも焼いてからでもOK。1本ずつラップで包んで、冷凍用保存袋に入れて。

**ほたて**
生のままで冷凍を。ペーパータオルで水分をよく拭き取り、冷凍用保存袋に入れて。

## 無駄なく食べ切る！ おいしい解凍法

冷凍したものをおいしく食べ切るためには、きちんと解凍することが大切。どうしても冷凍すると風味が落ちるので、それを最低限に食い止めるためには素材に適した解凍方法を覚えましょう。

### 冷蔵庫で自然解凍

**前日に冷蔵庫に移して。室温での解凍はNG**

室温で解凍しがちですが、夏場や暖房の効いた部屋に置くと水分が出やすく、傷みの原因になります。使う前日に冷蔵庫に移し、冷蔵庫の温度でゆっくりと解凍すれば、鮮度をできるだけ保ったまま解凍ができます。食材の量によって解凍時間は調節を。

### 電子レンジで解凍

**主に野菜の解凍向き。急いでいるときに便利**

急いでいるときは電子レンジで解凍する方法も。ただし肉や魚は加熱の仕方が難しく、表面が加熱されすぎて中は凍ったままなんてことも。ブロッコリーや小松菜など、小さく切り分けて保存した野菜は、レンジで解凍しやすいのでおすすめです。

### 凍ったまま調理

**冷凍野菜やきのこは凍ったまま加熱できてラク**

冷凍野菜は凍ったまま火にかけて炒めてもOKなので、時間短縮につながり、とてもラクです。火にかけると水分が出ることがあるので、炒めても水分が飛ばないようなら、随時ペーパータオルで拭き取って。汁物を作るときも凍ったまま調理できます。

## 作りおきおかずを
# おいしく食べ切る活用法

作りおきしたおかずを食べきるには、上手に使い回したり、リメイクしたりと、飽きない工夫が必要。
作った当日はそのまま食べて、翌日以降はアレンジを加えてみましょう。

**週末に作りおき！**

肉じゃが→P40

鶏むね肉のしっとりゆで →P52

**当日は炒め物やサラダなど**

**夜ごはん**

### 煮込み、ゆでものを1～2品作る

週末に作りおきするおかずは、日持ちしやすい煮込み料理やゆで料理を！　煮込み＆ゆで時間に気をつければ、いずれも火にかけてじっくりと調理するだけなのでラクちん。2口のコンロで同時に調理すれば、一気に主役級の2品が完成します。

### パパッと作れる料理を組み合わせる

作りおき用の2品を作った当日は頑張りすぎずに、簡単に作れるおかずを組み合わせて。野菜を使ったサラダやさっと炒めるだけの料理など、時間をかけずに済むおかずを作ったら、できたての煮込み＆ゆで料理と合わせて食卓へ！

## 朝ごはん

ゆで鶏スープを使って!

### 週末に作ったゆで鶏スープや冷凍野菜ストックを活用

時間のない朝は、冷凍しておいた野菜ストックが便利! 解凍時間も少なくて済むので、前日の夜に冷蔵庫へ移して解凍するか、電子レンジを利用しましょう。また、ゆでて残ったスープは栄養がたっぷり。捨てずに麺もののスープとして活用を。

## 昼ごはん

肉じゃがをリメイク!

### 余った肉じゃがをリメイクしてお弁当に

食べ切れなかった料理をそのまま食べるより、ひと手間かけてリメイク! たっぷり作るとどうしても味に飽きてしまうので、アレンジして別の料理にすれば残さずおいしく食べられます。写真は肉じゃがを使ったオムレツにリメイクしています。

---

**memo**

**毎週金曜日はストックの引き出しチェックを!**

毎週末買い出しに行って、ストックを作って……と続けていくと、自分がよく使う食材や家族が好きなおかずのパターンができてきます。それをもとに買い物リストを作るため、一度食材ストックの引き出しをチェック! 意外に減るのが早い食材や、気づいたらなくなっていた食材など、発見は多いはず。休日が土日でない場合は、休前日におこなって。

> 実践！平岡さん家の

# 作りおきおかずで
# ラクうまごはん作り1week!

## 先週

しそと松の実のつくね
→P101

ミートソース
→P56

自家製まぐろのツナ
→P103

金曜日の段階で、残っているおかずや冷凍食材をチェック！ 賞味期限が近いものを優先的に使って土曜の朝ごはんを作ったら、翌日からの1週間分の献立を考えてみましょう。うまく食材を使い回し、おかずをアレンジできるような献立がベスト！

## 土曜日

> 一週間分の買い物＆仕込みDAY！

### 朝食

**MENU**
・つくね丼 リメイク！
・みそ汁

先週、作りおいて少し残っていた しそと松の実のつくね を焼いて温泉卵と一緒にご飯の上に。刻み海苔をたっぷりのせて つくね丼 とみそ汁で簡単に朝食を。

### 昼食

**MENU**
・ミートソーススパゲティ リメイク！
・ツナサラダ リメイク！

作りおきの ミートソース を昨夜から冷蔵庫に移して自然解凍。スパゲティ を作り昼食に。先週作りおいた 自家製まぐろのツナ も少し残っていたので、ツナサラダ もパパッと作りました。

### 冷凍食品の仕込み

ゆでブロッコリー →P16 ／ ゆでオクラ →P16 ／ ゆで小松菜 →P16 ／ マッシュポテト →P16 ／ 油揚げ

1週間分の買い物をし、ブロッコリーとオクラと小松菜をさっとゆでて冷凍。じゃがいもはマッシュポテトを作って冷凍。油揚げは刻んで冷凍しておくと便利。

### おかずを作りおき＆保存

牛肉のデミグラスソース煮込み →P92
→ 半分は冷凍保存

じゃがいもとハムのスペイン風オムレツ →P124
→ 2枚のうち1枚は冷凍保存

シーフードサラダ →P170
→ サニーレタスは残りを密閉容器に入れて冷蔵保存

牛肉のデミグラスソース煮込み を作り、半分を冷凍。スペイン風オムレツ は2枚焼いて1枚を冷凍。サラダ のサニーレタスは1個全てを冷水につけてシャキッとさせて、残りを密閉容器に入れて冷蔵庫で保存します。

### 夕食

**MENU**
・ハヤシライス
・じゃがいもとハムのスペイン風オムレツ
・シーフードサラダ

牛肉のデミグラスソース煮込み を使って、今夜は ハヤシライス。コトコト煮込んでいる間に作った スペイン風オムレツとシーフードサラダ を合わせて。

週末に買い出しをして、冷凍食材の仕込みと作りおきおかずの調理をおこなったら、どんなふうに使い回せばいい？　と迷う方へ、1週間分の献立見本をご紹介します！

**表の料理名の見方**
- 赤：作りおきしたもの。
- 青：作りおきをリメイク。
- 緑：作りおきをそのまま食べる。または再加熱して食べる。

## 日曜日

＊今日は下味冷凍とおかずの作りおき！

### スープ作り

にんじんとかぼちゃのクリームスープ→P190
↓
残った分は冷凍保存

にんじんとかぼちゃのクリームスープだけを作ります。残ったクリームスープは冷凍します。

### ブランチ

**MENU**
- ゆでオクラonチーズトースト **リメイク！**
- じゃがいもとハムのスペイン風オムレツ
- にんじんとかぼちゃのクリームスープ

今日は朝寝坊。昨日、冷凍したゆでオクラをのせてチーズトーストに。昨夜の残りのじゃがいもとハムのスペイン風オムレツと作ったにんじんとかぼちゃのクリームスープでブランチ。

### 下味・下ゆで仕込み

- 鶏のから揚げ→P36
- 豚のしょうが焼き→P88
- ゆで豚→P54

下味をつけたまま冷凍保存　　ゆでて冷蔵保存

1時間ほど時間を作り、昨夜買ってきたもので下味仕込み。鶏のから揚げ、豚のしょうが焼き、ゆで豚を作りました。

### おかずを作りおき＆保存

- いかのトマト煮込み→P112
- かぶときゅうりとミニトマトのピクルス→P153
- トマトとツナ入りにんじんサラダ→P171

→ 残った分は冷蔵保存

夕食用にいかのトマト煮込みとかぶときゅうりとミニトマトのピクルス、トマトとツナ入りにんじんサラダを多めに作りました。残りは冷蔵保存です。

### 夕食

**MENU**
- いかのトマト煮込み
- かぶときゅうりとミニトマトのピクルス
- トマトとツナ入りにんじんサラダ
- バゲット＆白ワイン

お出かけついでに美味しいバゲットを買ってきたので、合わせます。ゆっくりワインを飲みながらの夕食です。

## 月曜日

＊今日は1品作りおきするだけ！

### 朝食

**MENU**
- トースト
- トマトとツナ入りにんじんサラダ
- にんじんとかぼちゃのクリームスープ

月曜日の朝は何かと慌ただしいものです。朝食はパンを焼いて、昨夜のトマトとツナ入りにんじんサラダとブランチに作ったにんじんとかぼちゃのクリームスープで楽チン。

### 昼食

**MENU**　外食

今日は久しぶりにお友達とランチ。

### 夕食

**MENU**
- いかのトマトパスタ **リメイク！**
- マッシュポテト
- かぶときゅうりとミニトマトのピクルス

今日は1日バタバタでした。夕食は、昨夜のいかのトマト煮込みをリメイクしてパスタに。冷凍したゆでブロッコリーも加えてみました。土曜日に作ったマッシュポテトを少し温めて付け合わせます。昨夜のかぶときゅうりとミニトマトのピクルスも添えました。

### おかずを作りおき＆保存

＊少し時間ができたから…

豚の角煮と煮卵→P86
↓
残った分は冷凍保存

夕食を作りおきで簡単に済ませたので、夕食後に少し時間ができました。好きなドラマをみながら、日曜日に仕込んだゆで豚で豚の角煮と煮卵を作りました。明日食べる予定。

21

**表の料理名の見方**
赤：作りおきしたもの。
青：作りおきをリメイク。
緑：作りおきをそのまま食べる。
　　または再加熱して食べる。

> 今日は常備菜を作りおき♪

> 今日は友達宅で持ち寄りパーティー！

## 火曜日

### 朝食
MENU
・サンドイッチ
・カフェオレ

今日は朝からお出かけだったので、カフェでモーニングセット。

### 昼食
MENU
豚のしょうが焼き弁当

今日は、日曜日に仕込んだ豚のしょうが焼きを少量冷蔵庫で自然解凍して焼いて、しょうが焼き弁当を作ります。昨夜の角煮を作る際にチンゲン菜もたっぷりゆでておいたので、これも添えて。さらに目玉焼きをのせればボリュームUP。

### おかずを作りおき＆保存
残った分は冷蔵保存

切り干し大根の甘酢あえ→P166

さつまいものレモン煮→P160

ごちそうひじき煮→P167

今日はメインのおかずがあるので、副菜の切り干し大根の甘酢あえ、さつまいものレモン煮をまとめて作りおきしました。少し時間があったのでごちそうひじき煮も作りおき。

### 夕食
MENU
・豚の角煮と煮卵
・切り干し大根の甘酢あえ
・さつまいものレモン煮
・ごはん

夕食は、昨夜作りおいた豚の角煮と煮卵を半分。あとは切り干し大根の甘酢あえとさつまいものレモン煮を添えました。

## 水曜日

### 朝食
MENU
・卵かけご飯
・わかめのみそ汁

今日はお昼にお友達の家で持ち寄りパーティーがあるので、朝から料理だったので、卵かけご飯とみそ汁で。

### 持ち寄りパーティー料理を作る
MENU
から揚げおにぎり リメイク！
→P39

日曜日に仕込んでおいた鶏のから揚げを揚げて、小さなから揚げおにぎりをコロコロたくさん作って持って行くことに！　夕食用にも少しだけ鶏のから揚げを残しておく。

### 夕食
MENU
・まぐろとアボカドとくるみのサラダ
　→P140
・じゃがいもとハムの
　スペイン風オムレツ
・から揚げサラダ リメイク！ →P39
・さつまいものレモン煮
・にんじんとかぼちゃのクリームスープ

帰りにスーパーでまぐろの刺身とアボカドを買ってきた！　今夜の夕食は簡単に済ませたい！　買ってきたまぐろとアボカドをくるみとあえて、土曜日に作ったじゃがいもとハムのスペイン風オムレツを温めて、お昼の鶏のから揚げと土曜日に下準備しておいたサニーレタスでサラダを作る。昨夜のさつまいものレモン煮も添えて、日曜日に作ったにんじんとかぼちゃのクリームスープも温める。

💭 今日は和食の日！

## 木曜日

### 朝食

MENU
- 納豆オムレツ→P74
- 切り干し大根の甘酢あえ
- 小松菜＆豆腐＆油揚げのみそ汁 [リメイク!]

今朝は和食な気分。簡単に納豆オムレツ。火曜日の切り干し大根の甘酢あえを添えて、土曜日に冷凍したゆで小松菜に豆腐と冷凍油揚げを入れてみそ汁を作る。

### 昼食

MENU
- 角煮の混ぜごはん [リメイク!]

昼食は、月曜日に作った豚の角煮を細かく切ってご飯と混ぜて混ぜご飯をパパッと作る。タレを多めに混ぜるのがポイント。ゆでチンゲン菜もたっぷり入れ、白ごまも散らす。

### おかずを作りおき＆保存

ねぎま→P104
↓
残った分は冷凍保存

昨日のまぐろが残っていたので、ねぎまを作って夕食へ。残りは冷凍。

### 夕食

MENU
- 豚のしょうが焼き
- 煮卵
- ごちそうひじき煮
- ねぎま

今夜は、日曜日に仕込んだ豚のしょうが焼きをすべて焼いて、キャベツのせん切りを丁寧に細く切ってたっぷり添える。火曜日に作ったごちそうひじき煮と月曜日の煮卵も副菜として脇に。ねぎまも少しいただきます。

💭 冷蔵庫整理を考えて明日の買い物に備える！

## 金曜日

### 朝食

MENU
- ひじきごはん [リメイク!]
- オクラと油揚げ、落とし卵のみそ汁 [リメイク!]

朝食は、残っていたごちそうひじき煮でひじきご飯と冷凍したゆでオクラと油揚げ、卵を落としてみそ汁に。

### 昼食

MENU
- 温麺 [リメイク!]

昼食は、日曜日に仕込んだゆで豚のスープを使って温麺。冷凍したゆで小松菜と土曜日のシーフードサラダに使って少し余っていたミニトマト、すりごまをたっぷり加え、ラー油を少々。

### おかずを作りおき＆保存

MENU
クラムチャウダー
→P188
↓
残った分は冷凍保存

今夜はクラムチャウダーのみをコトコト作った。多めに作っておけば、明日からの週末にきっとラクできる。

### 夕食

MENU
- デミグラスオムライス [リメイク!]
- マッシュポテト
- ゆでブロッコリーのチーズ焼き [リメイク!]
- かぶときゅうりとミニトマトのピクルス

メインは、土曜日に作った牛肉のデミグラスソース煮込みを温め、デミグラスオムライス、マッシュポテトも温め、冷凍したゆでブロッコリーでチーズ焼きを作り、添える。日曜日に作ったかぶときゅうりとミニトマトのピクルスもそろそろ食べ切らねば！

## 作りおきおかずの
# おすすめ調理器具 & 道具

手早くおかずを作るために便利な調理器具と道具を紹介します。余分だと思っても用意しておいたほうが、調理の時間短縮につながり、料理の小分け保存もしやすくなります。

### 調理する

作りおきおかずや冷凍保存するストックを作るとき、用意しておくと時短にもつながる便利アイテムがこちら。

**深めのフライパン（21cm・26cm）**

フライパンは深めのものを用意しておくと、たっぷりの具材を炒めるのに便利。また、多めの油で焼き揚げもでき、揚げ物が簡単に。

**マッシャー**

マッシュポテトなどを作るときは、マッシャーがあると手早く均一につぶせます。小さなミニマッシャーがおすすめです。

**スライサー／おろし器**

野菜をスライスしたり、おろしたりするのに使います。大量の野菜を輪切りにするときは、包丁よりスライサーを使えば時短に！

**ゴムベラ**

ヘラは木よりゴムベラのほうが、汚れを落としやすい。同時に複数の料理を作っているとき、さっと洗い流して使えるので便利。

## 保存する

保存容器はいつも同じになりがちですが、入れる料理に合わせて使い分けると、解凍や温めのときにラクです。

### ホーロー容器
ホーローの容器は、そのまま火にかけて温めることもできるので、加熱し直す料理のときに便利。

### アルミ容器
グラタンなどトースターで温める料理のとき、アルミは便利。高さがあるのでマリネや漬け物にも。

### 密閉瓶
瓶は煮沸消毒してから使うので、必ず耐熱性のものを選びましょう。野菜や漬け物の保存に最適。

### 冷凍用保存袋
保存袋には冷蔵用と冷凍用があるので、冷凍用を使用しましょう。空気を抜きやすいものを選んで。

### 冷凍用保存容器
冷凍用の保存容器は、すばやく凍らせたり、凍った食材を取り出したりする工夫がなされています。

## column

### 平岡さん家のおすすめ便利アイテム

あると料理が楽しくなる、おすすめアイテムを2点紹介します。特にローリエの木は扱いも簡単なのでぜひ取り入れてみてください。

### ローリエの木
煮込み料理の隠し味として使えるローリエは、自宅栽培しやすいハーブのひとつ。必要なとき、さっと葉を取って使えるので便利。

### すりっきー
使いやすい「ごますり器」で、ハンドルを軽く回すだけで簡単に使えます。ごまはすりおろすと風味がアップするのでおすすめです。

`column`

# この本で使う調味料のこと

調味料は、基本的に普段お使いのものを。ただ、少し調味料にもこだわってみるのもおすすめです。
私がこれだけはこだわりたいと思っている調味料をご紹介します。

## ✕✕✕ しょうゆ ✕✕✕

関東育ちなので、基本的に濃口しょうゆを使っています。これにプラスして、ナンプラーや薄口しょうゆを常備しています。アジア風のおかずにはナンプラー、素材の色を生かしたいときなどは薄口しょうゆを使います。薄口しょうゆは塩気の強い旨味があるしょうゆなので、塩としょうゆを両方入れたいときなどにも使います。だし汁の旨味を生かしたいときにもおすすめです。

## ✕✕✕ 酒、みりん

酒は料理を作る上でとても重要な味の決め手だと思っています。私は、2ℓで800円くらいの辛口の日本酒を必ず常備しておき、パスタなどのイタリア料理の際、ワインがなければ酒で代用しています。もし、用意できたら、中華料理（豚の角煮なども）には紹興酒を使うとより中華な雰囲気になります。みりんは本みりんを使っています。みりん風調味料とは風味が一段違うと思います。

## ✕✕ オリーブオイル ✕✕

私はどんな食材よりもオリーブオイルにこだわる派です（笑）。自分でおいしいと思えるオリーブオイルを常備しています。オリーブオイルと塩、またはオリーブオイルとしょうゆだけでも十分味が決まるので、料理を作るときにとても重宝します。油っこさだけが前面に出ずに、香りやスパイシーさが好みのものを選ぶとよいと思います。ぜひ、こだわって選んでみてください。

## ✕✕✕✕✕✕ 油 ✕✕✕✕✕✕

揚げ油は一般的なサラダ油やキャノーラ油などを使っています。油はボトルから出すと酸化するので、極力使い回しはしないようにしています。油が汚れなかったときは、オイルポットで保存し、翌日か翌々日にもう一度使い揚げ物をします。再利用は翌々日くらいまでと決めています。揚げ物以外で使う炒め油などは、基本的に太白ごま油とオリーブオイルを利用しています。

## ✕✕✕✕ ハーブ ✕✕✕✕

ハーブの香りが好きで、料理によく使います。よく使うのはローリエとディルです。ローリエは煮込み料理などに欠かせませんし、ディルはサラダや洋風の料理のアクセントに使います。あとは、バジル、ローズマリー、タイム、オレガノ。なんともいえない香りがとても好きです。もちろん無理に使う必要はありませんが、使ってみると新しい出会いがあるかもしれません。

## ✕✕✕✕✕ スパイス ✕✕✕✕

料理がいつも単調になってしまうと思ったら、スパイスを使ってみるのも面白いかもしれません。いつものカレーにガラムマサラを最後に入れてみる、いつものトマト系の料理にチリペッパーを入れてみるとまったく違った印象になるのが面白いと思います。こしょうは黒の粒こしょうを使っています。ミルでその都度挽いて使うと香りが違います。

## PART 2

いろんなメニューに早変わり!

# 定番の便利おかず

人気の定番メニューをおいしくたっぷり作りおきしてみませんか？
いろんなバリエーションを楽しみましょう。
いつもの料理がさらにおいしくなるリメイク料理も紹介します。

作りおきおかずでラクうま 晩ごはん ❶

# 肉じゃがの 和風 献立

やっぱり落ち着く
和風の晩ごはん

総エネルギー
**812 kcal**

味が染み込んで、ホクホクしたじゃがいもがおいしい肉じゃがの献立には、歯応えがある浅漬けと、さっぱりとした刺身のサラダを合わせて。みそ汁をプラスすればほっとする晩ごはんに。

**肉じゃが ▶P40**
ごろっとした具材によく味が染み込んで、大満足感の一品。 **251 kcal**

**洋風かつおの刺身サラダ recipe**
グリーンリーフをちぎって水につけてパリッとさせ、水けをよくきって洋風かつおのたたき（P140）と合わせて器に盛る。 **96 kcal**

**雑穀ご飯150g recipe**
白米2合に対し、雑穀米大さじ2を加えて軽く混ぜ、白米の目盛りまで水を加え、炊飯器で炊く。 **255 kcal**

**なんでも浅漬け ▶P194**
箸休めになる漬け物は、手軽に野菜が取れるからあると便利。 **13 kcal**

**落とし卵とオクラのみそ汁 ▶P175**
卵が入って満足感のあるみそ汁。1日の疲れが癒されます。 **197 kcal**

---

**memo**
**煮物は冷まして味を染み込ませる**

肉じゃがなどの煮物は冷めていくときに味がじっくりと染み込むので、長時間煮込むよりも冷ます時間を作ることのほうが大事な気がしています。前日や夕方までに「20分煮込み、冷ます」の工程まで作っておき、食べるときに温め直すとおいしく食べられます。またお刺身はサラダにすると、1人分のお刺身が4人分に広がるのでおすすめ。

作りおきおかずでラクうま 晩ごはん ❷

# あさりのトマトパスタの 洋風 献立

煮込み料理をリメイクしたパスタがメインの献立です。作りおきしたおかずを使っているから短い時間でできるのに手の込んだ味わいに。忙しい日の夕飯におすすめですよ。

ポトフ ▶▶ P186
優しい味つけのポトフを合わせてほっこりする晩ごはんに。
**266 kcal**

あさりの旨味がトマトソースとマッチ

総エネルギー
**853 kcal**

**memo**
**あさりの旨味たっぷりなソースをリメイク**

2日前に作って食べた、あさりとじゃがいものトマトソース煮込みをリメイク。あさりとトマトのソースにパスタをからめて食べます。これを食べるためにトマトソース煮込みを作っているのではないかと思うほどおすすめです。ソースをパスタにしっかりからめたいので、パスタのゆで時間を1分ほど短くして、最後にソースで煮込んで仕上げます。

**あさりのトマトパスタ recipe**
〈1人分〉スパゲッティ80gを表示より1分短くゆで、あさりとじゃがいものトマトソース煮込み(P186)のじゃがいもを除いたもの1カップ、EVオリーブオイル大さじ1、パルミジャーノレッジャーノチーズ(すりおろし)大さじ2を加えて混ぜながら炒める。器に盛り、バジル適量を散らす。
**587 kcal**

29

作りおきおかずでラクうま 晩ごはん ❸

# えびにら水餃子の 中華風 献立

焼き餃子よりも軽い食べ応えの水餃子には、貝柱の旨味がたっぷりのごはんがよく合います。牛肉入りのオムレツと浅漬けのサラダでバランスよくいただけます。

プリプリの水餃子が引き立つ献立

総エネルギー **797 kcal**

**キャベツとみょうがの サラダ recipe**
キャベツとみょうがを食べやすい大きさに切り、EVオリーブオイル（適量）をかける。 **74 kcal**

**アジア風牛肉オムレツ ▶▶ P124**
ナンプラーの味つけがアクセントになるおかずです。 **113 kcal**

**memo**
**おかずにあう シンプルな炊き込みごはん**
餃子の日の食卓は、おかずの品数は多くないものです。添えるご飯を白米ではなく、シンプルな炊き込みご飯にしてみると、喜んでもらえる気がしています。そんなときに作っていただきたいのが、干し貝柱の炊き込みご飯。味のしっかりしたおかずを邪魔せずに、おいしく食べることができますよ。

**えびにら水餃子 recipe**
えびにら餃子（P50）を焼かずに水餃子（P51）の要領でゆでれば完成。 **336 kcal**

**干し貝柱ご飯 recipe**
〈3合分〉干し貝柱大3個を1カップの水で半日かけて戻す。炊飯器にといだ白米3合、干し貝柱の戻し汁全量と酒50mlを入れてから、3合の目盛りまで水を足す。しょうゆ大さじ2、塩小さじ1、昆布10cm角、戻した貝柱をほぐして入れ、30分おいて、炊飯する。 **274 kcal**

作りおきおかずでラクうま晩ごはん ❹

# チキン南蛮 キャベツタルタルの 献立

お腹がすいてガッツリ食べたい日の夜におすすめの献立です。お肉がメインの献立にはたっぷりの野菜を添えましょう。すりごま入りの風味豊かなみそ汁でさらに満足感のある献立に。

お肉と野菜がたくさん食べられる！

総エネルギー
**1143 kcal**

### トマトコーンサラダ recipe

〈4人分〉サニーレタス4枚を冷水につけてシャキッとさせて水けをきり、食べやすい大きさにちぎってボウルに入れる。ゆでたとうもろこし1本の実をこそげとり、ミニトマト12個を横半分に切ってボウルに加える。EVオリーブオイル大さじ3、米酢大さじ1、塩小さじ¼、こしょう少々を混ぜたドレッシングであえる。
**137 kcal**

### キャベツと豆腐、すりごまのみそ汁 recipe

〈4人分〉和風だし（P72）4カップを温め、酒大さじ2とざく切りしたキャベツ3枚分、一口大に切った絹ごし豆腐1丁分を加えて5分加熱する。火を止めてみそ、白すりごま各大さじ4を加えてとく。
**149 kcal**

### キャベツチキン南蛮
▶▶ P85

ジューシーなチキン南蛮にキャベツたっぷりのソースがマッチ。　**491 kcal**

### memo
**野菜はできるだけ食べ切る工夫を**

義父や夫が畑で野菜を作っているので、一生懸命作ってくれた野菜はできるだけ全て食べ切りたいと思っています。大根の葉は捨てずに、自家製ふりかけを作ってみるのもおすすめ！ 旬の時期は柔らかくておいしいですし、スーパーなどでも大きな葉がついたまま売られているのを見かけます。ポイントは大根の葉を干して、水分を抜くことです。

### なすの油炒め
▶▶ P116

もう一品プラスしたい時に簡単に作れて便利なおかず。
**68 kcal**

### 白ご飯＋大根の葉ふりかけ recipe

〈作りやすい分量〉大根の葉1本分は根元から切り落とし、晴れて乾燥している日に3日ほど陰干しする。乾燥したものを細かく刻み、フライパンにごま油大さじ2を熱して、ちりめんじゃこ大さじ4と一緒にカラカラになるまで炒める。鮭フレークペースト（P200）、酒大さじ1、白ごま大さじ3、せん切りにした青じそ4枚、塩2つまみを加えて水分を飛ばすように炒める。密閉容器で1週間ほど保存可。
**298 kcal**

31

**定番のおかず**

具だくさん！ 定番おかずのおいしい作り方 ❶

# 定番コクうまカレー

市販のカレールウを使い、スパイスやバターを加えて味わい深いカレーに！
下準備をじっくりと丁寧におこなうことで、素材の旨味が染み出しておいしく仕上がります。

数種類のカレールウを
ブレンドするだけで
深い味わいに！

ガラムマサラで
香り高く！

1皿分
**258 kcal**

冷蔵
4日間

冷凍
1ヶ月
(じゃがいもは
外した状態で)

みんな大好き
定番カレー！

## 定番のおかず

• 材料 （26cm鍋で作れる分量）

| | |
|---|---|
| 玉ねぎ…4個 | カレールウ（市販）…12皿分 |
| じゃがいも…大2個 | ガラムマサラ…大さじ1 |
| にんじん…大1個 | バター…20g |
| 豚カレー用肉…500g | サラダ油…大さじ1 |
| ローリエ…1枚 | |
| 塩・こしょう…各少々 | |
| 水…1.2ℓ | |

**調理のコツ！**

### 数種類のルウをブレンドする

違うメーカーのルウを2～3種類使うと、いろいろなスパイスがブレンドされ、味わい深くなります。

**ガラムマサラ**

チリペッパーやクミン、シナモンなど複数のスパイスが配合されたインドを代表するスパイス。炒め物や煮物、焼き物などに加えれば、香りと辛味がプラスされます。

• 作り方

### 1 野菜を切る

玉ねぎは半分に切って薄切り、じゃがいもは皮をむいて一口大に、にんじんは皮をむいて乱切りにする。

### 5 水を入れて沸騰させる

4に水を入れて沸騰させ、アクを取る。この時点ではスープにだしは出ていないので、思い切ってスープごとアクをすくう。

### 2 豚肉に下味をつける

豚肉に塩小さじ1とこしょう少々（各分量外）をまぶし、もみ込んでおく。

### 6 蓋をずらして煮込む

水分が減ったら減った分の水を足し、蓋をずらして弱火で30～40分ほど煮込む。

### 3 玉ねぎを炒める

厚手の鍋にサラダ油を熱し、玉ねぎとローリエを加えてしんなりするまで炒め、塩1つまみ（分量外）を加える。

### 7 カレールウを混ぜる

じゃがいもに竹串がすっと通るまで煮込んだら、一度火を止め、カレールウを入れ、混ぜる。

### 4 豚肉、にんじん、じゃがいもを加える

2の豚肉を入れて炒め、肉の色が変わったら、にんじんとじゃがいもを加えて透明感が出るまで炒め、塩、こしょうをふる。

### 8 ガラムマサラとバターを加える

混ざったら火をつけ、弱火で10分ほどルウをしっかりと溶かすように時々かき混ぜながら煮込む。最後に香りづけのガラムマサラとバターを加える。

33

種類いろいろ！

# カレーバリエ

1ヶ月

 歯応えしっかり、具だくさん！

## 根菜カレー

**れんこんやごぼうで食物繊維たっぷり！**

1皿分 264kcal　冷蔵4日間

### 材料（26cm鍋で作れる分量）
鶏もも肉（一口大）…2枚分
A【塩・こしょう各少々、カレー粉大さじ1】
サラダ油…大さじ1
B【にんにく・しょうが（みじん切り）各1かけ分、玉ねぎ（薄切り）大1個分】
C【大根¼本、れんこん1節、里いも大3個、ごぼう½本】は一口大に切る。
塩・こしょう…各少々
D【こんにゃく（一口大にちぎる）½枚分、厚揚げ（10等分に切る）1枚分】
酒…100㎖
カレールウ…8皿分
E【ガラムマサラ大さじ1、バター20g】

### 作り方
1 鶏もも肉にAをもみ込む。
2 フライパンにサラダ油を熱し、鶏肉を皮目から焼いて取り出し、Bを加えて炒め、Cを加えて透明感が出るまで炒め、塩、こしょうをふる。
3 2に鶏肉を戻し、Dと酒とひたひたの水、ローリエを加え、30分ほど煮込む。
4 カレールウを加えて10分ほど煮て、最後にEを加え、塩少々（分量外）で味をととのえる。

## 完熟トマトとコーンのカレー

**ジューシーなトマトの甘酸っぱい風味を楽しんで**

### 材料（26cm鍋で作れる分量）
牛こま切れ肉…500g
A【塩小さじ1、こしょう少々】
玉ねぎ（薄切り）…4個分
じゃがいも（一口大）…大2個分
ホールトマト（カットタイプ）…½缶
B【ゆでほうれん草（4cm幅）1束分、とうもろこし（実をこそげとる）2本分】
サラダ油…大さじ1
ローリエ…1枚
塩・こしょう…各少々
水…1.2ℓ
カレールウ（市販）…12皿分
C【ガラムマサラ大さじ1、バター20g】

### 作り方
1 牛肉にAをもみ込んでおく。
2 鍋にサラダ油を熱し、玉ねぎとローリエを加えてしんなりするまで炒める。牛肉を加えて炒め、肉の色が変わったら、じゃがいも、塩、こしょうを加えて透明感が出るまで炒める。
3 2に水を加えて沸騰させ、アクをしっかり取る。ホールトマトを加え、弱火でじゃがいもにすっと竹串が通るまで煮込む。
4 一度火を止めて、カレールウを混ぜる。混ざったらBを加え、弱火で10分ほど煮込む。最後にCを加える。

チーズをトッピングしても！

1皿分 300kcal　冷蔵4日間

## ひき肉と夏野菜のカレー

 食欲をそそる夏カレー

**旬の野菜を入れて、栄養満点な仕上がり**

### 材料（26cm鍋で作れる分量）
豚ひき肉…500g
玉ねぎ（薄切り）…4個分
じゃがいも（一口大）…大2個分
A【なす（乱切り）3個分、ズッキーニ（輪切り）2個分、さやいんげん（半分に切る）1袋分】
サラダ油…大さじ1
ローリエ…1枚
塩・こしょう…各少々
水…1.2ℓ
カレールウ…12皿分
B【ガラムマサラ大さじ1、バター20g】

### 作り方
1 Aは素揚げか、多めの油で炒める。
2 鍋にサラダ油を熱し、玉ねぎとローリエを加えてしんなりするまで炒める。ひき肉とじゃがいもを加え、ひき肉の色が変わるまで炒め、塩、こしょうをふる。
3 2に水を注いで沸騰させ、アクを取る。弱火でじゃがいもにすっと竹串が通るまで煮込む。
4 一度火を止め、カレールウを混ぜる。混ざったら1を加え、火をつけて弱火で10分ほど煮込む。最後にBを加える。

1皿分 264kcal　冷蔵4日間

## 欧風シーフードカレー

  シーフードの旨味が広がる

**生クリームとバターのコクが絶品**

### 材料（26cm鍋で作れる分量）
シーフードミックス…3袋（えび・いか・ほたては入っているとよい）
玉ねぎ（薄切り）…4個分
ホールトマト（カットタイプ）…½缶
にんにく（みじん切り）…1かけ分
ローリエ…2枚
白ワイン…100㎖
水…800㎖
はちみつ…小さじ1
カレールウ…6皿分
生クリーム…100㎖
バター…40g

### 作り方
1 鍋にバター20g、にんにく、ローリエを熱し、玉ねぎをしんなりするまで炒めたら、ホールトマトを加えて炒める。
2 1に凍ったままのシーフードミックス、白ワイン、水、はちみつを加えて沸騰させ、火を止めてカレールウを入れて溶かす。
3 2を火にかけて5分ほど煮込み、生クリームを入れて沸騰させ、火を止める。最後にバター20gを入れる。

1皿分 162kcal　冷蔵4日間

> 残りがちなカレーも
> ひと工夫で変身！

# カレーアレンジ

カレーに
チーズがよく合う

## 野菜とカレーのオーブン焼き
えびとゆで卵入りで、おいしさアップ！

1人分 393 kcal ／ 冷蔵 3日間

### 材料（4人分）
- グリーンアスパラガス…2束
- ゆで卵…4個
- えび…4尾
- オリーブオイル…小さじ2
- 残ったカレー…2カップ
- ピザ用チーズ…1カップ
- ピーマン（輪切りにし、種を取る）…1個分

### 作り方
1. アスパラは根元の固い部分を切り落とし、はかまを取り、さっと塩ゆでする。ゆで卵は縦半分に切る。えびは殻をむいて背わたを取り、酒と塩（分量外）を入れた湯でさっとゆでる。オーブンは250℃に温めておく。
2. 耐熱容器にオリーブオイルを全体にぬり、1の具材を入れてカレーをかけ、チーズをのせる。オーブンで10分ほど焼き、ピーマンをのせる。

## カレーの残りでサモサ風
餃子の皮でカレーを包み、カリッと揚げて

サクサクの食感が楽しめる

1人分 307 kcal ／ 冷蔵 3日間

### 材料（4人分）
- とうもろこし…½本
- じゃがいも…中2個
- 枝豆（ゆでて鞘から出したもの）…70g
- 残ったカレー…大さじ2
- 塩…2つまみ
- こしょう…少々
- 餃子の皮（もっちりした厚手のもの）…大判12枚
- 揚げ油・トマトケチャップ…各適量

### 作り方
1. とうもろこしはゆで、包丁で実をそいでおく。じゃがいもはゆでて皮をむき、フォークでつぶす。
2. ボウルに枝豆、1、カレーを入れ、塩、こしょうで味をととのえる。
3. 餃子の皮で2を三角に包み、180℃の揚げ油で揚げ、ケチャップをつけて食べる。

> **サモサ風の包み方**
> 皮の中心にタネをのせ、皮の端に水をぬり、皮を三方向から中央に集めて合わせ、三角に包む。

## カレーうどん
少しとろみのあるスープがうどんによくからむ

定番のカレーアレンジ！

1人分 510 kcal ／ 冷蔵 3日間

### 材料（小さめの器で4人分）
- 残ったカレー…2カップくらい
- A【麺つゆダレ（P199）・水 各600㎖】
- しょうゆ…大さじ2
- みりん…大さじ3
- 冷凍うどん…2玉
- 水溶き片栗粉…50㎖
- 長ねぎ（小口切り）…適量

### 作り方
1. 残ったカレーが入った鍋にAを加え、鍋についたカレーをこそげ取るように煮込む。しょうゆ、みりんを加えて煮込み、凍ったままのうどんを加えて5分ほど煮込む。水溶き片栗粉を加えてとろみをつけ、しっかりと水分を飛ばす。
2. 器に盛り、たっぷりのねぎをかけて食べる。

定番のおかず

定番の<br>おかず

**ビッグサイズ!** 定番おかずのおいしい作り方 ❷

# 鶏のから揚げ

サクッとした衣に、ジューシーでやわらかいお肉のから揚げを作るにはコツが必要です。
下味のつけ方や揚げ方のポイントを覚えれば、いつもよりおいしく仕上がること間違いなし!

予熱で火を通せば
しっとりジューシーに
仕上がる

お弁当にも
うれしいおかず

1人分
**340** kcal

冷蔵
4日間

冷凍
1ヶ月
(衣をつけずに冷凍)

しっかりもみ込んで
味つけ!

## 定番のおかず

• 材料（6回分）

鶏もも肉…大3枚
A ┌ 卵…大1個
　├ にんにく（つぶす）…大1かけ分
　├ しょうが（皮をつけたまま薄切り）…1かけ分
　├ 長ねぎ（青い部分）…1本分
　├ しょうゆ…大さじ2
　├ 酒…大さじ2
　├ 砂糖（できればきび砂糖）…小さじ1½
　├ 塩…小さじ½
　└ こしょう…少々（お好みで多めでも）
薄力粉・片栗粉…各山盛り大さじ3
揚げ油…適量

### 調理のコツ！
**170℃の揚げ油の目安は？**

熱した揚げ油に菜箸を入れて、やや大きめの泡が上がってくるくらいが170℃になった目安。

• 作り方

**1 鶏肉を切る**

鶏肉は厚みを均等にして、1枚を6〜8等分に切る。

**2 下味をもみ込む**

ポリ袋に**1**、**A**を入れてよくもみ込み、冷蔵庫で最短30分おく（時間があれば半日が理想）。

**3 粉を入れてもみ込む**

**2**のにんにく、しょうが、長ねぎを取り出してから、薄力粉と片栗粉を加えてもみ込む。

**4 揚げる**

170℃の揚げ油に、**3**の鶏肉の皮を一度のばしてから丸めながら入れ、途中で空気に触れさせながら揚げる。

**5 バットに取り出す**

油の泡が大きくなり、から揚げを箸で上げて軽くなったら、強火にして30〜40秒ほど揚げ、バットに取り出す。

**6 油をきる**

1〜2分ほどおいて、予熱で火を通し、油をきる。バットにおいて余熱で中まで火を入れるようにするとしっとり仕上がる。

###  下味冷凍　衣をつける前の状態で冷凍

冷凍保存する場合は薄力粉と片栗粉をもみ込む前の状態まで作っておき、しっかりと空気を抜いてから冷凍しましょう。冷蔵庫で一晩または半日かけて解凍してから使って。

肉も衣も種類が豊富!

# から揚げバリエ

 1ヶ月 （衣をつけずに冷凍）

## もちこチキン
**もっちりした食感で満足度アップ！**

### 材料（6人分）
鶏もも肉…大3枚
A【P37のAと同じ】
もちこ（上新粉）
　…山盛り大さじ6
揚げ油…適量

### 作り方
1 P37の作り方1、2同様に作る。
2 にんにく、しょうが、長ねぎを取り出してから、もちこを加えてもみ込む。
3 P37の作り方4〜6と同様に作る。

1人分 **338** kcal　冷蔵 4日間

## ふっくら鶏むね肉のから揚げ
**さっぱりした胸肉でも、ジューシーに仕上がる**

### 材料（6人分）
鶏むね肉…3枚
A【塩麹大さじ2、にんにく・しょうが（すりおろし）各½かけ分、しょうゆ小さじ2、マヨネーズ大さじ3、こしょう少々】
B【片栗粉・薄力粉各大さじ3】
揚げ油…適量

### 作り方
1 鶏肉は厚みを均等にして一口大に切り、Aと一緒にボウルに入れてもみ込み、30分ほどおく。
2 1に混ぜ合わせたBをつけ、170℃の揚げ油で揚げる。

 味が染み込んでおいしい！

1人分 **343** kcal　 4日間

## 豚こまから揚げ
**豚肉の脂身が持つ甘みが口いっぱいに広がる**

### 材料（4人分）
豚こま切れ肉…250g
A【しょうゆ大さじ1½、ごま油・砂糖・酒・みりん各小さじ2、すりごま大さじ1、にんにく・しょうが（すりおろし）各小さじ¼、塩・こしょう各少々】
B【片栗粉・薄力粉各大さじ2】
揚げ油…適量

### 作り方
1 豚肉をAに漬けて20分ほどおき、2〜3枚を丸くまとめる。
2 1に混ぜ合わせたBをつけ、170〜180℃の揚げ油で揚げる。

 ビールにもよく合う！

1人分 **205** kcal　冷蔵 4日間

## ハーブフライドチキン
**タイムとオレガノをまぶして、さっぱりした風味に**

### 材料（6人分）
鶏もも肉…大3枚
A【にんにく（すりおろし）2かけ分、ドライハーブミックス（タイム、オレガノを合わせて）大さじ1½、黒こしょう小さじ1、パプリカパウダー・塩各小さじ2、酒・EVオリーブオイル大さじ1、砂糖1つまみ、卵大1個】
B【片栗粉・薄力粉各山盛り大さじ3】
揚げ油…適量

### 作り方
1 鶏肉は厚みを均等にして一口大に切り、Aと一緒にボウルに入れてよくもみ込み、冷蔵庫で30分ほどおく。
2 Bをビニールに入れて混ぜ合わせ、1につけて170℃の揚げ油で、途中で空気に触れさせながら、きつね色になるまで揚げる。

  おもてなしやパーティーにも◎

1人分 **370** kcal　 4日間

> 残ったから揚げに
> ひと工夫！

# から揚げアレンジ

定番のおかず

## から揚げおにぎり
**から揚げ1個まるごと入れてボリューム満点**

うれしい組み合わせ！

### 材料（4人分）
- 白いご飯…小鉢4杯分
- から揚げ(P37)…4個
- 藻塩・焼きのり…各適量

### 作り方
ご飯にから揚げを入れ、手に藻塩をつけて手まりに握り、のりを巻く。

**調理のコツ**　甘めが好きな方は、焼肉のタレを少量から揚げにぬってから握るのもおすすめ。

1人分 304 kcal ／ 冷蔵 1日間

## ベトナム風揚げ鶏
**甘辛いタレをからめて、お酒にも合う一品に**

タレと薬味がマッチする

### 材料（4人分）
- から揚げ(P37)…12個
- A【スイートチリソース大さじ2、ナンプラー大さじ2½、レモンの搾り汁大さじ1½、砂糖大さじ1、パクチー（みじん切り）4本分、長ねぎ（みじん切り）10cm分】

### 作り方
Aをよく混ぜ、から揚げにからめる。

**スイートチリソース**
砂糖・酢・にんにく・とうがらし・塩などで作られた、辛味と甘味、酸味のきいたベトナムのソース。

1人分 289 kcal ／ 冷蔵 4日間

## から揚げサラダ
**一皿でも大満足なボリューム満点サラダ！**

おかずになるサラダ！

### 材料（4人分）
- から揚げ(P37・常温のもの)…8個
- ゆで卵…3個
- お好みのレタス類…適量
- ミニトマト…6個
- マヨネーズ…大さじ2
- 塩・こしょう…各少々
- EVオリーブオイル…大さじ1

### 作り方
1. ゆで卵は手で半分に切り、お好みのレタス類は冷水につけてシャキッとさせ水けをきり、食べやすい大きさに切る。ミニトマトは横半分に切る。
2. 全ての材料をボウルに入れてあえる。

1人分 305 kcal ／ 冷蔵 2日間

39

定番のおかず

ほっこり！ 定番おかずのおいしい作り方 ❸

# 肉じゃが

コクのある肉じゃがを作るには、豚肉の脂身から出ただしを活用するのが決め手！汁の味がすべての具材によく染みわたるように、順番を守って丁寧に作りましょう。

《 豚肉のうまみが よく出た、 ホクホクの 肉じゃが 》

ゴロゴロの具材で大満足！

よく味がからんでおいしい

1人分 503 kcal ／ 冷蔵 4日間まで ／ 冷凍 1ヶ月

（じゃがいもは外した状態で）

## ・材料（4人分）

豚ばら薄切り肉…200g
玉ねぎ…大1個
じゃがいも…6個
にんじん…1本
さやいんげん…10本
しらたき…200g
A ┌ 酒…100ml
　└ 砂糖…大さじ5
B ┌ しょうゆ…大さじ5
　└ みりん…大さじ1
太白ごま油…大さじ1

### 調理のコツ！
**豚肉は脂が出るよう カリカリに炒める**

4で豚肉の半量をカリカリに炒めることで、豚肉のだしが取れて旨味アップ。残りの豚肉は残りの材料と一緒に加えて。

**定番のおかず**

## ・作り方

### 1 野菜を切る
玉ねぎは半分に切って薄切り、じゃがいもは皮をむいて一口大に、にんじんは皮をむいて乱切りにする。

### 2 いんげんは下ゆでする
いんげんは筋を取って塩ゆでし、両端を切り落として2〜3等分に切る。

### 3 しらたきを下ゆでする
しらたきは食べやすい長さに切って熱湯に入れ、下ゆでして水けをきる（下ゆでは時間に余裕があるときだけでもOK）。

### 4 じゃがいもと豚肉を炒める
厚手の鍋にごま油を中火で熱し、じゃがいもを炒める。透明感が出てきたら豚肉を半量加え、脂を出すように炒める。

### 5 残りの材料を加えて煮る
4に残りの1を加えて透明感が出るまで炒め、しらたき、残りの豚肉、Aを入れ、落とし蓋をし、弱めの中火で10分ほど煮る。

### 6 仕上げる
5のじゃがいもに竹串がすっと通り、ホクホクになったら、Bを加えて混ぜ、さらにいんげんを加えて3分ほど煮込む。

### 保存のコツ
**煮えたじゃがいもはマッシュがおすすめ**

じゃがいもは丸のままの冷凍は不向きなので、カレーやシチューなどのときも、じゃがいもだけ別にしてマッシュしてから冷凍用保存袋に入れて冷凍保存を。コロッケなどに使えます。

## 肉じゃがバリエ

和風、洋風いろいろ！

（じゃがいもは外した状態で）冷凍 1ヶ月

### トマト肉じゃが

洋風な肉じゃがが新鮮！

トマトの酸味が加わって、さっぱりと仕上がる

**材料（4人分）**
- 牛切り落とし肉…250g
- じゃがいも（3等分）…大3個分
- 玉ねぎ（くし形切り）…1個分
- トマト（くし形切り）…小さめの中3個（約300g）
- にんにく（つぶす）…2かけ分
- うずらの卵（水煮）…16個
- オリーブオイル…大さじ2
- A【酒100ml、砂糖大さじ4】
- B【しょうゆ大さじ5、みりん大さじ2】
- バジル…10枚
- EVオリーブオイル（仕上げ用）…小さじ1

**作り方**
1. 牛肉は食べやすい大きさに切る。じゃがいもは水に5分ほどさらす。
2. 厚手の鍋にオリーブオイルとにんにく、玉ねぎを入れて弱火にかけ、軽く色づくまで炒める。じゃがいもと半量の牛肉を加えて2〜3分炒める。
3. Aと残りの牛肉を加え、落とし蓋をして15〜20分煮る。トマト、うずらの卵、Bを加え、火が通るまで軽く煮る。
4. 器に盛り、バジルをのせ、EVオリーブオイルを回しかける。

1人分 491kcal

冷蔵 4日間

### シンプル牛すじ肉じゃが

お酒のお供にも！

とろっとした甘みがおいしい牛すじがアクセント

**材料（4人分）**
- ゆで牛すじ（P54）…300g
- じゃがいも（3等分）…大3個分
- 玉ねぎ（くし形切り）…大1個分
- A【酒100ml、砂糖大さじ2】
- B【しょうゆ大さじ4、みりん大さじ2】
- ごま油…大さじ1
- 万能ねぎ（小口切り）…3本

**作り方**
1. ゆで牛すじは、食べやすい大きさに切る。じゃがいもは水に5分ほどさらす。
2. 厚手の鍋にごま油を熱し、牛すじとじゃがいもを炒める。玉ねぎを加えてさっと炒め、Aを入れて落とし蓋をして10分ほど、じゃがいもに竹串がすっと通るまで煮込む。
3. 2にBを加えて3分ほど煮込み、器に盛り、万能ねぎをのせる。

1人分 315kcal

冷蔵 4日間

### ツナじゃが

ツナのコクがおいしい！

糸こんにゃく入りで、すっきりした食べごたえ

**材料（4人分）**
- ツナ…大1缶
- じゃがいも（3等分）…大2個分
- 玉ねぎ（薄切り）…大1/2個分
- にんじん（1cm角）…小1本分
- 糸こんにゃく（下ゆで）…150g
- さやいんげん…8本
- A【酒100ml、砂糖大さじ2】
- B【しょうゆ大さじ4、みりん大さじ2】
- ごま油…大さじ1

**作り方**
1. じゃがいもは水に5分ほどさらす。いんげんはP41の作り方2と同様に切る。
2. 厚手の鍋にごま油を熱し、じゃがいもを炒め、玉ねぎとにんじん、糸こんにゃく、ツナを加えて炒める。Aを加えて落とし蓋をし、弱めの中火で10分ほど煮込む。
3. 2にBといんげんを加えて3分ほど煮込む。

1人分 286kcal

冷蔵 4日間

### ピリ辛鶏肉じゃが

ピリ辛味でやみつき！

コチュジャンの甘辛さが鶏肉によく合う

**材料（4人分）**
- 鶏もも肉（18等分）…1枚分
- じゃがいも（3等分）…大2個分
- 玉ねぎ（くし形切り）…大1個分
- にら（5cm幅）…1/3束分
- 赤ピーマン（細切り）…1/2個分
- 春雨…80g（できればじゃがいもでんぷんのもの）
- 塩・こしょう…各少々
- A【酒100ml、コチュジャン大さじ3、砂糖大さじ1、しょうが・にんにく（すりおろし）1かけ分、しょうゆ大さじ2】
- 酒…大さじ1
- ごま油…大さじ2

**作り方**
1. 鶏肉は塩、こしょうをふる。じゃがいもは水に5分ほどさらし、電子レンジで7分加熱する。春雨は戻す。
2. 厚手の鍋にごま油を熱し、鶏肉を皮目を下にして並べてこんがりと両面焼き、余分な脂をペーパータオルで拭き取る。
3. 2に酒をふり、さっと混ぜたら、玉ねぎとじゃがいも、春雨を加えて炒め、赤ピーマンを加えて炒める。混ぜ合わせたAを回し入れて全体にからめ、にらを加えてさっと炒める。

1人分 419kcal

冷蔵 4日間

## 飽きずに楽しめる！ 肉じゃがアレンジ

定番のおかず

### 温泉卵のせ

卵の黄身がとろりとからんで、もっとおいしい！

ちょっぴり贅沢気分！

#### 材料（1人分）
肉じゃが（P41）…1人分
温泉卵…1個

#### 作り方
温めた肉じゃがに温泉卵をのせ、卵をからめて食べる。

**温泉卵の作り方**
直径16cmほどの厚手の鍋に、卵が全てかぶるくらいの水を入れて沸騰させ、卵（できれば1時間ほど常温に戻す）を入れて火を止め、蓋をし15分ほどおく。

1人分 501kcal　冷蔵1日間

### 和風あんかけオムレツ

和風だしのあんの甘みで、食べごたえ満点

ごろごろの具がたくさん

#### 材料（4人分）
肉じゃが（P41）…大さじ山盛り3
A【卵2個、塩2つまみ、こしょう少々、牛乳大さじ1】
B【和風だし400ml、酒・砂糖・しょうゆ各大さじ3、塩小さじ½、水溶き片栗粉大さじ4】
サラダ油…大さじ1
しょうが（細切り）…薄切り3枚分

#### 作り方
1 フライパンにサラダ油を熱し、混ぜ合わせたAを流し入れ、細かく切った肉じゃがを中にのせてオムレツを作る。
2 別の鍋でBを煮立ててとろみをつけ、器に盛った1にかける。仕上げにしょうがをのせる。

1人分 135kcal　冷蔵2日間

### 焼き春巻き

トースターで簡単調理

肉じゃがを巻いて焼いた、優しい味わいの一品

#### 材料（4人分）
肉じゃが（P41）…大さじ2×10
春巻きの皮…10枚
サラダ油…大さじ1

#### 作り方
1 春巻きの皮で細かく切った肉じゃがを大さじ2ずつ巻き、表面にハケでサラダ油を塗る。
2 1をトースターで焼く。

**調理のコツ**
チーズを入れて焼いてもおいしいです。肉じゃが以外で、チンジャオロースーやえびチリ、麻婆なすなどを入れてもおいしくいただけます。

1人分 268kcal　冷蔵3日間

定番の
おかず

ふっくら
ジューシー！

定番おかずのおいしい作り方 ④

# ハンバーグ
## 赤ワイントマトソースとアボカドソース

定番の味・ハンバーグは、ソースにこだわるだけでおもてなし用の本格的な一品に。
とろとろに炒めた赤ワインとトマトに、マヨネーズを混ぜたアボカドを加えて食べ応え満点。

食パンを
つなぎに使って
ふわっとした食感に

2種類のソースで
楽しめる！

蒸し焼きにして
ふっくら！

1人分
657
kcal

冷蔵
4日間

冷凍
1ヶ月
(アボカドソース
は除いて)

- **材料** (4人分)

食パン(6枚切り)…1枚
牛乳…150㎖
A【合びき肉500g(国産牛ひき肉250g、国産豚ひき肉250gが理想)、玉ねぎ(みじん切り)½個分、卵1個、塩・こしょう・ナツメグ各少々】
B【アボカド(1㎝角に切る)1個分、マヨネーズ大さじ5、玉ねぎ(みじん切り)大さじ2、塩・こしょう各少々、レモンの搾り汁小さじ1】
サラダ油…小さじ2
C【トマト(粗みじん切り)1個分、赤ワイン大さじ4】
D【中濃ソース大さじ4、トマトケチャップ・しょうゆ各大さじ2、砂糖1つまみ】
生クリーム…少量

### 調理のコツ!
### 空気を抜くときは思いっきり叩きつけること

肉ダネの空気を抜くときは、思いっきり勢いよく叩きつけるようにするのがコツ。空気が抜けると、キュッという音がなったり、少し軽くなる感覚がします。

盛りつけ例

2種類のソースと生クリームを合わせて器に7を盛り、8の赤ワイントマトソース、5のアボカドソース、生クリームを順にかける。

- **作り方**

**1 食パンを牛乳に浸す**

食パンは耳も一緒にちぎり、牛乳に浸す。

**5 アボカドソースを作る**

ボウルにBを入れて混ぜておく。アボカドの種も一緒に混ぜておくと変色するのを防げる。

**2 ボウルに材料を入れる**

ボウルにAと1を入れる。ナツメグはホールがあればすりおろして入れる。

**6 焼く**

フライパンにサラダ油を熱し、4のハンバーグを中火で両面色よく焼く。

**3 よく混ぜる**

2を手でギュッギュッともみ込むように、粘りが出るまでよく混ぜる。

**7 蒸し焼きにする**

水50㎖(分量外)を加え弱火にし、蓋をして6分ほど蒸し焼きにして、ハンバーグを取り出す。

**4 小判形に丸める**

3を4等分にして、勢いよく叩きつけるように空気を抜き、小判形に丸め、真ん中にくぼみを作る。

**8 赤ワイントマトソースを作る**

7のフライパンにCを加えて炒め、とろとろになったら、Dを加えて沸騰させる。

# ハンバーグバリエ

肉やタレを変えて！ / 冷凍 1ヶ月

## 和風ポークハンバーグ
大根おろしでさっぱり / 大根おろしと青じそをのせて和風にいただく

### 材料（4人分）
- 食パン（6枚切り）…1枚
- 牛乳…150㎖
- A【豚ひき肉500g、玉ねぎ（みじん切り）½個分、卵1個、塩・こしょう・ナツメグ各少々】
- サラダ油…小さじ2
- 青じそ…4枚
- 大根おろし…⅓本分
- ポン酢…適量

### 作り方
1. 大根おろしは余分な水けをザルにあけて取り除いておく。
2. P45の作り方1〜4同様にハンバーグを成形する。
3. フライパンにサラダ油を熱し、2を中火で焼き、P45の作り方7同様蒸し焼きにする。
4. 器に盛り、青じそ、大根おろしをのせてポン酢をかける。

1人分 490kcal / 冷蔵 4日間

## チーズinハンバーグ
冷めてもおいしい！ / チーズによく合うケチャップソースをかけて

### 材料（4人分）
- 食パン（6枚切り）…1枚
- 牛乳…150㎖
- A【合びき肉500g、玉ねぎ（みじん切り）½個、卵1個、塩・こしょう・ナツメグ…各少々】
- スライスチーズ（とろけないタイプ）…4枚
- 片栗粉…少々
- サラダ油…小さじ1
- B【酒100㎖、トマトケチャップ大さじ2、中濃ソース大さじ4】
- パセリ（みじん切り）…少々

### 作り方
1. P45の作り方1〜3同様、材料をよく混ぜ合わせる。
2. 1を4等分にして、片栗粉をまぶしたチーズを真ん中に入れ、小判形に丸める。
3. フライパンにサラダ油を熱し、2を中火で焼き、P45の作り方7同様に蒸し焼きにする。
4. 3にBを加えて沸騰させる。器に盛り、パセリを散らす。

1人分 506kcal / 冷蔵 4日間

## ひとくちイタリアン風ハンバーグ
 お弁当にもおすすめ！ / トマトとチーズとバジルで見た目もおいしい一品

### 材料（4人分）
- 食パン（6枚切り）…1枚
- 牛乳…150㎖
- A【合びき肉500g、玉ねぎ（みじん切り）½個、卵1個、塩・こしょう・ナツメグ…各少々】
- サラダ油…小さじ
- トマトソース（P197）…適量
- パルミジャーノレッジャーノチーズ（粉チーズでもOK）…適量
- バジル…12枚
- EVオリーブオイル・こしょう…適量

### 作り方
1. P45の作り方1〜3同様、材料をよく混ぜ合わせる。
2. 1を12等分にして、小さな小判型に丸める。
3. フライパンにサラダ油を熱し、2を中火で焼き、P45の作り方7同様に蒸し焼きにする。
4. 器に盛り、トマトソース、チーズ、バジルをのせて、EVオリーブオイルとこしょうを少量かける。

1人分 436kcal / 冷蔵 4日間

## プロヴァンス風目玉焼きのせハンバーグ
作りおきのラタトゥイユを使って / ラタトゥイユも一緒にのせて、栄養満点に！

### 材料（4人分）
- 食パン（6枚切り）…1枚
- 牛乳…150㎖
- A【合びき肉500g、玉ねぎ（みじん切り）½個、卵1個、塩・こしょう・ナツメグ…各少々】
- サラダ油…小さじ2
- B【目玉焼き4個、ラタトゥイユ（P146）、こしょう少々、ローズマリー1枝】

### 作り方
1. P45の作り方1〜4同様にハンバーグを成形する。
2. ラタトゥイユは少し煮詰め、水分が少なければ、酒とケチャップ適量（分量外）を加えてのばす。
3. フライパンにサラダ油を熱し、1を中火で焼き、P45の作り方7同様に蒸し焼きにする。
4. 器に盛り、Bを順にのせる。

1人分 562kcal / 冷蔵 4日間

> ハンバーグに
> ひと手間加えて！

# ハンバーグアレンジ

定番のおかず

## 煮込みハンバーグ
**デミグラスソースと赤ワインでじっくり煮込んで**

やわらかくて
ジューシー

1人分
**590 kcal**
4日間

**材料**（4人分）
ハンバーグ（P45）…4個
赤ワイン…2カップ
A【デミグラスソース（市販）1缶、トマトケチャップ大さじ3、中濃ソース・しょうゆ各大さじ2、はちみつ大さじ1、ホールトマト1個（1缶でなくその中の1個。手でつぶす）、ローリエ1枚】
バター…20g

**作り方**
1 鍋に赤ワインを入れて半量になるまで煮詰め、Aを加えてさらに煮詰め、バターを加える。
2 1にハンバーグを入れて5分ほど煮込む。

> 食べ方の
> コツ

マッシュポテトとゆで野菜などを添えるとおいしい。

## ピーマン、パプリカ、ズッキーニの肉詰め
**野菜のほろ苦さが肉の旨味とよく合う**

お弁当に
入れても！

1人分
**153 kcal**
3日間

**材料**（4人分）
ハンバーグのタネ（P45）…200g
ピーマン…2個
パプリカ…1個
ズッキーニ…1本
薄力粉…適量
サラダ油…小さじ2
チーズinハンバーグのB（P46）…適量

**作り方**
1 ピーマンは縦半分に切り、ヘタと種を取り、パプリカは輪切りにして種を取る。ズッキーニは縦半分に切り、長さを半分にし、中をくり抜く。
2 1に薄力粉をはたき、ハンバーグのタネを詰める。
3 フライパンにサラダ油を熱し、蓋をして2を両面色よく焼く。
4 器に盛り、煮詰めたBをかける。

## ハンバーグサンド
**焼きたての食パンに挟んで温かいうちにどうぞ**

> ボリューム
> しっかりサンドイッチ

**材料**（2個分）
ハンバーグ（P45）…1個（できれば薄めに焼いたもの）
食パン（5枚切り）…2枚
フレンチマスタード・マヨネーズ・トマトケチャップ…適量
レタス…1枚
ゴーダチーズ（スライス）…1枚（普通のスライスチーズでも可）
トマト（輪切り）…2枚

**作り方**
1 食パンは焼く。レタスは半分にちぎる。
2 1の食パンにフレンチマスタード、マヨネーズ、ケチャップをぬり、レタス、ハンバーグ、チーズ、トマト、レタスの順にのせてもう1枚の食パンで挟み、半分に切る。

1個分
**465 kcal**
1日間

47

|定番の おかず|

### 定番おかずのおいしい作り方 ⑤
カリッと ジューシー！

# 餃子

餃子は肉と一緒に入れる野菜がポイント！ 白菜とキャベツ、にらを入れることでさっぱりと仕上がり、さらに食べ応えもアップします。カリッとおいしく焼き上げましょう。

白菜とキャベツはどちらかだけでも大丈夫。季節によって変えても

ご飯にもビールにもよく合う

肉ダネはよくもみ込んで！

1人分 493 kcal
冷蔵 2日間

冷凍 1ヶ月
(タネのみor包んだ状態で)

## 定番のおかず

### • 材料（4人分）

豚ひき肉…250g
しょうが…1かけ
にら…1/2束
白菜…1/8個
キャベツ…1/4個

A
- にんにく（すりおろし）…小さじ1
- 卵…小さめ1個
- ごま油・しょうゆ…各大さじ2
- 塩…小さじ1/4
- こしょう…少々

餃子の皮…35枚くらい（あれば大判）
サラダ油…大さじ1
タレ【しょうゆ大さじ4、酢小さじ2】＊お好みでラー油やXO醤を混ぜても。

**調理のコツ！**

**ゆでた白菜とキャベツはよく絞ること**

白菜とキャベツをゆでたら水けを絞ることを忘れずに。白菜とキャベツはどちらかだけでもOK。白菜はよりジューシーに、キャベツはより食感が増します。

### • 作り方

**1 野菜を切る**

しょうがとにらはみじん切りにする。

**2 白菜とキャベツをゆでて切る**

白菜とキャベツは別々に30秒ほどゆでて、粗熱を取り、みじん切りにする。ペーパータオルなどで水けをしっかり絞る。

**3 肉ダネを混ぜる**

ボウルにひき肉、1、2、Aを入れ、もみ込むように粘りが出て白っぽくなるまでよく混ぜる。

**4 餃子の皮で包む**

餃子の皮の中央にタネをのせ、皮の端に水をつける。4つくらいのひだを作りながら押し込むように包み、形をととのえる。

**5 焼く**

フライパンにサラダ油を中火で熱し、餃子を並べて焼く。餃子の底に焼き色がついたら、餃子の1/3の高さまで水を注ぐ。

**6 仕上げる**

蓋をして中火で4〜5分、水分がなくなるまで焼く。最後に強火にして、ごま油小さじ2ほど（分量外）を回し入れ、カリッと焼き、タレをつけていただく。

**保存のコツ タネの状態でも包んでからでも冷凍OK**

冷蔵保存するときはタネの状態で保存袋に入れ、平らにします。皮に包んで冷凍保存する場合は、包んだらすぐにバットに並べて冷凍します。冷凍してから袋に入れるとくっつきにくくなります。

# 餃子バリエ

パーティーにも使える！

（皮に包んだ状態で）1ヶ月

少しさっぱり食べたいときに！

## えびにら餃子
### えびの味わいが口いっぱいに広がる

**材料**（4人分）
- えび…200g
- 豚ひき肉…100g
- A【卵1個（選べるなら小さめ）、ごま油・しょうゆ各大さじ2、塩小さじ¼、こしょう少々】
- にら（みじん切り）…½束分
- 餃子の皮…35枚くらい

**作り方**
1. えびは殻をむき、細かく叩く。
2. ボウルに1、ひき肉、Aを入れて、粘りが出るまでよく混ぜる。にらを加え、混ぜる。
3. P49の作り方4～6同様に包み、焼く。

1人分 336kcal　2日間

## 牛肉とトマトの餃子
### 甘酸っぱいドライトマトが決め手の洋風餃子

ハーブとチーズを入れて洋風に

**材料**（4人分）
- ドライトマト…4個
- 牛ひき肉…200g
- バジルの葉（粗く刻む）…20枚分
- 玉ねぎ（みじん切り）…小さめ1個分
- 松の実（ロースト）…20g
- ピザ用チーズ（粗く刻む）…30g分
- A【塩小さじ¼、こしょう少々、オイスターソース小さじ1、オリーブオイル大さじ1】
- 餃子の皮…24枚くらい

**作り方**
1. ドライトマトは水で戻し、粗みじん切りにする。
2. ボウルにひき肉、バジルの葉、1、玉ねぎ、松の実、A、チーズを入れ、粘りが出るまでよく混ぜる。
3. P49の作り方4～6同様に包み、焼く。

1人分 331kcal　2日間

## 春菊と白菜の餃子
### 野菜たっぷりでヘルシーな一品に

春菊の風味がおいしい

**材料**（4人分）
- 白菜…3枚
- 豚ひき肉…250g
- しょうが（みじん切り）…1かけ分
- おろしにんにく…小さじ1
- A【卵1個（選べるなら小さめ）、ごま油大さじ2、しょうゆ大さじ2、塩小さじ¼、こしょう少々】
- 春菊（みじん切り）…1束分
- 餃子の皮…35枚くらい
- タレ【しょうゆ大さじ4、酢小さじ2】（お好みでラー油やXO醬を混ぜてもよい）

**作り方**
1. 白菜はさっとゆでてみじん切りにし、よく水けを絞る。
2. ボウルにひき肉、しょうが、にんにく入れて混ぜ、Aを加えて粘りが出るまでよく混ぜる。春菊、白菜を加えて混ぜる。
3. P49の作り方4～6同様に包み、焼いてタレを添える。

1人分 402kcal　2日間

## えびとれんこんの餃子
### シャキシャキとしたれんこんで食感アップ！

にんにくで食欲促進！

**材料**（4人分）
- えび…150g
- れんこん…小1節
- 豚ひき肉…100g
- しょうが（みじん切り）…1かけ分
- おろしにんにく…小さじ1
- 万能ねぎ（小口切り）…⅓束分
- A【卵1個（選べるなら小さめ）、ごま油、しょうゆ各大さじ2、塩小さじ¼、こしょう少々】
- 餃子の皮…35枚くらい
- タレ【しょうゆ 大さじ4、酢小さじ2】（お好みでラー油やXO醬を混ぜてもよい）

**作り方**
1. えびは殻をむき、細かく叩く。れんこんは皮をむいて5分ほど酢水につけ、みじん切りにする。
2. ボウルにひき肉、1、しょうが、にんにくを入れて混ぜ、Aを加えて粘りが出るまでよく混ぜる。万能ねぎを加え、混ぜる。
3. P49の作り方4～6同様に包み、焼いてタレを添える。

1人分 359kcal　2日間

# 餃子アレンジ

形もタレも色々!

## 水餃子

ごまの風味豊かなラー油ダレがポイント!

皮の食感が楽しめる!

1人分 359 kcal

2日間

### 材料（4人分）
餃子（P49の焼く前の状態のもの）…20個
ごまラー油ダレ【にんにく（すりおろす）½かけ分、しょうゆ大さじ4、砂糖小さじ2、白ごまペースト大さじ1、ごま油大さじ1、酢小さじ1½、ラー油適量】

### 作り方
1 餃子をたっぷりの熱湯でゆでる。餃子が浮かんできたら2〜3分ゆでる。
2 器に盛り、タレをかける。

**調理のコツ**：水餃子のときは、タネを少し濃いめの味つけで作ってもおすすめ。

---

ビールにもよく合う!

1人分 215 kcal

2日間

## サルサ風揚げ焼き餃子

バジル入りの餃子に合うトマトソースが決め手

### 材料（4人分）
トマトのマリネソース【トマト（みじん切り）1個分、紫玉ねぎ（みじん切り）大さじ2、ピーマン（みじん切り）½個分、オリーブオイル大さじ2、塩2つまみ、ライムかレモンの搾り汁小さじ2】
餃子の皮…16枚
バジルの葉…16枚
餃子のタネ（P49）…150g
オリーブオイル…大さじ1〜2

### 作り方
1 ボウルにマリネソースの材料を入れ、軽く混ぜる。
2 餃子の皮にバジルの葉、餃子のタネ、バジルの葉を順にのせ、もう1枚の餃子の皮の周りに水をつけて上から被せ、2枚の皮を指先で丸く閉じる。
3 フライパンにオリーブオイルを熱し、2の表、裏を交互に焼く。
4 器に盛りつけ、1のマリネソースをかける。

---

## ペリメニ風

ヨーグルトソースを添えたロシア風の水餃子

もち粉入りの皮を使っても◎

### 材料（4人分）
餃子のタネ【牛肉とトマトの餃子（P50）がおすすめ】…100g
餃子の皮…16枚
A【バター10g、レモンの搾り汁小さじ2、塩2つまみ、こしょう少々、万能ねぎ（小口切り）1本分】
ヨーグルトソース【プレーンヨーグルト大さじ2、オリーブオイル小さじ2、にんにく（すりおろし）小さじ¼、塩2つまみ、こしょう少々】

### 作り方
1 餃子の皮の中央にタネをのせ、皮の端に水をつける。半分に折るように包んだら、端と端を重ねるようにくっつけてラビオリ風に形を整える。
2 1をたっぷりの熱湯でゆで、ゆでたてをAとさっとあえて器に盛り、ヨーグルトソースをかけて食べる。

1人分 163 kcal

2日間

定番のおかず

定番の<br>おかず

**ゆで肉ストック** 定番おかずのおいしい作り方 ❻

# 鶏むね肉のしっとりゆで
## オイスター中華ダレ

しょうがやにんにく、長ねぎなどでじっくりとゆでた鶏肉は、ジューシーな仕上がりに。
赤唐辛子でピリ辛にしたオイスターソースのタレを加えて、さらにコクをアップ！

ゆで汁に浸しながら
冷ますことで
しっとり仕上がる

ゆで汁は捨てずに
タレに加えて！

100g
174kcal

冷蔵
4日間

冷凍
2週間

薬味たっぷりの
タレが美味

• 材料（4人分）

鶏むね肉…大2枚
しょうが…1かけ（約10g）
にんにく（つぶす）…1かけ
長ねぎ（青い部分）…1本分
黒粒こしょう…3粒
水…800ml

タレ【しょうが（みじん切り）2かけ分、にんにく（みじん切り）大1かけ分、みそ・砂糖各大さじ1強、オイスターソース・レモンの搾り汁・鶏のゆで汁各大さじ1、赤唐辛子（みじん切り）1〜2本、万能ねぎ（小口切り）2本分、しょうゆ小さじ1】

### 調理のコツ！
**しょうがは皮ごと真っ黒にあぶる**

しょうがを真っ黒になるまであぶることで、辛味が抜けて旨味がよく出るようになります。タレにはゆで汁も加えるのがコツ。

盛りつけ例

**薬味が入ったタレをかけて**
ゆでた鶏肉は食べやすいように薄く切り、混ぜ合わせたタレをかけて。ピリ辛のタレがよく合います。

定番のおかず

• 作り方

**1 脂肪を取り除く**
鶏肉は余分な黄色っぽい脂肪を取り除く。

**5 鶏肉をゆでる**
鍋に2の鶏肉を皮を下にして入れ、4のしょうが、にんにく、長ねぎ、黒粒こしょう、水を入れて火にかけ、沸騰させる。

**2 観音開きにする**
火の通りを均一にするため、鶏肉に包丁を斜めに入れてそぐように左右に開きながら厚みを揃える。

**6 アクを取る**
沸騰したら弱火にして、丁寧にアクを取る。

**3 しょうがをあぶる**
しょうがはフォークなどで刺し、直火で真っ黒になるまであぶる。

**7 仕上げる**
ペーパータオルで蓋をして、15分ほどゆらゆらとゆで、そのまま冷ます。タレの材料を混ぜ合わせて一緒に保存する。

**4 焦げを落としつぶす**
3のしょうがは水洗いして焦げを落とし、木べらでつぶす。

### 保存のコツ
**ゆで汁ごと保存**

ゆで肉の保存のコツは、必ずゆで汁に浸すように、ペーパータオルをかぶせて入れ、冷蔵保存を。冷凍するなら、冷凍用保存袋にゆで汁と一緒に入れて冷凍を。

# ゆで肉バリエ

いろいろなお肉で！

## ゆで牛すじ

よく煮込んでとろとろ食感

ゆでたてに塩、こしょうをふって食べても美味

**材料**（作りやすい分量）
牛すじ肉…1kg
A【長ねぎ（青い部分）1本分、にんにく（つぶす）2かけ分】
酒…100ml

**作り方**
1 大きな鍋（直径27cmくらい）にたっぷりの水を入れて火にかける。沸騰したら牛肉を入れてゆでこぼし、再度沸騰したら、ザルに上げてしっかりと水で洗う。鍋もきれいに洗う。
2 鍋にもう一度水を入れ、1の牛肉とAを入れて沸騰させる。沸騰したら弱火にし、ゆらゆらと1時間半ほどゆで、酒を加えてさらに1時間半ほどゆでる。
3 2をそのまま冷まし、粗熱が取れたら一晩冷蔵庫に入れる。白い脂が浮いてくるので、丁寧に取り除き、食べやすく切って料理に使う。

100g **141** kcal  4日間  4日間

## ゆで牛すね肉

アレンジして使いやすい

すっきりとした味わいで、お酒のおつまみにも

**材料**（作りやすい分量）
牛すね肉…500g
しょうが…1かけ
長ねぎ（青い部分）…1本分
にんにく…1かけ
酒…50ml

**作り方**
1 厚手の鍋に全ての材料とひたひたの水を入れて弱火にかけ、途中で水が少なくなったら足しながら、3時間ほどゆでる。
2 ゆで牛すじ（左参照）の作り方3同様に仕上げる。

100g **127** kcal  4日間 1ヶ月

## ゆで豚

使い方自由自在！

脂っこさがなく、肉の旨味をシンプルに味わえる

**材料**（作りやすい分量）
豚ばらかたまり肉…500〜600g
豚肩ロースかたまり肉…500〜600g
A【塩小さじ1、酒50ml、長ねぎ（青い部分）1本分、にんにく1かけ、しょうが（スライス）5枚】

**作り方**
1 鍋に全ての材料を入れ、肉がかぶるくらいの水を加えて強火にかける。煮立ったら弱火にし、肉の表面がゆで汁から出ないようにペーパータオルをかぶせて、20分ほどゆでる。
2 1をそのまま冷まし、粗熱が取れたら一晩冷蔵庫に入れる。白い脂が浮いてくるので、丁寧に取り除き、食べやすく切って料理に使う。

100g **291** kcal  4日間  2週間

## 鶏ハム

静かに火を通すからやわらか

ハーブや香味野菜で煮込んだ、風味豊かな一品

**材料**（作りやすい分量）
鶏むね肉…1枚
A【白ワイン100ml、水500ml、塩20g、はちみつ小さじ2、香味野菜（にんにく・玉ねぎ）適量、オレガノ2枝（なければローズマリーなどでも可）、ローリエ2枚、タイム2枝、黒粒こしょう5粒】

**作り方**
1 鶏肉は全て同じ厚みになるように包丁で切り込みを入れ、端からのり巻きを巻くように巻いてタコ糸でしばり、筒状に形を整える。Aは鍋に入れて煮たて、冷ましておく。
2 保存袋に完全に冷めたAと鶏肉を入れ、丸1日冷蔵庫におく。
3 60〜70℃くらいのお湯が入った鍋に2を袋ごと入れ、沸騰させずに温度を保ちながら30分ほどゆっくりと加熱し、そのまま鍋の中で完全に冷ます。

4日間 2週間

100g **201** kcal

合わせやすくて便利！

## ゆで肉アレンジ

定番のおかず

野菜で巻いてさっぱりいただく

### ゆで豚のポッサム（韓国風ゆで豚の野菜巻き）

みそとコチュジャンを混ぜたタレが相性抜群

1人分 276 kcal　冷蔵 2日間

**材料（4人分）**
ゆで豚(P54)…300g
えごまの葉・サンチュ…各適量
サムジャン【みそ・コチュジャン 各大さじ2、ごま油・レモンの搾り汁・砂糖 各小さじ1、白ねぎ（みじん切り）大さじ1】

**作り方**
1 ボウルにサムジャンの材料を入れ、よく混ぜ合わせる。ゆで豚は3mm幅くらいにスライスする。
2 葉野菜にゆで豚、サムジャンをのせ、巻いて食べる。お好みで雑穀米などを一緒に巻いて食べてもよい。

**サムジャン**
コチュジャンやみそ、砂糖などを混ぜた、韓国の合わせみそ。肉を野菜で巻いて食べるときなどに、一緒に食べるとおいしいです。

ラズベリーの酸味がさわやか

1人分 160 kcal　冷蔵 2日間

### 鶏ハムのサラダ

ラズベリードレッシングが味のアクセントに

**材料（4人分）**
鶏ハム(P54)
　…スライス10枚
ベビーリーフ…1パック
アーモンドスライス
　（炒ったもの）…大さじ2
カッテージチーズ…大さじ2
ラズベリードレッシング
　（下記参照）…大さじ3

**作り方**
1 ベビーリーフは冷水につけてシャキッとさせ、水けをきる。
2 器にベビーリーフ、鶏ハム、アーモンドスライス、カッテージチーズを盛り、ドレッシングを回しかける。

**ラズベリードレッシングの材料と作り方（作りやすい分量）**
耐熱容器にラズベリー120g、はちみつ小さじ2を入れてラップをし、電子レンジで20秒加熱する。ミニマッシャーなどでラズベリーをつぶしながら混ぜ、ホワイトバルサミコ酢大さじ3、塩2つまみを加えて混ぜたら、オリーブオイル100mlを少しずつ入れながら混ぜる。

### 牛すじと豆腐、大根のしょうゆ煮込み

しょうゆの旨味が具材に染みこんで絶品！

**材料（4人分）**
ゆで牛すじ肉(P54)…半量
大根…⅓本
A【酒200㎖、しょうゆ50㎖、塩小さじ1】
木綿豆腐…2丁
万能ねぎ（小口切り）
　…½束分
七味唐辛子…適宜

**作り方**
1 大根は厚く皮をむき、半月切りにして下ゆでする。
2 鍋に牛肉、大根、A、ひたひたの水を入れて火にかけ、大根にさっと竹串がささるまで煮込む。
3 2に手でざっくり切った豆腐を加えて20分ほど煮込んだら、そのまま一度完全に冷ます。
4 再度温め直し、万能ねぎをのせる。お好みで七味唐辛子をふりかけてもよい。

とろ〜りやわらかな口当たり

1人分 364 kcal　冷蔵 4日間

定番の<br>おかず

野菜どっさり！

定番おかずのおいしい作り方 ❼

# ミートソース

パスタソースとしてはもちろん、ドリアやラザニアのソースにも使えるミートソース。
玉ねぎとにんじん、セロリ、ホールトマトをたっぷり入れて、栄養満点に仕上げましょう。

*肉と野菜の旨味が詰まった、作っておくと便利なおかず*

  アレンジして使いやすい！

 冷蔵 1週間
 冷凍 1ヶ月
100g 102kcal

 みじん切りにした野菜たっぷり

## ● 材料（作りやすい分量）

合びき肉…250g
玉ねぎ…大1個
にんじん…½本
セロリ…½本
オリーブオイル…大さじ2
にんにく…1かけ
ローリエ…1枚
ホールトマト缶
　…1缶（手でつぶしておく）
赤ワイン…50㎖
塩…小さじ1
塩・こしょう…各少々

### 調理のコツ！

**コンソメを使わない分、塩は多めで**

ホールトマトと一緒に塩小さじ1を加えるのは多いと感じるかもしれませんが、コンソメを使わないのでこの分量が必要です。

**定番のおかず**

## ● 作り方

### 1 オイルに香味野菜を入れる

厚手の鍋にオリーブオイル、つぶしたにんにく、ローリエを入れる。

### 2 野菜を切る

玉ねぎ、にんじん、セロリはみじん切りにする。

### 3 野菜を炒める

1を弱火にかけ、にんにくがふつふつとして香りが出てきたら2を加えて炒める。

### 4 ひき肉を炒める

透明感が出てきたら、塩2つまみ（分量外）を加えて炒め、ひき肉を加えて色が変わるまで炒める。

### 5 煮込む

赤ワイン、ホールトマト、塩小さじ1を順に加え、時々かき混ぜながら弱めの中火で8分ほど煮込む。

### 6 調味する

水分が飛んで、ぽってりとしてきたら、塩、こしょうで味をととのえる。

### 7 お好みではちみつを加える

トマト缶によって酸味が強かったりなど違いがあるので、甘みが少し足りないようなら、はちみつ小さじ1（分量外）を加える。

### ◀ 食べ方のコツ ▶

**食べ方いろいろ♪で楽しんで**

パスタにからめたり、野菜やご飯の上にチーズと一緒にのせてオーブンで焼いてもおいしい！

作っておくと便利！

# ミートソースバリエ

## 白いミートソース
**トマトと赤ワインを使わない、あっさり味のソース**

 スパゲッティや焼きそばにも合う

### 材料（作りやすい分量）
- 豚ひき肉…500g
- 玉ねぎ（みじん切り）…1個分
- サラダ油…小さじ2
- ローリエ…1枚
- 酒…大さじ1
- 塩…小さじ1
- こしょう…少々

### 作り方
1. フライパンにサラダ油を熱し、玉ねぎ、ローリエを入れ、玉ねぎが少し茶色になるまで炒める。
2. ひき肉と酒を加え、肉の色が変わるまで炒め、塩、こしょうで味をととのえる。

100g **186 kcal**

## 坦々ミートソース
**豆板醤の辛みとごま油のコクをプラスして**

 麺によく合う!

### 材料（作りやすい分量）
- 豚ひき肉…400g
- しょうが（みじん切り）…1かけ分
- ごま油…小さじ2
- 豆板醤…小さじ2
- A【砂糖大さじ1½、酒・しょうゆ各大さじ2、みそ大さじ3】
- 長ねぎ（小口切り）…適量

### 作り方
1. フライパンにごま油としょうがを熱し、豆板醤とひき肉を炒め、Aを加えて味をととのえる。汁けがなくなるまでしっかりと水分を飛ばすように炒める。
2. 器に盛り、長ねぎをのせる。

100g **200 kcal**

## タコスミートソース
**トルティーヤで包んで食べたい！**

 サラダのトッピングに！

### 材料（作りやすい分量）
- 合びき肉…400g
- にんにく（みじん切り）…1かけ分
- オリーブオイル…大さじ1
- A【チリパウダー・しょうゆ各大さじ1、トマトケチャップ・ウスターソース各大さじ2】

### 作り方
1. フライパンにオリーブオイルとにんにくを熱し、にんにくが色づいてきたら、ひき肉を加え、肉の色が変わるまで炒める。
2. 1にAを加えて汁けがなくなるまで炒める。

100g **222 kcal**

## エスニックミートソース
**色とりどりのピーマンが食欲をそそる**

 ご飯に合わせてガパオライスに！

### 材料（作りやすい分量）
- 鶏ももひき肉…400g
- にんにく・しょうが（みじん切り）…各1かけ分
- 赤唐辛子（みじん切り）…3本分
- 玉ねぎ（乱切り）…1個分
- ピーマン（赤・黄・緑／乱切り）…各1個分
- サラダ油…大さじ2
- A【しょうゆ大さじ1½、ナンプラー大さじ1、オイスターソース小さじ1〜2、塩少々】
- バジル…大きめのもの16枚

### 作り方
1. フライパンにサラダ油、にんにく、しょうがを入れ、弱火でじっくりと焦げないように火にかける。香りが出てきたら、赤唐辛子、ひき肉を加え、だまになるようにあまり混ぜずにカリカリに炒める。
2. 1に玉ねぎとピーマンを加えて炒め、野菜に火が通ったら、Aを加えて混ぜながらよく炒める。味が足りなければ、しょうゆと塩各適量（分量外）を加えて味をととのえ、バジルを加えてさっと炒める。

100g **115 kcal**

ストックしておくと
とっても助かる！

# ミートソースアレンジ

定番のおかず

## ミートオムレツ
白いミートソースをふわりと包んで

バターの香りがポイント！

1人分 107 kcal ／ 冷蔵 3日間

### 材料（4人分）
- A【卵2個、牛乳大さじ1、塩1つまみ、こしょう少々】
- サラダ油…大さじ1
- 白いミートソース(P58)…大さじ3
- バター…5g
- しょうゆ・粗びき黒こしょう…各適量

### 作り方
1. ボウルに**A**を入れて溶きほぐす。
2. フライパンにサラダ油を熱し、**1**を流し入れて5秒ほどおき、火が通った端からふんわりとかき混ぜる。半熟状態になったら白いミートソースをのせ、包むようにオムレツを作る。
3. 器に**2**を盛り、バターをのせ、しょうゆと粗びき黒こしょうをかける。

---

1人分 464 kcal ／ 冷蔵 4日間

しっかりめの味が美味

## ミートチーズ春巻き
カリッと揚げた皮から、とろーりチーズが美味

### 材料（4人分）
- ミートソース(P57)…2カップ
- 春雨（戻す）…80g
- A【しょうゆ小さじ2、塩少々、中濃ソース、チリパウダー各小さじ1】
- 春巻きの皮…10枚
- プロセスチーズ（8mm幅に切る）…160g
- 揚げ油…適量

### 作り方
1. フライパンにミートソースと春雨を入れて火にかけ、**A**を加えて水分がなくなるまで炒める。
2. 春巻きの皮に**1**を大さじ2とチーズ16gくらいをのせて巻き、180℃の揚げ油で揚げる。
3. 揚げたてをバットに斜めに立てかけて3〜5分ほどおいてから切る（チーズが落ち着いてほどよくとろりと切れます）。

---

朝ごはんにもおすすめ

## ミートソースとブロッコリーのココット
たっぷりのせたチーズと卵でコクがアップ

### 材料（4個分）
- ミートソース(P57)…大さじ8
- ブロッコリー（小房に分けて塩ゆで）…½個分
- 卵…4個
- ピザ用チーズ…大さじ8
- オリーブオイル…小さじ2

### 作り方
1. オーブンは210℃に温める。
2. ココット皿の内側にオリーブオイルを小さじ½ずつぬり、ミートソース、ブロッコリー、ミートソース、チーズ、卵の順にのせ、200℃に下げたオーブンで、15分ほど焼く。オーブントースターや魚焼きグリルで焼いてもよい。その際、上が焦げそうなときや火力が足りなさそうなときは、ホイルをかぶせて焼く。

1人分 167 kcal ／ 冷蔵 3日間

定番おかずのおいしい作り方 ❽

# シーフードフライ
## （あじフライ）

サクサクのフライを作るには、小麦粉と溶き卵、パン粉を丁寧につけることが大切です。
つけて食べるタルタルソースは、少量のパセリを加えることで、ほろ苦さがアクセントに。

揚げたら立てかけて
油を切ると、
さらにサクサク

サクッ、ふわっの
食感がいい！

 タルタルソースと
相性抜群

## 定番のおかず

• 材料（4人分）

あじ（三枚におろしたもの）
　…4尾分
薄力粉・溶き卵・パン粉・
　揚げ油・中濃ソース…各適量
タルタルソース【ゆで卵2個、
　玉ねぎ（みじん切り／水にさ
　らす）¼個分、パセリ（みじ
　ん切り）少々、マヨネーズ大
　さじ4】

### 調理のコツ！
**新聞紙を敷いておくと後片付けがラク！**

フライの衣をつけるときは、新聞紙を敷きましょう。バット、あじ、薄力粉、溶き卵、パン粉をのせて衣づけをすると、後片付けがラクです。

盛りつけ例

**タルタルソースを添えて**
油をきったアジフライを器に盛り、**1**のタルタルソースと中濃ソース（各適量）をかけていただく。

• 作り方

**1 タルタルソースを作る**

瓶の中にゆで卵を入れ、ナイフで刻み、玉ねぎ、マヨネーズ、パセリを加え、混ぜる。

**5 揚げる**

**4**を180℃の揚げ油で3〜4枚ずつ、泡が大きくなるまで揚げる。

**2 あじに薄力粉をつける**

三枚におろしたあじは薄力粉をしっかりとつけて余分な粉をはたく。

**6 油をきる**

揚がったらバットに立てかけて、ある程度油が下に落ちてから食べるとサクッとした食感に。

**3 溶き卵を全体につける**

溶き卵を全体にしっかりとまんべんなくつける。

### 保存のコツ
**衣をつけた状態で冷凍保存**

衣をつけて揚げる前に、冷凍用保存袋に入れて冷凍保存がおすすめ。揚げてからでも冷凍できますが、その場合はリメイクをしておいしく食べましょう。

**4 パン粉をつける**

パン粉はギュッとおさえるようにつけ、余分なパン粉をはたき、バットにのせる。

# シーフードフライバリエ

2週間

## えびフライ
シーフードフライの定番！

**油をしっかり落としてから食べるとサクッ！**

### 材料（4人分）
- えび…12尾
- 薄力粉・溶き卵・パン粉・揚げ油…各適量
- タルタルソース（P61）…適量

### 作り方
1. えびは殻と背ワタを取り、内側に包丁で切れ目を入れてまっすぐにする。尾の先を切り落とし、水けをきっておく。
2. 1に薄力粉、溶き卵、パン粉の順で衣をつけ、180℃の揚げ油で揚げる。
3. 器に盛り、タルタルソースを添える。

1人分 179kcal ／ 冷蔵 4日間

## いかリングフライ
余ったげそは冷凍保存すると◎

**噛み応えしっかり！　ビールにも合う**

### 材料（4人分）
- するめいか…1杯
- 薄力粉・溶き卵・パン粉・揚げ油…各適量
- タルタルソース（P61）・中濃ソース…各適量

### 作り方
1. いかは皮と内臓と足を取り除き、水けをしっかりときってから輪切りにする。
2. 1に薄力粉、溶き卵、パン粉の順で衣をつけ、180℃の揚げ油で揚げる。
3. 器に盛り、タルタルソースと中濃ソースを添える。

1人分 228kcal ／ 冷蔵 4日間

**調理のコツ**　余ったげそは冷凍保存しておくと便利です。私はさっとバターじょうゆで焼いたり、チャーハンやお好み焼きに入れたりして食べるのが好きです。

## かきフライ
ふっくらサクサクの食感！

**ジューシーなかきフライは塩とレモンが合う**

### 材料（4人分）
- かき…大12個
- 薄力粉・溶き卵・パン粉・揚げ油…各適量
- レモン・塩…各適量

### 作り方
1. ザルにかきを入れて、塩大さじ4（分量外）をふりかけてゆする。塩が黒くなったら水でよく洗い（ヒダの内側なども）、ペーパータオルで水けをしっかり拭き取っておく。
2. 1に薄力粉、溶き卵、パン粉の順で衣をつけ、180℃の揚げ油で揚げる。
3. 器に盛り、レモンと塩で食べる。

1人分 599kcal ／ 冷蔵 2日間

**食べ方のコツ**　タルタルソースや中濃ソースでもおいしいですが、塩とレモンで食べるのもおすすめです。

## ほたてフライ
ハーブと合わせても美味

**噛むことに、ほたての旨味が口に広がる**

### 材料（4人分）
- ほたて…12個
- 薄力粉・溶き卵・パン粉・揚げ油・タイム…各適量

### 作り方
1. ほたてに薄力粉、溶き卵、パン粉の順で衣をつけ、180℃の揚げ油で揚げる。
2. 器に盛り、お好みでタイムなどのハーブを添える。

1人分 280kcal ／ 冷蔵 4日間

**調理のコツ**　パン粉にドライタイムやドライオレガノ、ドライバジルを混ぜてもおいしいです。

## 子どもも大好き！ シーフードフライアレンジ

定番のおかず

### あじフライのサラダ
たっぷりの生野菜とフライがよく合う

＞バルサミコ酢でさわやかに

**材料（4人分）**
- あじフライ（P61）…4枚
- ミニトマト…4個
- サニーレタス…2枚
- EVオリーブオイル…大さじ2
- バルサミコ酢…小さじ2
- 塩…2つまみ
- こしょう…少々

**作り方**
1 ミニトマトは横半分に切る。サニーレタスは冷水につけてシャキッとさせ、水けをきり、食べやすい大きさにちぎる。あじフライは半分に切る。
2 ボウルにミニトマト、サニーレタスを入れ、EVオリーブオイル、バルサミコ酢、塩、こしょうでさっとあえる。最後にあじフライを加えてさっと混ぜる。

1人分 303 kcal ／ 冷蔵 1日間

### えびフライサンド
歯応えが楽しいシャキシャキのレタスと挟んで

＞えびフライを贅沢に使用！

1人分 325 kcal ／ 冷蔵 2日間

**材料（1人分）**
- パン（カンパーニュなど）…スライス2枚（なければ食パンでOK）
- えびフライ（P62）…3本（尾は取っておく）
- フレンチマスタード…小さじ1
- バター…小さじ1
- レタス…1枚
- タルタルソース（P61）…適量

**作り方**
1 タルタルソースは混ぜ合わせておく。
2 パンはカリッと焼き、それぞれ片面にフレンチマスタードとバターをぬる。レタス、タルタルソース、えびフライをのせて挟む。

### フライのタルタルグラタン
チーズのとろりとした食感でより濃厚に

**材料（1人分）**
- 残ったフライ…適量（今回はえびフライ2本、いかフライ・ほたてフライ各3本）
- タルタルソース（P61）・ピザ用チーズ…各適量（今回は各大さじ3）

**作り方**
1 耐熱容器に残ったフライを入れ、タルタルソースとチーズをのせる。
2 1をオーブントースターでおいしそうな焦げ目ができるまで焼く。

＞簡単リメイク料理！

1人分 837 kcal ／ 冷蔵 2日間

| 定番の
おかず |

ご飯が進む！

定番おかずのおいしい作り方 ⑨

# 麻婆豆腐

しょうゆ味がベースになった、優しい味わいの麻婆豆腐。
ひき肉と干ししいたけの旨味がたっぷりで、白ねぎとにらのシャキシャキした歯応えも食欲をそそります。

お弁当に入れる場合は、しっかりとろみをつけて作ると◎

 ご飯にのせて丼にしてもおいしい

1人分 371kcal

 冷蔵 4日間

 冷凍 2週間
（豆腐の食感は変わる）

  豆腐はしっかり水きりして！

## ・材料（4人分）

豚ひき肉…300g
木綿豆腐…2丁
A ┌ にんにく・しょうが
  │   …各1かけ
  │ 白ねぎ…1本
  │ にら…½束
  │ 干ししいたけ（水で戻す）
  └   …大2枚
サラダ油…小さじ2
豆板醤…小さじ1
塩…小さじ½
こしょう…少々
酒・水…各100㎖

B ┌ しょうゆ…大さじ2
  │ 塩…小さじ½
  └ 砂糖…小さじ1
水溶き片栗粉…大さじ2
ごま油…小さじ2

### 調理のコツ！
**豆板醤で辛さを調節して**

このレシピはしょうゆ味の優しい味なので、お子さんも食べられます。豆板醤はメーカーによって辛みが違うので、辛みが足りないようなら豆板醤の量を増やすか、最後にラー油を加えても。

定番のおかず

## ・作り方

**1 豆腐の水きり**

豆腐はペーパータオルで包み、耐熱皿にのせ、ラップをせずに電子レンジで2分加熱する。

**5 肉を加えて炒める**

しんなりしたらひき肉を加え、肉の色が変わるまで炒める。

**2 野菜を切る**

Aの野菜やきのこを全てみじん切りにする。

**6 調味する**

5に塩小さじ½とこしょう少々を加えて炒め、酒と水を加えて煮立てる。

**3 香味野菜と豆板醤を炒める**

フライパンにサラダ油とにんにく、しょうがを入れて弱火にかけ、香りが出たら豆板醤を加えて香りが立つように炒める。

**7 豆腐を加えて煮る**

弱火にし、Bと1の豆腐を手でちぎりながら加えて煮込む。

**4 残りの野菜を加える**

3に白ねぎ、にら、干ししいたけを加え、中火で炒める。

**8 仕上げる**

水溶き片栗粉でとろみをつけ、一度沸騰させ、1分ほど水分を飛ばすように強めの中火で加熱する。最後にごま油を加え、香りをつける。

具材を変えるだけ！

# 麻婆豆腐バリエ

 2週間

## 麻婆春雨
春雨入りで主役級の食べ応えに

お箸が止まらないおいしさ

### 材料（4人分）
春雨…100g（戻す）
**麻婆あん**
豚ひき肉…300g
**A**【にんにく・しょうが（みじん切り）各1かけ分】
**B**【白ねぎ（みじん切り）1本分、干ししいたけ（水で戻し、みじん切り）3枚分】
にら（みじん切り）…½束分
豆板醤…小さじ1
ごま油…小さじ2
**C**【塩小さじ½、こしょう少々】
酒・水…各100㎖
**D**【しょうゆ大さじ3、塩小さじ½、砂糖大さじ1】
水溶き片栗粉…大さじ2
ごま油…小さじ2

### 作り方
1 P65の作り方3同様に香味野菜と豆板醤を炒める。
2 1に**B**を加えて炒める。ひき肉を加えてさらに炒め、にらと**C**を加えて炒める。酒と水を加えて煮立て、**D**と春雨を加えて煮込む。
3 水溶き片栗粉を加えてとろみをつけ、ごま油を加える。

1人分 **359** kcal  4日間

## 麻婆揚げじゃがいも
じゃがいも入りで、一皿でお腹いっぱいの満足度

食べ応えしっかり！

### 材料（4人分）
じゃがいも…大2個
麻婆あん（上記参照）

### 作り方
1 じゃがいもは、皮をむいて6等分にし、電子レンジで7分加熱し、水けをきって中温の揚げ油で素揚げする。
2 P65の作り方3同様に香味野菜と豆板醤を炒める。
3 2に**B**を加えて炒める。ひき肉を加えてさらに炒め、にらと**C**を加えて炒める。酒と水を加えて煮立て、**D**と1のじゃがいもを加えて煮込む。
4 水溶き片栗粉を加えてとろみをつけ、ごま油を加える。

1人分 **353** kcal  4日間

## 麻婆なす
なすは素揚げしてから入れて、おいしさアップ

ご飯がすすむおかず！

### 材料（4人分）
なす…4本
麻婆あん（左参照）

### 作り方
1 なすは乱切りにして中温の揚げ油で素揚げしておく。
2 P65の作り方3同様に香味野菜と豆板醤を炒める。
3 2に**B**を加えて炒める。ひき肉を加えてさらに炒め、にらと**C**を加えて炒める。酒と水を加えて煮立て、**D**と1のなすを加えて煮込む。
4 水溶き片栗粉を加えてとろみをつけ、ごま油を加える。

1人分 **296** kcal  4日間

## 麻婆白菜
たっぷり白菜で野菜不足のときに食べたい

白菜に味がよくからむ

### 材料（4人分）
白菜（ざく切り）…⅙束分
麻婆あん（左上参照）

### 作り方
1 P65の作り方3同様に香味野菜と豆板醤を炒める。
2 1に**B**を加えて炒める。ひき肉を加えてさらに炒め、にらと**C**を加えて炒める。酒と水を加えて煮立て、**D**と白菜を加えて煮込む。
3 水溶き片栗粉を加えてとろみをつけ、ごま油を加える。

1人分 **290** kcal  4日間

> 組み合わせいろいろ！

# 麻婆豆腐アレンジ

定番のおかず

## 麻婆白菜そうめん
**具と麺をからめていただきましょう**

そうめんとの相性抜群！

### 材料（2人分）
- そうめん…2束
- 麻婆白菜(P66)…2カップ
- 麺つゆ(そうめん用に薄めたもの)…200㎖
- ごま油…小さじ4

### 作り方
1. そうめんを袋の表示通りにゆでてよく洗い、水けをきる。麻婆白菜は温めておく。
2. 器にそうめんを盛り、麺つゆを½カップずつかけ、麻婆白菜をのせ、上からごま油をたらす。

1人分 266 kcal / 2日間

**食べ方のコツ**　そうめんは冷水でしめ、アツアツの麻婆白菜をからめて食べるとよりおいしくいただけます。焼きそばの麺をカリカリに炒めたものを使うのもおすすめ。

---

チーズをのせてまろやか

## 麻婆じゃがいものチーズ焼き
**ピリ辛麻婆ととろけるチーズの相性抜群**

### 材料（4人分）
- 麻婆揚げじゃがいも(P66)…2カップ
- ピザ用チーズ…1つかみ
- ごま油…少量

### 作り方
1. 耐熱容器にごま油を薄くぬり、麻婆揚げじゃがいもを入れ、チーズをのせる。
2. 1をオーブントースターでチーズがとろけるまで焼く。

1人分 202 kcal / 3日間

---

## 麻婆なすのご飯レタス包み
**雑穀ご飯にとろみのある麻婆なすがよく合う**

さっぱり食べたいときに

### 材料（3人分）
- 麻婆なす(P66)…1カップ
- 雑穀ご飯…1膳
- レタス…6枚

### 作り方
レタスにご飯と麻婆なすを適量のせ、包んで食べる。

1人分 180 kcal / 1日間

**食べ方のコツ**　レタスは冷水につけてシャキッとさせ、水けをしっかりきったものを使って。ご飯は少し、麻婆なす多めの割合で食べるのがおすすめです。

定番の
おかず

子どもウケ抜群！

定番おかずのおいしい作り方 ⑩

# えびのマカロニグラタン

えび以外にも、ベーコンや玉ねぎ、マッシュルームを入れた、具だくさんでおいしいマカロニグラタン。
ホワイトソースは具材と一緒に煮込んで作ることで、コクがアップします。

食べ応えしっかり！
小分けに保存して
おけばお弁当にも◎

濃厚なホワイトソースが美味

プリプリのえびがたまらない！

1人分
846 kcal

4日間

1ヶ月
(焼く前の状態で)

定番のおかず

- 材料（4人分）24cm深型フライパン

マカロニ…200g
玉ねぎ…大1個
マッシュルーム…1パック
スライスベーコン…100g
えび…20尾（約150g）
薄力粉…大さじ3
牛乳…600mℓ
バター…20g
A ┌ 生クリーム…200mℓ
　 └ 白ワイン…大さじ2

塩・こしょう…各少々
オリーブオイル…小さじ1
とろけるチーズ…100g
パン粉…少々
パセリ…適宜

### 調理のコツ！
**材料をホワイトソースで煮るからラク！**

通常のグラタンは、ホワイトソースと具を別々に作りますが、このレシピでは、全部一緒に作ります。煮込む時間は、マカロニのゆで時間を目安に。

- 作り方

**1 材料を切る**

玉ねぎ、マッシュルームは薄切り、ベーコンは2〜3cm幅に切る。

**2 えびの下処理をする**

殻と背ワタと尾を取る。頭と尾の飛び出ている身も切ると見た目がきれい。切り落とした身はパスタやオムレツに入れて。

**3 ホワイトソースを作る**

ボウルに薄力粉を入れて牛乳を少量ずつ加え、泡立て器でダマがなくなるまでしっかり混ぜて溶く。

**4 材料を鍋に敷き詰める**

鍋に1の玉ねぎを敷き詰め、バター、残りの1、マカロニ、2を重ねる。3とAを混ぜて流し入れ、蓋をして中火にかける。

**5 弱火で煮詰める**

蒸気が出たら軽く混ぜ、マカロニを表示されたゆで時間だけ、弱火でゆでる。煮詰まったら、塩、こしょうで味をととのえる。

**6 オーブンで焼く**

耐熱容器にオリーブオイルをぬり、5を流し入れ、チーズとパン粉をのせる。250℃に温めたオーブンで7〜8分、焼き色がつくまで焼き、パセリを散らす。

### 保存のコツ
**オーブンで焼く前の状態で冷凍保存を**

マカロニの入った具だくさんホワイトソースは、冷凍用保存袋に入れて冷凍します。また、アルミ型に入れて冷凍しても、お弁当などに使えて便利。

  # グラタンバリエ

## サーモンとじゃがいものフライパングラタン
じゃがいもたっぷりで食べ応え満点！

**材料（4人分）**
- 生サーモン（切り身）…4切れ
- じゃがいも（7～8mmの輪切り）…中4個分
- オリーブオイル…小さじ2
- 牛乳…適量
- A【塩・こしょう各少々、生クリーム100ml】
- ピザ用チーズ…150g
- パセリ（粗みじん切り）…適宜

**作り方**
1. サーモンは両面に塩4つまみ（分量外）をふり、冷蔵庫で15分ほど冷やして水けを拭き、3等分に切る。じゃがいもは水にさらす。
2. サーモンに塩、こしょう各少々（分量外）をふり、オリーブオイルを熱したフライパンで中火でカリッと焼き、取り出す。
3. 2のフライパンをペーパータオルで拭き、水けをきったじゃがいもを入れ、かぶるくらいの牛乳を注ぎ、中火にかける。沸騰したら火を弱めてゆで、ザルにあげる。
4. フライパンに3のじゃがいもを広げて入れ、2をのせ、Aとチーズを順にかける。蓋をして5分ほど加熱し、パセリを散らす（耐熱容器に入れてトースターで焼いてもOK）。

1人分 **609 kcal** / 冷凍4週間 / 冷蔵1ヶ月

## チキンときのことトマトのグラタン
トマトの酸味が全体の味を引き締め、アクセントに

**材料（4人分）**
- 鶏もも肉（2cm角）…1枚分
- しめじ（小房に分ける）…1パック分
- トマト（一口大）…大1個分
- フジッリ…30g
- オリーブオイル…大さじ1
- A【白ワイン・生クリーム各50ml、ホワイトソース（P197）2カップ】
- ピザ用チーズ…2つかみ
- バジル…適宜

**作り方**
1. 鶏肉は塩、こしょう各少々（分量外）をもみ込む。フジッリは表示通りにゆでる。
2. フライパンにオリーブオイルを熱し、鶏肉をきつね色になるまで焼き、しめじを加えて炒める。
3. 2にA、フジッリを加えて加熱し全体にからめる。
4. 耐熱容器にオリーブオイル少量（分量外）をぬり、3を入れ、トマトとチーズをのせて230℃のオーブンで15分ほど焼く。仕上げにバジルをのせる。

1人分 **408 kcal** / 冷蔵4日間 / 冷凍1ヶ月

## なすのミートラザニア
ミートソースとホワイトソースがからんで絶品！

**材料（4人分）**
- なす（1cm幅の輪切り）…4本分
- ミートソース（P56）・ホワイトソース（P197）…各2カップ
- ラザニア…6枚
- オリーブオイル…大さじ2
- ピザ用チーズ…3つかみ
- パセリ（粗みじん切り）…適宜

**作り方**
1. フライパンにオリーブオイルとなすを入れて、中火で焦がさないように焼く。塩を片面につき2つまみずつ（分量外）全体にふり、取り出しておく。
2. ラザニアは表示通りにゆで、オリーブオイル（分量外）をまぶす。オーブンは250℃に温めておく。
3. 耐熱容器にオリーブオイル少量（分量外）をぬり、ミートソース→ラザニア→なす→チーズ→ホワイトソースを3回繰り返して重ね入れ、チーズをのせ、オーブンで15分焼く。途中で焦げそうになったらホイルをかぶせる。仕上げにパセリを散らす。

1人分 **470 kcal** / 冷蔵4日間 / 冷凍1ヶ月

## かきとほうれん草のグラタン
甘みのあるかきとホワイトソースがよく合う

**材料（4人分）**
- かき（加熱用）…12個
- ゆでほうれん草（4cm幅）…1束分
- A【玉ねぎ（薄切り）½個分、スライスベーコン（4cm幅）4枚分】
- 塩・こしょう…各少々
- バター…20g
- 白ワイン…50ml
- ホワイトソース（P197）…2カップ
- ピザ用チーズ…2つかみ
- オリーブオイル…適量

**作り方**
1. かきはザルに入れ、塩（分量外）をふって水でよく洗い、水けを拭き取る。
2. 1に塩、こしょうをふり、バターを熱したフライパンで、両面カリッと焼き、一度取り出す。
3. 2のフライパンにAを加えて炒め、玉ねぎがしんなりしたら、かきを戻し、ほうれん草、白ワインを加えて沸騰させ、ホワイトソースを加えて混ぜる。
4. 耐熱容器にオリーブオイル少量（分量外）をぬり、3を入れ、チーズをのせて230℃のオーブンで15分ほど焼く。

1人分 **359 kcal** / 冷蔵2日間 / 冷凍2週間

残ったグラタンに
ひと工夫で!

# グラタンアレンジ

定番のおかず

## グラタンの
## クレープ包み焼き

クレープ生地も
作りおきすると便利

**パーティーなどでも喜ばれる!**

### 材料(4人分)
残ったグラタン
　…大さじ8
ほうれん草・ブロッコ
　リーなど…あれば適
　量
クレープ生地…4枚
バター…15g

### 作り方
1 グラタンを細かく切る。ほうれん草やブロッコリーなどはゆでで、小さく切る。
2 クレープにグラタンを大さじ2と野菜を少々のせ、包む。耐熱容器にバター（分量外）を薄くぬり、包んだクレープを入れる。みじん切りにしたバターを上にのせ、180℃のオーブンで15分焼く。

### クレープ生地の材料(8枚分)と作り方
クッキングシートを間に挟み、ラップをして保存袋に入れて冷凍保存できます。おやつはもちろん、サラダを包んで食べたり、楽しく使えます。もちろん市販のクレープ生地を使ってもOK。
1 耐熱容器に無塩バター25gを入れ、電子レンジで20秒加熱する。
2 ボウルに薄力粉100gをふるい入れ、グラニュー糖大さじ2と卵2個を加えて泡立て器でよく混ぜ、1を加えて混ぜる。牛乳250mlを加えて混ぜたら、一度こしてラップをし、冷蔵庫で1時間ほど休ませておく。
3 直径18cmくらいのフライパンを熱し、バター少々（分量外）を薄くぬり、生地をお玉2/3杯分入れて広げ両面焼く。

1人分 202kcal ／ 冷蔵 3日間

## グラタンコロッケ

一口サイズで
お弁当にも

**子どももよろこぶ、かわいいコロッケ!**

### 材料(4人分)
えびのマカロニグラタン
　(P68)…1カップ
じゃがいも…大1個
塩…2つまみ
薄力粉・溶き卵・パン粉・
　揚げ油…各適量

### 作り方
1 えびのマカロニグラタンは包丁で粗く刻む(主にマカロニ)。じゃがいもは電子レンジで3分ほど加熱してからマッシュする。
2 ボウルに1と塩を入れて混ぜ、ピンポン玉大に丸める。薄力粉、溶き卵、パン粉の順に衣をつけ、180℃の揚げ油できつね色になるまで揚げる。

1人分 288kcal ／ 冷蔵 4日間

## パングラタン

こんがりの
パンもおいしい

**好きな野菜を入れて、栄養満点の一品に!**

### 材料(4人分)
小さめのパン(グラタンを
　入れることに耐えられる、
　カンパーニュなどの少し
　硬めでしっかりしたも
　の)…4個
残ったグラタン
　…2カップくらい
ブロッコリー・グリーンア
スパラガスなど
　…あれば適量
ピザ用チーズ
　…大さじ4くらい

### 作り方
1 ブロッコリーやアスパラガスはゆでで、一口大に切る。
2 パンは中身をくり抜いてグラタンを入れ、あれば1の野菜を入れる。チーズをのせ、230℃のオーブンで15分ほど焼く。

1人分 518kcal ／ 冷蔵 3日間

71

## column

# 作りおきおかずを
# おいしく作るだしのとり方

和風、中華、洋風と簡単でとってもおいしいだしのとり方を覚えましょう。すべてのだしは密閉容器に入れ、冷蔵庫で1週間ほど保存可能。1週間以上保存する場合は、冷凍用保存袋に入れて冷凍保存を。

## 和風だし

煮干しと昆布の和風だしです。ゆっくり時間をかけて煮干しの旨味を出すのがポイント。時間がないときは、一晩浸けたものを中火で加熱するだけでも十分です。みそ汁や煮物に使えます。

・材料（作りやすい分量）

煮干し…25匹
水…5カップ
昆布(5cm幅)…1枚

・作り方

### 1 煮干しの下処理をする

煮干しは片手で持ち、もう片方の手で頭を取り、身を2つにさいて腹側、背側に分け、腹ワタを取る。

### 2 水に昆布を浸ける

ボウルに分量の水を入れ、1と昆布を加えて一晩冷蔵庫に入れて浸ける（秋冬春は20℃以下の常温でOK）。

### 3 火にかける

2を鍋に移し、弱火に30分ほどかけ、アクが出たらすくう。昆布の周りに泡が付いてきたら、沸騰直前に昆布を取り除く。

### 4 煮出して煮干しを取り出す

強火にして1分ほど加熱して臭みを取り、煮干しを取り出す。

**だしリメイク**

## だしがらふりかけ

### 材料と作り方

1 だしがらの煮干しと昆布全量は細かく切り、カラカラになるまでフライパンでから煎りし、そのまま冷ます。
2 完全に冷めたらフードプロセッサーで細かくし、フライパンで1分ほどから煎りする。
3 しょうゆ・酒各大さじ1½、みりん大さじ1、すりごま大さじ2を加えてさっと混ぜる。

## 中華だし

鶏ささみ肉でとる簡単な中華だしです。材料は長ねぎの青い部分としょうがスライス、塩のみでとってもシンプル。作り方のコツをおさえれば、旨味たっぷりの中華だしが味わえます。スープや煮込みに。

冷凍 1ヶ月

- 材料 (作りやすい分量)

鶏ささみ…8本
A【水2ℓ、長ねぎ(青い所) ½本分、にんにく(つぶす) 1かけ分、しょうが(スライス) 4枚、酒50㎖】
塩…小さじ1

- 作り方

### 1 水と香味野菜を加熱する

鍋にAを入れて強火にかけ、沸騰させる。

### 2 塩、鶏ささみを加える

沸騰したら塩、ささみを加え、沸騰させないように弱火でゆらゆらと5分加熱する。

### 3 火を止める

火を止め、鍋のまま完全に冷まし、ザルでこす。

**だしリメイク**

### だしがらささみの簡単から揚げ

**材料と作り方**
中華だしでゆでたささみ8本にから揚げ粉(市販)½カップをまぶし、180℃の揚げ油でカラッと揚げる。

冷蔵 4日間 / 冷凍 2週間

## 洋風チキンスープ

残った玉ねぎやセロリなどの野菜は、生クリームやチキンコンソメと一緒にミキサーにかけてから温めて、野菜のポタージュにするとおいしいです。その際、ローリエだけ取り除きましょう。

冷凍 1ヶ月

- 材料 (作りやすい分量)

鶏手羽先…10本　玉ねぎ…½個
水…1.5ℓ　　　　ローリエ…1枚
にんじん…⅓本　　塩…小さじ1
セロリ…½本

- 作り方

### 1 水から火にかける

野菜は適当な大きさに切り、全ての材料を鍋に入れ、水から中火にかける。

### 2 弱火で煮込む

沸騰したら、弱火にして15分煮込み、アクが出たらすくう。

### 3 火を止めてこす

火を止め鍋のまま粗熱をとり、完全に冷めたらザルでこす。

**だしリメイク**

### 洋風だしがらゆで鶏の香味野菜あえ

**材料と作り方**
洋風チキンスープでゆでた手羽先10本をほぐし、EVオリーブオイル大さじ1としょうゆ小さじ2、レモンの搾り汁¼個分とさっとあえて、万能ねぎ(小口切り)適量を散らす。

冷蔵 3日間 / 冷凍 NG

## column

# 困ったときのクイックおかず ①

時間がないときや、急にもう一品必要になったときに便利なおかずを紹介します！

## 納豆オムレツ

納豆好きにはたまらない一品

**たっぷり納豆入りで栄養も食べ応えも満点**

### 材料（2人分）
- 卵…3個
- 牛乳…大さじ1½（入れなくてもOK）
- 納豆…1パック
- 万能ねぎ（小口切り）…3本分
- 塩…2つまみ
- こしょう…少々
- ごま油…大さじ2
- しょうゆ…適宜

### 作り方
1. ボウルに卵、牛乳を入れて溶き、納豆、万能ねぎ、納豆のタレ、塩、こしょうを入れてさっと混ぜる。
2. フライパンにごま油を熱し1を流し入れ、ふんわりと炒める。
3. 器に2を盛り、しょうゆをかけて食べる。

1人分 286 kcal

## 豚肉キムチ卵炒め

卵が入ってマイルド！

**ピリ辛キムチも卵で炒めて食べやすく**

### 材料（4人分）
- 豚ばら薄切り肉…6枚
- A【塩2つまみ、こしょう少々、酒小さじ2】
- 卵…4個
- B【塩2つまみ、こしょう少々】
- ごま油…小さじ2
- キムチ…1カップ
- 酒…大さじ1
- 塩…2つまみ
- こしょう…少々
- しょうゆ…大さじ1
- 万能ねぎ（小口切り）…3本分
- マヨネーズ…適宜

### 作り方
1. 豚肉は4等分に切り、Aをふってもみ込む。卵はBを加えて溶く。
2. フライパンにごま油を熱し、1の豚肉を炒め、刻んだキムチを加えてさっと炒める。酒と塩を加えてアルコールを飛ばし、1の卵液を加えて炒める。最後にごま油（分量外）を加え、しょうゆをかける。
3. 器に2を盛り、万能ねぎをのせ、マヨネーズをかける。

1人分 292 kcal

ハムとチーズの組み合わせが美味

## ハムとチーズとねぎのオープンオムレツ

**ねぎとチーズの意外な相性を楽しんで**

### 材料（4人分）
- 卵…4個
- ハム（角切り）…3枚分
- 万能ねぎ（小口切り）…3本分
- ピザ用チーズ…軽く1つかみ
- 酒…大さじ1
- 塩…3つまみ
- こしょう…少々
- EVオリーブオイル…大さじ1

### 作り方
1. ボウルに卵を溶き、ハム、万能ねぎ、チーズ、酒、塩、こしょうを加えて混ぜる。
2. 卵焼き器にオリーブオイルを熱し、1の卵液を注いで10秒ほどおく。その後ゆっくりと半熟状になるまでふんわり混ぜ、アルミホイルを上にかぶせて弱火で10分ほど焼く。
3. 一度皿に開けてひっくり返し、表面にも焼き色をつける。

1人分 152 kcal

## トマトと卵の炒め物

**煮崩したトマトがまろやかで美味**

### 材料（2人分）
- トマト…1個
- 長ねぎ…½本
- 卵…3個
- A【塩2つまみ、こしょう少々】
- ごま油…大さじ3
- B【塩2つまみ、酒大さじ1】
- こしょう…少々

### 作り方
1. トマトは12等分に切り、長ねぎは斜め薄切りにする。卵はAを加えて溶く。
2. フライパンにごま油大さじ2を熱し、長ねぎをさっと炒め、1の卵液を流し入れて混ぜるようにさっと炒め、器に盛る。
3. 同じフライパンにごま油大さじ1を熱し、トマトを炒める。煮崩れてきたらBを加え、水分を飛ばすように炒める。
4. 3を2の上にのせ、こしょうをふる。

1人分 313 kcal

トマトの酸味がまろやかに

## PART 3

\ しっかりボリューム！ /

# 肉&魚介の作りおきおかず

毎日の食事のメインとなる「肉・魚介」の作りおきおかずは、
煮込み、焼き物、炒め物、揚げ物など種類も豊富。
お弁当のおかずや、おもてなしにもぴったりなレシピが満載です。

余りものでラクうま **弁当&ランチ ❶**

# おかずおにぎり弁当

行楽シーズンに持っていきたいおにぎり弁当は、持ち運びによる片寄りを防ぐために、おかずをたっぷり詰めて。
お弁当の色どりにもこだわれば、包みを開けたときの感動もひとしおです。

大きめの具が入った
おにぎりがうれしい！

総エネルギー
**791**
kcal

**卵焼きおにぎり recipe**
〈1個分〉卵焼き（P123）1切れを具
にし、茶碗1杯分のご飯を手に水少
量と塩をたっぷりつけてにぎり、の
りを巻く。ソテーしたウインナーや、
豚の角煮などで作っても◎。
**307 kcal**

**ゆでとうもろこし
＋ミニトマト**
赤と黄色の食材で華やかに。
コーンは傷みやすいので、
お早めに。　**27 kcal**

**ピーマンの肉詰め**
▶▶P47
緑の野菜は栄養バランスを
整えるのに便利。ブロッコ
リーや枝豆でも。**153 kcal**

**memo**
**彩りになるすき間埋め食材**
お弁当はすき間なく詰めることで、持ち運んだ際
に片寄ってしまうことを防げます。小さくて色鮮
やかで、パッと入れればいいだけの食材を常備し
ておくと便利。赤はミニトマトや梅干し、ピンク
はかまぼこ、黄色はとうもろこしやたくあん、チー
ズなど、緑は枝豆やそら豆、ゆでブロッコリーな
どです。青じそを仕切り代わりに使うのもおすす
めですよ。

**から揚げおにぎり**
▶▶P39
から揚げは小さく切らずに、
ころっと入れたほうが食欲
をそそる。　**304 kcal**

余りものでラクうま 弁当&ランチ ❷

# 肉じゃがオムレツ弁当

汁けのある肉じゃがのおいしさを損なわずにいただけるので、具材を卵で包んだオムレツは、お弁当として持ち運ぶのに最適! 優しい味わいのオムレツには、食べ応えのある春巻きを添えて。

肉じゃがリメイクで食べ応え満点!

総エネルギー **615 kcal**

**和風あんかけオムレツ ▶▶P43**
具だくさんの肉じゃがで満足感アップ!お弁当はあんをかけずに詰めて。
**90 kcal**

**ミニトマト+青じそ**
全体的に茶色っぽいお弁当には、赤と緑で彩りをプラス。
**5 kcal**

**豚の五目春巻き ▶▶P91**
しっかり冷ましてから入れると、パリッと感を保ちやすい。
**179 kcal**

**雑穀ご飯150g+梅干し+黒ごま**
**275 kcal**

**青大豆とれんこん、えびの明太マヨあえ ▶▶P131**
詰める量が調節しやすいおかずは、すき間埋めにとっても便利。
**66 kcal**

### memo
### しっかりと粗熱を取ってから詰める

季節によってはお弁当の傷みが気になるところ。水分が原因で傷んでしまうことも多いので、ご飯もおかずもしっかりと粗熱を取り、水分を拭き取ってから詰めましょう。最近人気の曲げわっぱのお弁当箱は余分な水分を吸い取ってくれるのでおすすめです。あとは殺菌作用のある梅干しやレモンをすき間に入れたり、ご飯を酢飯にするなどして上手にお酢を使うのもいいですね。

余りものでラクうま **弁当＆ランチ❸**

# しょうが焼きサラダプレート

しょうが焼きをメインに、たっぷりの野菜を彩りよく配置したワンプレート。全て同じくらいの量を盛りつけることで、カフェのようなかわいい雰囲気になるほか、栄養バランスも整えやすいです。

種類が豊富な贅沢ランチ♪

**総エネルギー 620 kcal**

**しらすとわかめの卵焼き ▶▶P168**
卵焼きは断面を見せて盛りつけたほうが、食欲アップに！
**99 kcal**

**たらこにんじん recipe**
にんじんといんげんのたらこ炒め（P149）をにんじん2本で作ったレシピです。にんじんを3mm幅のせん切りにするとご飯とからみやすくなります。
**38 kcal**

**もずくと豆腐のスープ recipe**
〈4人分〉鶏むね肉のしっとりゆで（P52）のゆで汁3カップに酒50㎖、しょうゆ大さじ1½、塩小さじ½を入れる。豆腐½丁を手で崩しながら加え、もずく約80gを加えて5分ほど弱火で加熱する。最後に小口切りにした長ねぎ適量を散らす。
**53 kcal**

**白ご飯＋ちぎった焼きのり**
**254 kcal**

**豚のしょうが焼きサラダ recipe**
〈4人分〉サニーレタス2枚を冷水につけてシャキッとさせて水けをきり、食べやすい大きさにちぎる。豚のしょうが焼き（P88）200gを炒め、白ごま適量を散らす。ししし唐辛子8本を炒めて添える。
**176 kcal**

**memo**
**1つまみの塩や**
**1回しのしょうゆをプラス**

作りおき生活が軌道にのっているときは、ワンプレートに色々なおかずを盛って食べるのがおすすめ。作りおきしていたおかずを温め直すと、どうしても素材の水分が出て味がぼやけてしまいます。そんなときは1つまみの塩や1回しのしょうゆを足してあげると味がしまります。作りおきのおかずを温め直して食べる際の大事なポイントです。

余りものでラクうま 弁当＆ランチ ❹

# ミネストローネのランチプレート

スープをメインにした、お昼にぴったりの一皿です。スープが具だくさんなので、主食となるパスタはすっきりした味にしてバランスを取りましょう。付け合わせの野菜のボリュームはお好みで調整を。

野菜がたっぷりヘルシープレート

総エネルギー **607** kcal

### ゆでブロッコリーの チーズ焼き recipe

〈4人分〉フライパンにオリーブオイル大さじ1を熱し、凍ったままのゆでブロッコリー（P16）2カップを強火で炒める。水分が飛んだら塩2つまみ、こしょう少々をふり、ピザ用チーズ½カップを混ぜてチーズが溶けるまで炒める。
**96 kcal**

### かぼちゃと 卵のサラダ ▶▶ P150

ナッツなどをトッピングして食感をプラスしてもおいしいです。
**85 kcal**

### ミネストローネ ▶▶ P189

具だくさんのスープで満足感アップ。栄養バランスも整います。
**105 kcal**

### ゆでキャベツとたらこの スパゲッティ recipe

〈2人分〉スパゲッティ80gを表示より1分短くゆでる。オリーブオイル大さじ2と皮を取り除いたたらこ½腹、ざく切りにしたゆでキャベツ（P16）大2枚分を加えて1分ほど炒める。塩1つまみ、こしょう少々で味をととのえ、パルミジャーノレッジャーノチーズ（すりおろし）大さじ2をかける。
**321 kcal**

### memo ストックゆで野菜を活用しましょう

ゆで野菜があるだけで調理時間が半減すると言っても過言ではないくらいですが、1種類ずつゆでて冷凍していくのは大変。そんなときは、深めのフライパンに湯を沸かし、塩を加えます。ザルを用意し、アクの少ない野菜から同じ鍋でゆでて冷ますを繰り返せばそんなに手間はかからず、洗い物も少なくてすみます。ラクに調理できるような環境を整えておくことも大事ですね。

79

鶏肉の
おかず

毎日の
おかずに!

## 人気おかずのおいしい作り方

# 照り焼きチキンロール

くるりと巻いて焼いたチキンロールは、ジューシーに仕上げるのにコツが必要。蒸し焼きにしてからタレを入れ、落とし蓋をしてじっくりと焼きます。火加減にも気を付けて。

タレをよく
からめて焼いて!

照り焼きのタレが
ご飯にマッチ

1人分
**387kcal**

冷蔵 4日間

冷凍 1ヶ月

### • 材料 (4人分)

鶏もも肉…2枚
**A**【しょうゆ 大さじ4、砂糖大さじ1、みりん・酒各大さじ3】
サラダ油…大さじ1½

\ 盛りつけ例 /

**食べやすい厚さに切って**
そのままでもおいしいですが、卵焼きと一緒にご飯にのせたり、サンドイッチの具にしても◎。

### • 作り方

**1 厚さを揃える**
鶏肉は余分な脂肪を切り落とす。身の厚いところはそぐようにして開き、全体の厚さを揃える。

**2 塩をふる**
皮の面をフォークで刺し、両面に軽く塩(分量外)をふる。

**3 タコ糸で巻く**
鶏肉は皮を下にして広げ、端からのり巻きを巻くように巻き、タコ糸でくるくると縛る。

**4 蒸し焼きにする**
フライパンにサラダ油を熱し、鶏肉を入れ、中火で転がしながら焼き色をつけ、蓋をして蒸し焼きにする。

**5 調味料を加える**
余分な油を拭き取り、混ぜ合わせた**A**を加えて全体にからめながら、弱火で7〜8分落とし蓋をして焼く。

**6 照りをつける**
仕上げに火を強め、照りをつける。食べやすい大きさに切り、器に盛りつける。

# ガーリックバターチキン

にんにくとバターの香りが、食欲をそそる一品

子どもも大人もヤミツキな味

にんにくが後を引くおいしさ

### 材料（4人分）
- 鶏もも肉…3枚
- 塩…小さじ¼
- こしょう…少々
- バター…15g
- にんにく（みじん切り）…1かけ分
- 片栗粉…大さじ2
- A【しょうゆ・みりん各大さじ2、酒大さじ1】

### 作り方
1. 鶏肉は1枚を6～8等分に切り、塩、こしょうをもみ込み、片栗粉をまぶす。
2. フライパンにバター、にんにくを入れ、弱火で香りが出るまで熱し、1を加えて中火でこんがり焼き、Aを入れて汁けがなくなるまでからめる。

＊おすすめ！小さなおかず＊

トマトとツナ入りにんじんサラダ →P171

ポテトサラダ →P172

1人分 **496 kcal** / 冷蔵 3日間 / 冷凍 1ヶ月

---

# ミラノ風チキンカツ

バジルとチーズをプラスしてイタリアンに

### 材料（4人分）
- 鶏むね肉…1枚
- 塩・こしょう…適量
- 薄力粉・溶き卵・パン粉（細め）・揚げ油…適量
- バジルの葉…2～3枚
- パルミジャーノレッジャーノチーズ…適量
- EVオリーブオイル…小さじ2
- レモン（スライス）…適宜

### 作り方
1. 鶏肉は薄く4等分のそぎ切りにし、麺棒やコップの裏などで薄くなるまで叩き、塩、こしょうをしっかりめにふる。
2. 1に薄力粉、溶き卵、パン粉の順に衣を付け、180℃の揚げ油で揚げる。

**盛りつけ例**

**チーズ＆バジルでイタリアン！**
お好みでバジルの葉をのせ、チーズをすりおろし、オリーブオイルを回しかけ、こしょうをふって食べる。レモンを添えてもおいしい。

**調理のコツ**：細めのパン粉を使うとさっくり軽く仕上がります。肉に下味をつけるとき、塩、こしょうを気持ち強めにきかせておくとおいしいです。

レモンを添えてさっぱりと / サクッと食べられる！

1人分 **254 kcal** / 冷蔵 4日間 / 冷凍 1ヶ月（揚げずに衣をつけた状態で）

鶏肉のおかず

## 鶏の天ぷら
すだちとポン酢でさっぱりいただくのが美味

### 材料（4人分）
鶏もも肉…大2枚（約650g）
A【しょうゆ・酒各大さじ2、しょうが（すりおろし）1かけ分（約15g）、塩小さじ½】
B【薄力粉1カップ、卵と冷水を合わせたもの1カップ】
すだち…8個（かぼすも美味しい）
ポン酢しょうゆ…適量

### 作り方
1 鶏肉は厚さを均等にし、そぎ切りにする。
2 ボウルにAと1を入れてよくもみ込み、20分ほどおく。
3 2に薄力粉（分量外）を軽くつけ、合わせたBにくぐらせ、180℃の揚げ油でじっくりと揚げる。
4 3にすだちをたっぷりと搾り、ポン酢につけて食べる。

**保存のコツ**　粗熱をしっかり取り、保存容器の底にペーパータオルを敷いて並べて蓋をして保存を。余分な油を吸い取り、空気にふれず、油の酸化の防止に。

1人分 658kcal ／ 冷蔵 3日間 ／ 冷凍 2週間

＊おすすめ！小さなおかず＊

 かぶときゅうりとミニトマトのピクルス→P153

 なすと豚肉のすいとん→P191

## 鶏レバーのしょうが煮
しょうがでレバーの臭みが取れるから食べやすい！

### 材料（4人分）
鶏レバー…300g
A【しょうゆ100ml、酒大さじ2、みりん大さじ3、砂糖大さじ4、しょうが（薄切り）1かけ分】

### 作り方
1 レバーは半分に切り（ハツが一緒についている場合は脂を取り除き、半分に切って中にある血も取り除いてさっと洗う）、色が変わるまで下ゆでする。
2 鍋にAを入れて煮立てたら弱火にし、1を入れて落とし蓋をし、途中でスプーンなどで煮汁をかけながら汁けがなくなるまで煮る。

1人分 180kcal ／ 冷蔵 1週間 ／ 冷凍 1ヶ月

＊おすすめ！小さなおかず＊

 ひじきとささみのサラダ→P173

 春菊とくるみ、じゃこのサラダ→P171

## 油淋鶏
（ユーリンチー）

たっぷりねぎを入れたタレとからめておいしい

長ねぎの入った
タレがよく合う

揚げ方のコツを
つかんでカリッと！

### 材料（4人分）
鶏もも肉…大2枚
A【酒・ごま油各大さじ1、塩小さじ¼、こしょう少々、卵小1個、片栗粉大さじ2】

**ねぎダレ**
【しょうゆ大さじ3、砂糖・酢各大さじ1、ラー油小さじ2、長ねぎ（みじん切り）⅓本分】
片栗粉・揚げ油…各適量

### 作り方
1. 鶏肉は厚みを均等にしてボウルに入れ、Aをもみ込み、30分ほどおく。
2. 片栗粉をバットに入れて1をまぶし、160〜170℃の揚げ油で8分ほど揚げ、最後に強火で1〜2分カリッと揚げる。

**調理のコツ**
じっくりと時間をかけて揚げることが大事。揚げたらバットに5分ほどそのまま立てかけてから包丁で切りましょう。余熱で中までしっかり火が入ります。

**盛りつけ例**

**切ってからねぎダレを**
食べやすい大きさに切り、ねぎダレをかけて食べる。

鶏肉のおかず

1人分 **591** kcal
冷蔵 4日間
冷凍 1ヶ月
（揚げずに衣をつけた状態で）

---

## 棒棒鶏
（バンバンジー）

きゅうりの種を取ることで、日持ち効果アップ

ごまダレのコクがマッチ！

きゅうりと合わせてあっさりいただく

### 材料（4人分）
鶏むね肉…2枚
きゅうり…2本
A【しょうが（スライス4枚）、にんにく1かけ、長ねぎ（青い部分）1本分】

**タレ**
【白ごまペースト大さじ2強、白すりごま・米酢・ごま油各大さじ2、しょうゆ大さじ4、鶏がらスープ60㎖、砂糖小さじ½】

### 作り方
1. 鶏肉は厚みを均等にする。きゅうりは半分に切って種を取り、食べやすい大きさに切る。タレは混ぜ合わせる。
2. 鍋に皮を下にした鶏肉、A、水を800㎖（分量外）を入れて沸騰させ、弱火で15分ほどゆで、そのまま冷ます。

**盛りつけ例**

**きゅうりと一緒に盛り合わせて**
鶏肉を食べやすい厚さに切り、きゅうりを添えて、混ぜ合わせたタレをかけて食べる。

1人分 **316** kcal
 4日間
 2週間
（鶏肉とタレのみ）

## 本格チキンカレー

鶏手羽のコクが豊かな、食べ応え満点のカレー！

**材料（4人分）**

鶏手羽元…12本
玉ねぎ（粗みじん切り）…2個分
しょうが・にんにく（細かくみじん切り）…各2かけ分
にんじん（みじん切り）…大1本分
セロリ（みじん切り）…1本分
ホールトマト缶…1缶（手でつぶしておく）
サラダ油…大さじ4
**A**【塩小さじ1½、こしょう少々、カレー粉大さじ1強】
**B**【シナモン1本、クミンシード小さじ1、カルダモン・クローブ各5粒、鷹の爪（種は取る）1～2本、生ローリエ3枚】
**C**【塩小さじ1、こしょう少々、カレー粉大さじ5～6、はちみつ小さじ2】
**D**【塩・こしょう各少々、ガラムマサラ小さじ1、無塩バター30g、しょうゆ・中濃ソース各大さじ1、トマトケチャップ大さじ3】

**作り方**

1 ポリ袋に手羽元と**A**を入れてもみ込む。
2 厚手の鍋にサラダ油大さじ2を熱し、**1**の表面をカリカリに焼いて取り出す。
3 同じ鍋に残りのサラダ油、**B**を入れて弱火で炒め、香りが立ってきたら玉ねぎ、しょうが、にんにくを中火で炒め、玉ねぎが透き通ってきたら塩2つまみ（分量外）を加えてさっと炒める。にんじん、セロリ、**1**の肉を加えてさっと炒め、塩2つまみ（分量外）を加えて炒める。
4 **3**にホールトマト、水3カップ（分量外）を加えて煮立て、アクを取る。**C**を加え、蓋をして鶏肉がやわらかくなるまで30～40分煮る。**D**で味をととのえ、5分ほど煮て、最後にスパイスを取り出す。

1人分 **511** kcal ／ 冷蔵 4日間 ／ 冷凍 2週間

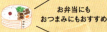

## 鶏ピザ

鶏むね肉の上に野菜を散らしてピザ風にアレンジ

**材料（4人分）**

鶏むね肉…1枚
ミニトマト…2個
ピーマン…¼個
ピザ用チーズ…1つかみ
塩…小さじ2
こしょう…少々
オリーブオイル…大さじ1

**作り方**

1 鶏肉は8等分のそぎ切りにし、麺棒やコップの裏などで薄くなるまで叩き、（皮はできれば取り除く。皮のみカリカリに焼いて塩をふり、おつまみになどにしてもよい）、塩、こしょう、オリーブオイルをまぶす。
2 アルミホイルに**1**をのせ、チーズ、横4等分に切ったミニトマト、粗みじん切りにしたピーマンをランダムにのせる。
3 **2**を魚焼きグリルまたはトースターに入れ、強火でチーズがとろけてこんがりするまで4～5分焼く。

1人分 **174** kcal  3日間  2週間

## キャベツチキン南蛮

**キャベツ入りのタルタルソースが絶品!**

お酢の酸味が程よく広がる / タルタルソースをたっぷりつけて♪

### 材料(4人分)

- 鶏もも肉…3枚
- 塩…小さじ½
- こしょう…少々
- 薄力粉…適量
- 溶き卵…2個分
- 揚げ油…適量

**南蛮ダレ**
【酢・みりん各100㎖、しょうゆ大さじ3、砂糖大さじ½、トマトケチャップ・ウスターソース各大さじ1½】

**キャベツタルタルソース**
【マヨネーズ大さじ8、ゆで卵(細かく切る)2個分、キャベツ(4㎝長さのせん切り)大4枚分、塩・こしょう各少々】

### 作り方

1. 鍋に南蛮ダレの材料を入れ、ひと煮立ちさせる。
2. 鶏肉を一口大に切り、塩、こしょうをし、薄力粉、溶き卵の順につけ、170℃の揚げ油できつね色になるまで揚げる。
3. 揚げたらすぐに1の南蛮ダレに入れて30秒ほど漬ける。

**盛りつけ例**
**キャベツたっぷりタルタルソースで**
南蛮ダレに漬けたから揚げを器に盛り、混ぜ合わせたキャベツタルタルソースをかけていただく。

鶏肉のおかず

1人分 982kcal / 冷蔵 4日間 / 冷凍 1ヶ月(鶏肉のみ)

## 鶏の白ワイン煮込み

**ワインとはちみつで煮込んだ優しい味わい**

肉の旨味が野菜に染みてる!

骨つき肉で見た目もリッチに

### 材料(4人分)

- 鶏骨つき肉(ぶつ切り)…500g
- ブロックベーコン…25g
- ペコロス…12個(皮をむく)
- セロリ…1本(葉も一緒に煮込む)
- マッシュルーム…1パック
- 塩…大さじ1
- こしょう…少々
- 薄力粉…大さじ2
- バター…15g
- ローリエ…2枚
- 白ワイン…400㎖
- はちみつ…小さじ2

### 作り方

1. 鶏肉はさっと洗いペーパータオルで水けをふき取り、塩、こしょうをして、薄力粉を薄くまぶす。ベーコンは1㎝幅に切って縦に切り、セロリは筋を取って薄切りにし、マッシュルームは軸を取って半分に切る。
2. 厚手の鍋にバターを熱し、1の鶏肉を両面きつね色になるまで焼き、ベーコン、ペコロス、セロリ、マッシュルームを順に加えて炒める。
3. 2に白ワインとローリエを入れて水分が半量になるまで煮込み、はちみつを加えてさらに5分ほど煮込む。

**調理のコツ**
セロリの葉は食べても、最後に取り出してもOK。ペコロスは、玉ねぎ2個を6等分のくし形切りにして代用できます。

1人分 295kcal

冷蔵 4日間

冷凍 1ヶ月

# 豚肉のおかず

**人気おかずのおいしい作り方**

# 豚の角煮と煮卵

やわらかくておいしい角煮を作るには、ゆでたあとに完全に冷ましてから、冷蔵庫で半日おくこと！
時間はかかるけれど手順を守って丁寧に作れば、ジューシーに仕上がります。

1人分 970kcal / 冷蔵 4日間 / 冷凍 1ヶ月
（チンゲン菜は冷蔵3日、冷凍1ヶ月）

## 材料（4人分）

豚ばらかたまり肉…約800g
A【長ねぎ（青い部分）1本分、にんにく（つぶす）・しょうが（皮のまま薄切り）各1かけ分、酒100ml】
B【しょうゆ・紹興酒（日本酒でもOK）・ざらめ各1カップ】
ゆで卵…6個
水溶き片栗粉…大さじ3
チンゲン菜（ゆでる）…2株

## 作り方

**1 豚肉をゆでる**
鍋に豚肉、Aを入れ、豚肉がかくれるまでたっぷりの水を入れて火にかけ、沸騰したら、丁寧にアクを取る。

**2 さらに30分ゆでる**
ペーパータオルをかぶせ、弱火～弱めの中火でゆらゆらと時々ひっくり返しながら30分ほどゆでる。

**3 冷ます**
鍋のまま冷まし、完全に冷めたらボウルに移して冷蔵庫で半日おく。浮いている白い脂を取り除く。

**4 調味液で煮込む**
ゆで豚を4～5cm幅に切って鍋に入れ、B、ゆで卵、3のゆで汁を豚肉がかくれるまで入れて火にかける。

**5 落とし蓋をする**
沸騰したら落とし蓋をし、時々ひっくり返しながら20分ほど煮込む。

**6 とろみをつける**
水溶き片栗粉を加えてとろみをつけ、火を止める。ゆでたチンゲン菜と合わせていただく。

## 焼き豚
オーブンで香ばしく焼くのがおいしさの秘訣

チャーハンなどにも使える

ねぎを添えればさっぱり

### 材料（4人分）
豚ロースかたまり肉…500g×2本（お肉屋さんに網をかけてもらうかタコ糸をくるくると巻く）
A【紹興酒・しょうゆ各100㎖、みそ大さじ3、はちみつ・砂糖各大さじ2、にんにく（すりおろし）大1かけ分、しょうが（すりおろし）1かけ分、長ねぎ（青い部分）1本分、塩・こしょう各適量】
＊お好みで五香粉を小さじ2加えてもよい。

### 作り方
1 密閉袋に合わせた**A**、豚肉を入れてよくもみ込み、一晩（半日）漬ける。
2 オーブンを230℃に温めておく。オーブンの天板にアルミホイルを敷き、汁けをきった**1**の豚肉をのせる。
3 オーブンを220℃に下げ、**2**を入れて25分ほど焼く。裏返して、**1**の漬けダレを塗り、さらに15分ほど焼く。
4 オーブンから**3**の肉を取り出してアルミホイルで包み、粗熱が取れるまでおいて肉汁を落ち着かせる。

＼盛りつけ例／
**白髪ねぎを合わせてさっぱりと**
食べやすい厚さに切り、白髪ねぎをのせていただく。

1人分 **787**kcal　冷蔵4日間　冷凍2週間

豚肉のおかず

## ひとくちトンテキ
カリッとした焼き目がおいしい豚肉ステーキ

スタミナをつけたいときに！
お弁当にも使える！

### 材料（4人分）
豚ロース薄切り肉…2枚（1.5～2㎝厚さ）
にんにく（薄切り）…1かけ分
塩・こしょう…各少々
サラダ油…小さじ1
A【しょうゆ・みりん各大さじ1、はちみつ小さじ1】

### 作り方
1 豚肉は筋を切るように包丁で切り目を入れ、食べやすい大きさに切り、塩、こしょうをふっておく。
2 フライパンにサラダ油とにんにくを入れて、にんにくを焦がさないように弱火にかけ、色づいたら一度取り出す。
3 **2**のフライパンに**1**の豚肉を入れて蓋をし、弱めの中火で両面カリッと焼き目をつけたら、余分な脂をペーパータオルで取り除きながら5分ほど焼く。
4 **3**に**A**と**2**のにんにくを加え、タレがとろりとなるまで煮からめる。

 調理のコツ
厚めのお肉で作るとおいしいです。できれば2㎝くらいの厚みがおすすめ。しっかりと筋を切り、両面をカリッと焼いてからじっくり弱火で火を入れます。

1人分 **162**kcal　冷蔵4日間　冷凍2週間

## 豚のしょうが焼き
**豚肉にしっかり下味をつけてから焼くのがポイント**

### 材料（4人分）
豚こま切れ肉…400g
塩・こしょう…各少々
**A**【しょうゆ大さじ4、みりん大さじ3、しょうが（すりおろし）大さじ1】
サラダ油…小さじ2

### 作り方
1 豚肉に塩、こしょうをふり、**A**をからめ、10分ほどおく。
2 フライパンにサラダ油を熱し、1をこんがりと焼く。

**保存のコツ｜タレをからめて冷凍**
**A**をからめたら、そのまま冷凍用保存袋に入れて冷凍保存を。1回分ずつラップに包んで小分けにしても◎。

＊おすすめ！小さなおかず＊

 レモンなます →P156
 春菊とくるみ、じゃこのサラダ →P171

1人分 317kcal ／ 冷蔵 4日間 ／ 冷凍 1ヶ月（タレに漬けた状態で）

## 豚みそ
**数種類のみそを混ぜて作るのがおすすめ！**

### 材料（4人分）
豚ばらかたまり肉…100g
**A**【酒50ml、しょうが（薄切り）3枚、長ねぎ（青い部分）1本分】
みそ…100g（いろいろな種類のみそを混ぜると味わい深くなる）
砂糖…1/4カップ（あれば黒糖）
酒…大さじ2
みりん…大さじ1

### 作り方
1 豚肉はかたまりのまま、**A**を入れた熱湯で30分ほどゆで、そのまま冷ます。完全に冷めたら冷蔵庫に一晩入れて翌日白い脂を取り除く。
2 1の豚肉を細かく切り、フライパンに入れて炒める。脂が出てきたら、みそを加えて炒め、砂糖、酒、みりんも加えて溶かし、ポテッとするまで炒める。

**調理のコツ**
脂はラードとしてチャーハンを炒めたりする際に使ってもよいでしょう。ゆで汁は中華スープとして使えるので、冷凍して保存しておくと便利。

**食べ方のコツ**
ご飯のお供や、おにぎりの具、ゆでたキャベツやじゃがいもに合わせてもおいしいです。ご飯少量と一緒にレタスなどに包んで食べるのもおすすめです。

1人分 186kcal ／ 冷蔵 1週間 ／ 冷凍 1ヶ月

## 回鍋肉（ホイコーロー）
中華の調味料を用いた甘辛いタレでごはんが進む

キャベツに味がよくからむ！

お箸が止まらないおいしさ

**豚肉のおかず**

### 材料（4人分）
豚ばらかたまり肉…160g
キャベツ…¼個
塩・こしょう…各少々
片栗粉…大さじ1〜2
太白ごま油…小さじ2
A【甜麺醤・紹興酒各大さじ1、みそ・しょうゆ・にんにく（すりおろし）各小さじ1、赤唐辛子（輪切り）少々】

### 作り方
1 豚肉は薄く切り、塩、こしょう、片栗粉をまぶす。キャベツはざく切りにする。
2 フライパンにごま油を熱し、豚肉を炒め、色が変わったらキャベツを加えて炒める。
3 Aを加えて水分を飛ばすように炒める。

**調理のコツ** 余裕があれば、キャベツはゆでて（熱湯にくぐらせるくらい）、水けをしっかりきってから炒めましょう。素揚げしなくてもシャキッとした食感になります。

1人分 219 kcal ／ 冷蔵3日間 ／ 冷凍2週間

＊おすすめ！小さなおかず＊

 小松菜といかの梅あえ →P150

 えびワンタンとレタスのスープ →P190

---

## 野菜と黒酢の酢豚
なすと赤ピーマンで彩り豊かな酢豚に仕上げて

黒酢の酸味がさわやかでおいしい！

長いもを加えて歯応えを楽しむ

### 材料（4人分）
豚肩ロースかたまり肉…500g
長いも…½本
なす…2個
赤ピーマン…1個
片栗粉…適量
太白ごま油…適量
A【酒大さじ1、塩2つまみ、こしょう少々】
B【黒酢50ml、砂糖大さじ3、紹興酒大さじ2、しょうゆ大さじ1】

### 作り方
1 豚肉は一口大に切り、筋を切り、Aをもみ込んで30分ほどおく。長いもは皮をむき1cm角の拍子切り、なすは大きめの乱切り、赤ピーマンは5mm幅の細切りにする。
2 豚肉に片栗粉をまぶし、170〜180℃の揚げ油で色よく揚げ、長いもとなすは素揚げする。
3 フライパンに合わせたBを入れて火にかけ、2と赤ピーマンを加えて10分ほど煮からめる。

1人分 481 kcal ／ 冷蔵3日間 ／ 冷凍2週間

＊おすすめ！小さなおかず＊

 いんげんのごまみそあえ →P148

 トマトとツナ入りにんじんサラダ →P171

## ハーブローストポーク
タイムとローリエを一緒にじっくり焼き上げる

### 材料（4人分）
豚肩ロースかたまり肉…500g×2本（お肉屋さんに網をかけてもらうかタコ糸をくるくると巻く）
A【塩・こしょう各大さじ1½、EVオリーブオイル大さじ2】
タイム・ローリエ…各適量
B【フォンドボー（市販／チキンコンソメスープでもOK）100㎖、バター15g、しょうゆ大さじ1、水溶き片栗粉小さじ2（片栗粉小さじ1½・水小さじ2）】

### 作り方
1 豚肉は調理をする30分前（冬は1時間前）に冷蔵庫から出し、常温に戻す。オーブンを130℃に温めておく。
2 豚肉にAをすり込み、タイム、ローリエを網と肉の間に挟む。時々上下を返しながら、130℃のオーブンで30分、110℃に下げて30分、120℃にしてさらに20分ほど焼く。
3 鍋にBを入れて煮立て、ソースを作っておく。2が焼き上がったら、アルミホイルに包んで常温で50分ほどおく。

1人分 723 kcal　冷蔵 4日間　冷凍 2週間（タレは1ヶ月）

## 豚とプルーンの赤ワイン煮込み
甘酸っぱいプルーンが豚肉の味を引き立てる

### 材料（4人分）
豚ばらかたまり肉…600g
塩…小さじ½
こしょう…少々
A【バター20g、にんにく（つぶす）2かけ分、ブロックベーコン30g、玉ねぎ1個、にんじん1本、セロリ1本】
マッシュルーム…1パック
ドライプルーン…8個
薄力粉…大さじ2
サラダ油…小さじ2
赤ワイン…2カップ
B【ローリエ2枚、塩小さじ½、水1カップ】
カシスリキュール…50㎖（はちみつ小さじ1で代用可）

### 作り方
1 豚肉は2cm厚さに切り、塩、こしょうをもみ込み、薄力粉を全体にまぶす。Aのベーコンは1cm幅に切り、玉ねぎは薄切りにする。にんじんは薄い半月切りにし、セロリは筋を取って薄切りにする。マッシュルームは半分に切る。
2 厚手の鍋にサラダ油を中火で熱し、豚肉を入れて表面に焼き色をつける。豚肉を端に寄せて、Aを順に加え、しんなりとしたら豚肉と混ぜ合わせ、マッシュルームとプルーンを加えてマッシュルームに油が回るまで炒める。
3 2に赤ワインを加えてひと煮立ちさせ、Bを加えてさらにひと煮立ちさせたら蓋をし、15分ほど煮込む。
4 蓋を外し、塩、こしょう各少々（分量外）、カシスリキュールで味をととのえ、強火にして水分を飛ばすようにゆっくりと混ぜ、とろりとするまで煮込む。

1人分 838 kcal　冷蔵 4日間　冷凍 1ヶ月

# ねぎみそダレトンカツ

赤みそで作るしっかりと濃い味のタレをよくからめて

### 材料（4人分）
豚肩ロース肉（トンカツ用）
　…4枚
薄力粉・溶き卵・パン粉・
　揚げ油…各適量

**みそダレ**
【赤みそ100g、砂糖大さじ3、みりん大さじ1、熱湯大さじ2】
万能ねぎ（小口切り）…3本分

### 作り方
1 豚肉は筋を切り、やわらかくなるように叩く。
2 1枚につき塩小さじ½強、こしょう（各分量外）もしっかりめにふり、薄力粉、溶き卵、パン粉の順で衣をつけて170～180℃の揚げ油で揚げる。

**保存のコツ**　衣をつけて揚げる前の状態まで作り、1枚ずつラップで包んでから冷凍用保存袋に入れて密閉し、冷凍保存しましょう。

**盛りつけ例**

**甘辛のみそダレと万能ねぎでいただく**
食べやすい大きさに切って器に盛り、よく混ぜたみそダレと万能ねぎをかけて食べる。

1人分 **529** kcal ／ 冷蔵 3日間 ／ 冷凍 1ヶ月（揚げる前の状態で）

---

# 豚の五目春巻き

ごま油で炒めた風味豊かな具材が食欲をそそる

### 材料（10本分）
豚ばら薄切り肉…100g
春雨…25g
**A**【にんじん中⅓本、たけのこ（水煮）60g】
**B**【もやし½袋、ピーマン1個、しいたけ3枚】
**C**【水100㎖、酒50㎖、しょうゆ小さじ2】
春巻きの皮…10枚
水溶き片栗粉…大さじ1
太白ごま油…小さじ1
揚げ油…適量

### 作り方
1 春雨は熱湯で戻して10cm幅に切り、豚肉は1cm幅に切る。にんじん、たけのこ、ピーマン、しいたけは細切りにする。
2 フライパンにごま油を熱し、豚肉を炒め、**A**を加えて炒める。火が通ったら、**B**を加えて炒め、**B**の野菜に火が通ったら、春雨を加えてさっと炒める。**C**を加えて煮込み、水溶き片栗粉を加えてとろみをつけ、粗熱を取る。
3 春巻きの皮で2を包み、160～180℃の揚げ油で揚げる。

**調理のコツ**　具を炒めたら、完全に冷めるまでしっかりと粗熱を取ってから皮で包むことで破裂防止になります。具だけ前日に作っておくのもおすすめです。

1人分 **447** kcal ／ 冷蔵 4日間 ／ 冷凍 1ヶ月

### 牛肉のおかず

リッチな味わい！人気おかずのおいしい作り方

# 牛肉のデミグラスソース煮込み

簡単なのに本格的な味わいの煮込み料理です。オムレツやご飯、バターライスなどと合わせて食べてください。パセリなどを散らすと彩りもキレイです。

牛肉を一度取り出してやわらかく
玉ねぎの甘味が引き立つ！

1人分 502kcal　冷蔵5日間　冷凍1ヶ月

### ・材料（4人分）

牛こま切れ肉…400g
玉ねぎ（8mm幅の薄切り）…1個分
マッシュルーム（4等分にスライス）…1パック
A【にんにく・しょうが（みじん切り）各1かけ分】
塩・こしょう…各適量
薄力粉…大さじ2
サラダ油…大さじ1
バター…20g
B【赤ワイン400㎖、トマトケチャップ100㎖、デミグラスソース（市販）1缶、ローリエ2枚、ビーフコンソメ2個】

### ・作り方

**1 下味をつける**

牛肉に塩、こしょうを強めにふり、薄力粉をまぶす。

**2 牛肉を炒める**

鍋にサラダ油、バターを弱めの中火で熱し、牛肉を炒め、火が通ったら一度取り出す。

**3 玉ねぎを炒める**

2と同じ鍋にAと玉ねぎを加えて炒める。

**4 マッシュルームを炒める**

玉ねぎに透明感が出てきたらマッシュルームを加えて炒める。

**5 Bを加えて煮詰める**

マッシュルームに油が回ったら、Bを加えて弱火で30分ほど煮詰める。

**6 とろみをつける**

5に牛肉を戻し、弱火のまま10分ほど煮込む。

## すき焼き

お好みで温泉卵などにからめて食べても美味！

甘めの汁がからんでおいしい！

春菊のほろ苦さがアクセント

### 材料（4人分）
牛すき焼き用肉…300g
牛脂…1個
A【焼き豆腐（12等分）1丁分、玉ねぎ（くし型切り）1個分、しらたき150g、しいたけ（半分に切る）3個分、車麩3枚】
B【酒・しょうゆ各100㎖、砂糖大さじ6】
春菊…½束

### 作り方
1 Aの車麩は水で戻して水けをきり、半分に切る。春菊は4cm長さに切る。
2 フライパンに牛脂を熱し、牛肉の⅓量とAを並べ、Bを加えて水分が出るまで煮込む。
3 2に残りの牛肉、春菊を加えて1分ほど煮込む。煮込むうちに水分が出て味が薄くなったら、砂糖としょうゆを大さじ1ずつくらい足す。

＊おすすめ！小さなおかず＊

 れんこんの挟み揚げ →P153

 切り干し大根の甘酢あえ →P166

1人分 389kcal　冷蔵 4日間　冷凍 2週間（豆腐は除いて）

**牛肉のおかず**

## 牛肉と玉ねぎのしょうゆ煮込み

牛丼にして食べてもおいしい、ジューシーな煮込み

玉ねぎの甘味がほっとする

汁と一緒にご飯にのせても◎

### 材料（4人分）
牛こま切れ肉…500g
玉ねぎ…中2個
A【酒100㎖、みりん・しょうゆ各大さじ4、砂糖大さじ3（あればコクがでるのでザラメがよい）】

### 作り方
1 牛肉は大きければ食べやすく切り、玉ねぎは横半分に切り、8mm幅に切る。
2 鍋にAを入れて煮立ったら、玉ねぎを加えて煮込む。玉ねぎがしんなりしてきたら牛肉を加え、アクを取りながら汁けを飛ばすように煮込む。

食べ方のコツ：大根おろし＆七味唐辛子をかけたり、ご飯の上に温泉卵と一緒にのせて食べてもおいしいです。旬の時期にゆでたグリーンピースを入れるのもおすすめです。

＊おすすめ！小さなおかず＊

 にんじんといんげんのたらこ炒め →P149

 かぶときゅうりとミニトマトのピクルス →P153

1人分 458kcal　冷蔵 4日間　冷凍 1ヶ月

93

## プルコギ

パプリカで彩り鮮やか！

野菜の旨味たっぷりの韓国風すき焼き

### 材料（4人分）

- 牛こま切れ肉…250g
- A【しょうゆ・酒各大さじ3、砂糖・白炒りごま各大さじ2、ごま油大さじ1、にんにく・しょうが（すりおろし）各1かけ分、コチュジャン小さじ1】
- 玉ねぎ…大½個
- 赤・黄パプリカ…各⅓個
- しいたけ…3枚
- 春雨…100g
- ごま油…小さじ2
- 万能ねぎ（小口切り）…¼束

### 作り方

1. 牛肉は一口大に切り、Aをよくもみ込み、10分ほどおく。玉ねぎは縦半分に切り、1cm幅に切る。パプリカは7〜8mm幅に切る。しいたけは軸を取り、薄切りにする。春雨は戻して食べやすい長さに切る。
2. フライパンにごま油を熱し、玉ねぎ、しいたけ、パプリカを炒めたら、春雨、牛肉を加えて炒め煮にする。
3. 最後に万能ねぎを散らす。

1人分 389kcal／冷蔵4日間／冷凍1ヶ月

## ビーフストロガノフ

トマトピューレをたっぷり使ったソースがポイント

### 材料（4人分）

- 牛もも薄切り肉…200g（脂肪が少ないもの）
- じゃがいも…中2個
- マッシュルーム…1パック
- にんにく（みじん切り）…1かけ分
- サラダ油…大さじ1
- バター…15g
- A【ビーフコンソメ1½個、パプリカパウダー大さじ1、トマトピューレ1瓶（120g）、水 トマトピューレの瓶1杯分（瓶に残ったトマトピューレを全て出し切るように。瓶入りでないものを使用する場合は1カップ）】
- 生クリーム…100㎖
- 塩・こしょう…各少々
- パセリ（みじん切り）…少々

### 作り方

1. 牛肉を2cm幅に切り、塩、こしょうを強めにまぶしておく。じゃがいもは1個を6等分に切り、水にさらしておく。マッシュルームは縦4等分に切る。
2. 鍋を熱してサラダ油とバターを溶かし、にんにくをよく炒め、香りが出てきたら1のじゃがいも、マッシュルーム、牛肉の順に加えて炒める。Aを入れて弱めの中火で煮込み、じゃがいもがやわらかくなったら塩、こしょうで味をととのえて、生クリームを加え、沸騰させないように弱火で5分ほど煮込む。食べるときにパセリをのせる。

**食べ方のコツ**：バターライスやサフランライス、パスタなどに合わせたり、オムレツのソースにも。

1人分 530kcal／冷蔵4日間／冷凍1ヶ月（じゃがいもは除いて）

# チンジャオロースー

2色のピーマンで、彩り豊かに仕上げたい

### 材料（4人分）
- 牛ももステーキ用肉…200g
- 片栗粉…適量
- ピーマン…緑3個・赤1個
- ゆでたけのこ…100g
- サラダ油…大さじ4
- A【にんにく、しょうが（みじん切り）各小さじ1】
- B【しょうゆ・酒各大さじ1、オイスターソース小さじ1】
- 水溶き片栗粉…小さじ2

### 作り方
1. 牛肉は細切りにして、塩、こしょう各少々（分量外）と片栗粉をまぶす。ピーマン、たけのこは細切りにする。
2. フライパンにサラダ油大さじ3を熱し、牛肉を炒め、一度取り出す。ペーパータオルでフライパンをきれいに拭く。
3. 同じフライパンにサラダ油大さじ1、Aを入れ、弱火で香りが出るまで炒め、ピーマン、たけのこを加えて炒め、2を戻し入れる。
4. 3にBを加えてさらに炒める。水溶き片栗粉でとろみをつけ、香りづけにごま油小さじ2（分量外）を回し入れる。

# ローストビーフ

香味野菜と一緒にじっくりとお肉に火を通して

### 材料（4人分）
- 牛ももかたまり肉…1kg
- A【塩・しょうゆ各大さじ2、粗びき黒こしょう適量】
- オリーブオイル…小さじ2
- 香味野菜…適量（下記参照）
- ハーブローストポークのソース（P90）…適量

### 作り方
1. 牛肉は調理する1時間ほど前に常温に戻しておく。
2. 1の牛肉の余分な水分をペーパータオルで拭き取り、Aをよくもみ込む。オーブンを210℃に温めておく。
3. フライパンにオリーブオイルを熱し、香味野菜をさっと炒め、オーブンシートを敷いた天板にのせる。
4. フライパンで2の牛肉を全面焼き色がつくまで焼いたら、3の上にのせる。
5. オーブンを200℃に下げ、4を20～30分焼き、焼きあがったら（金串を刺して唇にあて、温かければOK）、アルミホイルに包み、完全に粗熱が取れるまでそのままおく。

**食べ方のコツ**: もも肉はさっぱりと仕上がります。あればイチボなどのかたまり肉を使うのもおすすめ。Aで使う粗びき黒こしょうはお好みで多めにしても◎。

**香味野菜の例**: 長ねぎ（青い部分）1本分、にんにく（皮付き）3かけ、にんじん（皮付き）大½本、玉ねぎ（皮付き・乱切り）½個分、ローリエ6枚など。

| ひき肉の おかず |

ふっくら、ボリューミー

人気おかずのおいしい作り方

バターと生クリームでコク深い味わい

リンゴンベリージャムの甘味が合う!

# スウェーデン風ミートボール

コンソメ味の生クリームソースが、ミートボールにとろっとからんだ絶品レシピ！
甘酸っぱいこけもものジャムを合わせれば、スウェーデン風に。

1人分 507kcal　冷蔵 4日間　冷凍 2週間

リンゴンベリージャムがなければ、ラズベリーやブルーベリージャムでもOK!

## ●材料（4人分）

合ひき肉…500g
玉ねぎ…½個
A ┌ オールスパイスパウダー…小さじ½
　├ こしょう…適量（多め）
　├ カイエンペッパー…少々
　└ ナツメグ…少々
パン粉…大さじ4
バター…40g
卵…小1個
牛乳…50㎖
塩…小さじ1
B【ビーフコンソメスープ200㎖、しょうゆ小さじ1】
生クリーム…100㎖
リンゴンベリージャム…適量

## ●作り方

### 1 材料を準備する
玉ねぎはみじん切りにする。パン粉に牛乳を浸しておく。

### 2 肉ダネを作る
ボウルにひき肉、1、A、卵、塩を入れてよく混ぜ、30分ほど冷蔵庫で寝かす。

### 3 丸める
2を40gくらいに丸めて、薄力粉（分量外）をふったバットに並べる。薄力粉を全体に薄くまぶす。

### 4 焼く
フライパンにバターを熱してじっくりと焼いていく。

### 5 調味する
しっかり焼けたら、余分な脂を取り除き、Bと生クリームを加えて沸騰させる。

### 6 仕上げる
こしょうで味をととのえ、ジャムを添えて食べる。お好みでディルやパセリをたっぷり添えてもよい。

# 中華風ミートボール
黒酢の優しい酸味が全体のアクセントに

副菜には野菜を添えて！
黒酢の餡がからんで美味

### 材料（4人分）
A【豚ひき肉300g、溶き卵1個分、酒大さじ1、塩小さじ½】
片栗粉…大さじ2½〜大さじ3
B【水100㎖、黒酢80㎖、しょうゆ50㎖、砂糖大さじ5】
揚げ油…適量
水溶き片栗粉…片栗粉大さじ1½＋水大さじ2

### 作り方
1 ボウルにAを入れてねっとりするまでよく混ぜ、片栗粉を入れてさらに混ぜ、30分ほど冷蔵庫におく。
2 手に油（分量外）をつけながら1を丸め、150℃くらいの揚げ油にそっと入れ、温度を170℃に上げてゆっくり3〜4分揚げる。きつね色になったら強火にして1分ほど揚げる。
3 鍋にBを合わせ入れてひと煮立ちさせ、2を入れて水溶き片栗粉でとろみをつける。

＊おすすめ！小さなおかず＊

パプリカと紋甲いかの中華炒め→P147

豆腐とわかめのサラダ→P171

1人分 280kcal　冷蔵 4日間　冷凍 2週間

ひき肉のおかず

# 四川風おかずワンタン
ピーナッツペースト入りのタレが相性抜群

スープに入れてもおいしい！
タネがしっかり入ってる！

### 材料（4人分）
豚ひき肉…200g
A【しょうゆ大さじ1、塩2つまみ、にんにく（みじん切り）½かけ分】
B【ピーナッツペースト・しょうゆ各大さじ1、すりごま大さじ2、砂糖1つまみ、豆板醤小さじ1、鶏スープ50㎖、万能ねぎ（小口切り）5本分】
小松菜…1束
ワンタンの皮…1袋（30枚）

### 作り方
1 ボウルに豚ひき肉とAを入れてよく混ぜ、ワンタンの皮に小さじ1ほどのせて三角に折り、皮の縁を押さえて包む。
2 小松菜はさっと塩ゆでし、冷水で洗って水けをよくきり、3等分の長さに切る。Bはよく混ぜ合わせ、タレを作っておく。
3 鍋にたっぷりの湯を沸かし、ワンタンを入れて浮かび上がってくるまで4分ほどゆでて水けをきる。

保存のコツ：ゆでる前のワンタンをバットに重ならないように並べて冷凍し、凍ってから冷凍用保存袋に入れて保存を。

1人分 280kcal　冷蔵 3日間　冷凍 1ヶ月（ゆでる前の状態で）

## ミートローフ

細かく刻んだ野菜をたっぷり入れて焼き上げる

**材料（4人分）**
- 合びき肉…500g
- 玉ねぎ…½個
- セロリ…½本
- にんじん…大½本
- A【卵1個、食パン（細かくちぎる）1枚分、塩小さじ1½、こしょう少々、ナツメグ（すりおろす）小さじ¼】
- EVオリーブオイル…大さじ2
- B【フレンチマスタード大さじ2、マヨネーズ大さじ4】
- トマトケチャップ…適量

**作り方**
1. 玉ねぎ、セロリ、にんじんはみじん切りにし、ボウルに入れる。ひき肉、Aを加えて粘りが出るまでしっかりと混ぜる。オーブンは210℃に熱しておく。
2. クッキングシートを敷いた天板に1をのせ、高さを出すように楕円に成形し、表面にEVオリーブオイルを手で塗りながら上に縦1本、まっすぐにくぼみを作る。くぼみにもEVオリーブオイルをしっかりとぬる。
3. 200℃に下げたオーブンで、2を焼き色がつくまで40分ほど焼いたら、5分ほどアルミホイルをかぶせて落ち着かせ、切り分ける。
4. 混ぜ合わせたB、またはケチャップをつけて食べる。

1人分 503kcal ／ 冷蔵4日間 ／ 冷凍2週間（タレは除いて）

## アッシェパルマンティエ

トマトソースが入ったフランスの家庭料理

**材料（4人分）**
- 牛ひき肉…300g
- じゃがいも…大4個（約600g）
- バター…50g
- 玉ねぎ（みじん切り）…1個分
- 牛乳…100ml
- 卵黄…1個分
- 塩…2つまみ
- こしょう…強めの少々
- 薄力粉…大さじ2
- A【トマトケチャップ大さじ2、中濃ソース大さじ2、赤ワイン100ml、塩・こしょう各少々、ローリエ1枚】

**作り方**
1. じゃがいもは皮をむいて一口大に切り、水にさらしてから耐熱ボウルに入れてラップをし、電子レンジで10分ほど、竹串がすっと通るまで加熱する。熱いうちにフォークなどでなめらかになるまでつぶし、バター30g、牛乳、卵黄、塩、こしょうを加えて混ぜる。
2. フライパンにバター20gを溶かし、玉ねぎを炒めてしんなりしたら、ひき肉を加えて炒める。肉の色が変わったら薄力粉を加えて炒め、Aを加えて水分がなくなるまで煮る。
3. 耐熱容器にオリーブオイル適量（分量外）をぬり、2を入れ、その上に1をのせて表面を平らにし、200℃に熱したオーブンで20分ほど焼く。

1人分 481kcal ／ 冷蔵4日間 ／ 冷凍1ヶ月

# ミートクリームコロッケ
クリーミーなホワイトソースで作るから優しい味に

### 材料（4人分）
- 合びき肉…200g
- じゃがいも…4個
- 玉ねぎ（みじん切り）…1個分
- バター…30g
- ホワイトソース（P197）…1カップ
- 塩…小さじ½
- こしょう…少々
- 薄力粉・溶き卵・パン粉・揚げ油…適量
- トマトソース（P197）・イタリアンパセリ…各適量

### 作り方
1. じゃがいもは皮をむいて一口大に切り、水にさらしてから耐熱ボウルに入れてラップをし、電子レンジで10分ほど、竹串がすっと通るまで加熱する。熱いうちにつぶす。
2. フライパンにバターを熱し、玉ねぎを炒める。透明感が出てきたらひき肉を加え、色が変わるまで炒める。塩、こしょうで味をととのえ、1とホワイトソースと混ぜる。
3. 2を12等分にし、俵型に丸め、薄力粉、溶き卵、パン粉の順で衣をつけて180℃の揚げ油で揚げる。

**盛りつけ例**

**作りおきのトマトソースがおすすめ**
器に盛り、トマトソース（P197）をかけ、イタリアンパセリを散らしていただく。

1人分 **654 kcal** ／ 冷蔵 4日間 ／ 冷凍 1ヶ月（揚げずに冷凍）

---

# チキンナゲット
2種類の肉を混ぜて作ると食べ応え満点に

### 材料（4人分）
- **A**【鶏ももひき肉150g、鶏むね肉小1枚約250g（皮を取り除き、8㎜角ぐらいに切る）、パン粉½カップ、チキンコンソメ（細かく砕く）1½個分、こしょう少々、卵1個】
- 揚げ油…適量
- 衣【卵1個、薄力粉・片栗粉各大さじ3、水大さじ2、塩小さじ¼】をよく混ぜ合わせておく
- ハニーマスタードソース【マヨネーズ大さじ2、粒マスタード・はちみつ各小さじ2】
- オーロラソース【マヨネーズ大さじ2、トマトケチャップ小さじ1、はちみつ小さじ½】

### 作り方
1. **A**をボウルに入れてよく混ぜ、30分ほど冷蔵庫で寝かせる。
2. 手にサラダ油大さじ1（分量外）をつけて、**A**を一口大に平たく丸めて衣にくぐらせ、170℃の揚げ油で揚げる。
3. ソースはそれぞれ混ぜ合わせておき、つけて食べる。

1人分 **338 kcal** ／ 冷蔵 4日間 ／ 冷凍 1ヶ月（揚げたものor肉タネのみ）

ひき肉のおかず

トマトソースでイタリアンに！
一口サイズで食べやすい
2種類のソースで楽しめる♪
冷めてもおいしい！お弁当にも◎

## ドライカレー

**ルウにカレー粉、ガラムマサラを加えた本格味**

### 材料（4人分）
- 合ひき肉…400g
- オクラ…8本
- バター…15g
- 玉ねぎ（粗みじん切り）…1個分
- トマト（1cm角に切る）…大1個分（できれば完熟のもの）
- 塩・こしょう…各少々
- 水…1カップ
- カレールウ（市販）…2かけら（1かけら約23g）
- カレー粉・ガラムマサラ…各小さじ2
- A【酒大さじ2、トマトケチャップ大さじ3、中濃ソース大さじ1、塩小さじ½、こしょう少々】

### 作り方
1. オクラは板ずりし、さっとゆで、輪切りにする。
2. フライパンにバターを熱し、ひき肉を炒める。肉の色が変わったら玉ねぎを加えて炒め、透明感が出てきたら塩、こしょうを加えてさっと炒める。
3. 2にトマト、水、カレールウ、カレー粉を加えて炒め、カレールウが溶けて全体がなじんだらAを加えて、炒めながら煮込む。
4. 最後にガラムマサラを加えて、さっと混ぜ、火を止める。器に盛り、オクラを添える。

1人分 373kcal ／ 冷蔵4日間 ／ 冷凍1ヶ月

## 野菜鶏そぼろ

**野菜たっぷりだから栄養満点！**

### 材料（4人分）
- 鶏ひき肉…300g
- にんじん…½本
- 干ししいたけ…2枚
- A【砂糖大さじ3、しょうゆ大さじ4、みりん・酒各大さじ2、しょうが（すりおろし）小さじ2、塩1つまみ】

### 作り方
1. にんじんはみじん切り、干ししいたけは水で戻してみじん切りにする。
2. 鍋にひき肉、1、Aを入れてよく混ぜてから火にかける。
3. 2がぽろぽろになって水分がなくなるまで炒める。

＊おすすめ！小さなおかず＊

 春菊とちくわのナムル →P149

 しらすとわかめの卵焼き →P168

 **調理のコツ**　サラダにトッピングしたり、冷たい麺にからめて食べても。ひき肉だけで作ってもOKですが、野菜を入れたほうがボリュームが出るのでおすすめです。

1人分 247kcal ／ 冷蔵4日間 ／ 冷凍1ヶ月

## シュウマイ

**春雨入りで、ひとつでも食べ応え満点に！**

春雨を加えて食感に変化を！

お弁当のおかずにも！

ひき肉のおかず

### 材料（約30個分）
豚ひき肉…300g
干ししいたけ…2枚
玉ねぎ…1個
片栗粉…大さじ1
戻した春雨…約120g
　（戻す前は約25g）
しょうがの絞り汁
　…1かけ分

A【片栗粉大さじ1½、しょうゆ・ごま油各大さじ2、砂糖大さじ1、塩・こしょう各少々】
シュウマイの皮…約30枚
B【からし・酢・しょうゆ各適量】

### 作り方
1 干ししいたけは水で戻してみじん切りにする。玉ねぎはみじん切りにし、片栗粉をまぶす。春雨は2cm長さに切る。
2 ボウルに豚ひき肉、1、しょうがの絞り汁を合わせ、Aを加えて粘りが出るまでよく混ぜる。
3 シュウマイの皮に2を大さじ1ずつくらいのせて包み、ガーゼを敷いた蒸し器に並べて10分〜15分ほど蒸す。蒸し上がったら、Bのからし酢しょうゆで食べる。

＊おすすめ！小さなおかず＊

 きのこと厚揚げのピリ辛炒め →P164

 豆腐とわかめのサラダ →P171

1人分 384 kcal　冷蔵 4日間　冷凍 1ヶ月

## しそと松の実のつくね

**炒った松の実の風味が加わり全体のコクがアップ**

しそが入ってさわやか

松の実の食感が楽しい！

### 材料（4人分）
A【鶏ひき肉400g、玉ねぎ（みじん切り）½個分、卵1個、しょうゆ・酒・片栗粉各大さじ1、塩少々】
松の実（炒ったもの）
　…大さじ3
青じそ（せん切り）…5枚分
タレ【しょうゆ大さじ2強、酒・みりん大さじ2、砂糖大さじ1½】
ごま油…大さじ1

### 作り方
1 ボウルにAを入れ、白っぽく粘りがでるまでよく混ぜたら、松の実と青じそを加えさっと混ぜ、小さく丸める。
2 フライパンにごま油を熱し、1をじっくりと中弱火で、中まで火が通るようにこんがりと焼く。
3 2を一度取り出し、タレの調味料を加え、ふつふつと煮立てたら、つくねを戻してタレにからめる。

**調理のコツ** 松の実が手に入らなければ、くるみなどを使っても。木の実やナッツを少し入れると食感が増しておいしいです。卵黄をからめて食べるのがおすすめ。

1人分 331 kcal　冷蔵 4日間　冷凍 1ヶ月

切り身魚のおかず

人気おかずのおいしい作り方

# 金目鯛の昆布じめ

旬の魚を昆布ではさんで保存するだけで簡単にできる料理。金目鯛の他に鯛や平目、いなだ、ボタンえびなどで作ってもおいしいです。

1人分 74kcal　冷蔵 3日間　冷凍 2週間（貝割れ大根は除いて）

## ・材料（4人分）

- 金目鯛（刺身用／皮もひいてあるもの）…半身
- 昆布しめ用の昆布（25cm幅くらい）…2枚
- 貝割れ大根…½パック
- 藻塩…適量
- しょうゆ・わさび…適宜

**盛りつけ例**

**わさびじょうゆでいただく**
器に5、貝割れ大根を盛りつけ、そのままかお好みでしょうゆとわさびで食べる。

## ・作り方

### 1 金目鯛をそぎ切り
金目鯛を刺身を切る要領でそぎ切りにする（薄いとしまりすぎるので、少し厚めに切るとよい）。

### 2 昆布を拭く
昆布をきれいなぬれ布巾で拭く。

### 3 藻塩をふり、金目鯛をのせる
昆布の上に藻塩を1つまみまんべんなくふり、1を重ならないようにのせ、上から藻塩を1つまみふる。

### 4 ラップで包む
昆布をのせてラップで包み、冷蔵庫で一晩おく（ラップで包んだものを保存袋に入れて冷凍）。

### 5 貝割れ大根をのせて挟む
食べる1時間ほど前に、貝割れ大根を金目鯛の上にのせ、再び昆布で挟み、ラップをして冷蔵庫で冷やす。

**保存のコツ**
保存する際は、きっちりラップで包みましょう。2～3日は食べないなというときは、薄切りにせずにサクのまま昆布で包むといいですよ。

# コールドサーモン パプリカソース

秋鮭を使うのがおすすめ

キリッと冷えたサーモンにコクのあるソースを

### 材料（4人分）
生鮭(切り身)…4切れ
A【玉ねぎ(薄切り) ½個分、セロリ・にんじん(せん切り)各½本分、ローリエ2枚】
レモン(スライス)…4枚
B【白ワインビネガー大さじ2～3、塩小さじ2】

ソース【マヨネーズ60g、ヨーグルト・生クリーム各大さじ2、塩・こしょう少々、レモンの搾り汁½個分、パプリカ(1cm四方)⅙個分、ピーマン(1cm四方) ½個分】

### 作り方
1 鍋に約2ℓの湯を沸かし、Aを入れ、アクを取り除きながら野菜がしんなりするまでゆで、火を止める。レモンを入れて冷まし、完全に冷めたらこして、レモンはスープに戻す。
2 1にBを加えて沸騰させ、鮭を加えアクを取りながら5分ほどゆで、そのまま冷ます。冷めたら冷蔵庫に入れてさらに冷やす。ソースも混ぜて冷やしておく。

**盛りつけ例**
**しっかり冷やしてから食べる**
冷えたサーモンの水けをしっかり拭き取ってから器に盛り、ソースをかけていただく。

パプリカソースのコクが合う

切り身魚のおかず

1人分 **473 kcal**　冷蔵 4日間　冷凍 2週間 (タレは除いて)

---

# 自家製まぐろのツナ

じっくり火を通すのがコツ

シンプルな方法で作れて、どんな料理にも合う

### 材料（4人分）
本まぐろ…400g（メバチマグロやビンチョウマグロでも可）
ローリエ…2枚
塩…大さじ1
サラダ油…適量

### 作り方
1 まぐろに塩をしっかりとすり込み、ラップをして冷蔵庫で1～1時間半ほどおく。
2 1のまぐろの表面を水で洗い、ペーパータオルなどで水けをしっかりふき取る。
3 厚手の鍋に2、ローリエ、まぐろがしっかり隠れるくらいのサラダ油を入れ、20分ほどごく弱火で加熱する。途中でふつふつしてしまったら火を止め、落ち着いたらごく弱火で加熱する(油の温度が上がりすぎてしまうと素揚げ状態になってしまうので、ごくごく弱火で加熱する)。

**調理のコツ**
サラダ油をオリーブオイルにかえてもOK。タイムやローズマリーなどのハーブを加えても。好みでアレンジして、好きな味を見つけてください。

サラダの具にしてもおいしい

1人分 **134 kcal**　冷蔵 1週間　冷凍 2週間

長ねぎの甘味が引き立つ

1人分 156 kcal　冷蔵4日間　冷凍2週間

煮込むだけの簡単レシピ

## ねぎま
まぐろと長ねぎの絶品とろとろ煮込み！

### 材料（4人分）
- 長ねぎ（斜め切り）…2本分
- まぐろ（ぶつ切り）…300g
- A【水・酒各50㎖、しょうゆ・砂糖各大さじ2、みりん大さじ1】

### 作り方
1. まぐろはさっと湯通ししておく。
2. 鍋に1のまぐろとAを入れて火にかけ、上に長ねぎをのせ、落とし蓋をし、弱めの中火で長ねぎがとろとろになるまで5分ほど煮込む。そのまま冷まし、味を含める。

**調理のコツ**　まぐろは中トロや脳天のような脂がのっている部位はもちろんおいしいですが、手に入りやすい赤身や脂がのった部分が入り混じったぶつ切りで作っても◎。

\* おすすめ！小さなおかず \*

　ブロッコリーと卵の明太マヨあえ →P151

 　レモンなます →P156

---

ベーコンでジューシーな仕上がり　／　かじきとベーコンが合う！

1人分 357 kcal　冷蔵4日間　冷凍2週間（揚げる前の状態で）

## かじきのベーコン巻きフライ
カリッと揚がったベーコンとかじきの旨味が合う

### 材料（4人分）
- かじきまぐろ（切り身）…2枚
- スライスベーコン…8枚
- 塩・こしょう…各少々
- 薄力粉・溶き卵・パン粉・揚げ油…各適量
- オリーブオイル…大さじ1
- レモン…適量

### 作り方
1. かじきは塩を全体にふり、冷蔵庫に15分ほどおく。余分な水分をペーパータオルで拭き取り、1枚を4等分に切る。こしょうをふり、ベーコンで巻く。
2. 1に薄力粉、溶き卵、パン粉の順に衣をつけ、オリーブオイルを加えた180℃の揚げ油でカリッと揚げる。
3. 2を器に盛り、レモンを搾って食べる。お好みでハーブ塩などで食べてもよい。

**調理のコツ**　揚げ油にオリーブオイルを加えることでカリッと仕上がります。

\* おすすめ！小さなおかず \*

 　かぶときゅうりとミニトマトのピクルス→P153

　スパゲッティサラダ →P172

## かつおの佃煮

煮汁をじっくりからめて、濃厚な味わいに

### 材料(4人分)
- かつお(腹側)…1さく
- しょうが(薄切り)…1かけ分
- A【しょうゆ100㎖、酒・みりん各大さじ2、砂糖大さじ4】

### 作り方
1. かつおは1.5cm角に切る。
2. 鍋にかつお、しょうが、Aを入れて蓋をせずに、アクをすくいながら煮汁がなくなるまで煮る。
3. 煮汁が少なくなってきたら、かつおに煮汁をからめるように鍋を回したり、スプーンなどで煮汁を上の方にかけながら煮る。

＊おすすめ！小さなおかず＊

 クーブイリチー →P168

 ひじきとささみのサラダ →P173

1人分 **172 kcal** / 冷蔵 1週間 / 冷凍 1ヶ月

切り身魚のおかず

ご飯がすすむしっかりとした味

---

## 鮭のちゃんちゃんホイル焼き

北海道の名物料理を家庭用にアレンジ！

### 材料(4人分)
- 生鮭(切り身)…4切れ
- にんじん…⅓本
- キャベツ…2枚
- ピーマン…1個
- みそダレ【みそ80g、酒・砂糖各大さじ1、みりん大さじ2 ½、長ねぎ(みじん切り)⅓本分】
- バター(4等分)…15g
- 塩…少々

### 作り方
1. 生鮭は塩をふり、冷蔵庫に15分ほどおいて余分な水分を取る。にんじんは細切り、キャベツは小さめのざく切り、ピーマンは種を取って輪切りにする。
2. アルミホイル4枚にみそダレ大さじ1を敷き、鮭、にんじん、キャベツ、ピーマンの順にのせ、みそダレ大さじ1とバターをのせ、ホイルで包む。
3. 魚焼きグリルに並べ、両面強火で10分ほど焼く。

**調理のコツ**：玉ねぎやしめじを入れるのもおすすめ。子ども向けにはピザ用チーズをのせてもおいしい。

**保存のコツ**：冷凍する場合は、ホイルに包んでから冷凍用保存袋に入れて保存すると便利。

1人分 **279 kcal** / 冷蔵 3日間 / 冷凍 2週間(焼く前の状態で)

小分けで焼くからお弁当にも◎

みそダレとバターが決め手！

青背魚のおかず

酒の肴にも！

**人気おかずのおいしい作り方**

# しめさば

塩けと酢の効いた真さばがさっぱりおいしい！
自分で作ればお好みのしめ加減で食べられるのがうれしいですね。

さっぱりいただける！

酒のつまみにおすすめ！

1人分 188 kcal ／ 冷蔵 3日間 ／ 冷凍 2週間

## ・材料（4人分）

真さば…1本
　（夏はごまさばがおすすめ）
塩…1〜2カップ
米酢…200〜400㎖

### 盛りつけ例

**わさびやレモンをつけて**
そぎ切りにしたら、さばを器に盛り、わさびじょうゆやレモンじょうゆでいただく。

## ・作り方

**1 塩の上にさばをのせる**

バットにまんべんなく半量の塩をふり、三枚におろしたさばの切り身をのせる。

**2 塩をかぶせる**

さらに上から塩をかぶせて覆い、1時間〜1時間半ほど冷蔵庫におく。

**3 水洗いをする**

2のさばを水でよく洗い、丁寧に水分を拭き取る。

**4 酢に浸す**

酢に浸し、ペーパータオルで落とし蓋をして20分ほどおく。

**5 骨を抜く**

さばの骨を骨抜きで取り除く。

**6 皮をむく**

皮をむき、そぎ切りにして盛り付ける。

# いわしのマリネ
### 赤ピーマンと玉ねぎも漬けて、すっきりした味わい

傷みやすい
いわしはマリネに！

彩りもきれいだから
おもてなしに

### 材料（4人分）
真いわし…6尾（3枚におろす）
A【赤ピーマン（薄切り）⅓個分、
　玉ねぎ（薄切り）½個分】
EVオリーブオイル…大さじ2
塩・こしょう…各少々
米酢…400㎖
EVオリーブオイル
　（マリネ用）…150㎖

### 作り方
1 オリーブオイルを熱したフライパンでAを炒める。しんなりしてきたら塩、こしょうを加えて、火から下ろして冷ます。
2 いわしは塩を加えた氷水で手早く洗い、ペーパータオルで水けを拭き取る。塩小さじ1½（分量外）をふり、15分ほど冷蔵庫におく。
3 2のいわしを酒大さじ1と氷水（各分量外）を入れたボウルでさっと洗う。
4 バットに米酢を入れていわしを20分ほどつけ、汁けをきる。
5 バットに1の野菜の⅓量と4のいわしの半量を入れ、EVオリーブオイル（マリネ用）の半量を加え、塩1つまみ（分量外）をふる。さらに野菜の半量、いわしの残り、野菜の残りを重ね、EVオリーブオイルの残りをかけ、塩1つまみ（分量外）をふる。ゴムベラなどで上を平たくし、ラップをかけて冷蔵庫に半日～1日おく。

**保存のコツ**　冷凍する場合は冷凍用保存袋に平らに入れて密閉して保存し、冷蔵庫の中でゆっくりと自然解凍を。食べるときに塩けが足りない場合は、塩少々を足して。

1人分 352kcal　冷蔵3日間　冷凍2週間

青背魚のおかず

# さんまのハーブ焼き
### バジルやオレガノをまぶした、爽やかな一品

しっかり味で
ご飯がすすむ

ハーブとチーズが
よく合う！

### 材料（4人分）
さんま…4尾
A【塩小さじ1、こしょう・ドライバジル・ドライオレガノ・
　ドライタイム各少々】
EVオリーブオイル…大さじ2

### 作り方
1 ペーパータオルで三枚におろしたさんまの水けをしっかりと拭き取り（冷凍するならここで）、両面にAをふりかける。
2 フライパンにEVオリーブオイルを熱し、1を両面カリッと焼く。

**盛りつけ例**

**チーズをかけてイタリアン**
器に盛り、パルミジャーノレッジャーノチーズをすりおろす。お好みでトマトソース（P197）をかけてもおいしい。

1人分 398kcal　冷蔵3日間　冷凍2週間（焼く前の状態で）

お酢が効いてさっぱり！
野菜も一緒にもりもり食べられる

1人分 229kcal / 冷蔵 4日間 / 冷凍 2週間

## あじの南蛮漬け

甘酸っぱい南蛮ダレを、あじのから揚げにからめて

**材料（4人分）**

あじ…6尾
紫玉ねぎ…1個（普通の玉ねぎでも可）
にんじん…1本
薄力粉…適量
揚げ油…適量
南蛮ダレ
【米酢400㎖、砂糖1カップ、塩小さじ½、しょうゆ大さじ2、水50㎖】

**作り方**

1 紫玉ねぎは薄切り、にんじんは皮をむき、4㎝長さの細めのマッチ棒くらいの細切りにする。
2 あじは三枚におろして薄力粉をまぶしてはたき、170〜180℃に熱した揚げ油で揚げる。
3 2が熱いうちに1とともにバットに入れ、混ぜ合わせたタレをかける。冷蔵庫でしばらくなじませる。

**調理のコツ** 三枚におろして残った骨は、カリカリに揚げ、揚げたてに塩をふっておつまみに！

＊おすすめ！小さなおかず＊

 たたきごぼう →P157

 豆腐とわかめのサラダ →P171

肉厚のぶりにタレがよくからむ！
ご飯に合う定番のおかず

1人分 353kcal / 冷蔵 4日間 / 冷凍 2週間

## ぶりの照り焼き

こんがりと焼いたぶりとタレをじっくり煮詰めて

**材料（4人分）**

ぶりの切り身（できれば腹側がおいしい）…4切れ
薄力粉…少々
A【しょうゆ・酒・みりん各50㎖、砂糖大さじ2】
サラダ油…小さじ2

**作り方**

1 ぶりの両面に塩小さじ1（分量外）をふり、冷蔵庫で30分おく。水で洗い、水けを拭き取る。
2 1のぶりに薄力粉を全体に薄くふるい、余分な粉ははらう。Aの調味料は合わせておく。
3 フライパンにサラダ油を熱し、2のぶりを入れ、両面弱めの中火でこんがりとなるまで焼き、Aを入れて強火にし、からめるように煮詰める。

**調理のコツ** ぶりに限ったことではないですが、魚の切り身を買ってきたら、すぐに塩をふり冷蔵庫におきます。そうすると余分な水分と臭みが抜け、おいしく切り身魚を食べられます。ペーパータオルでこの水分を拭き取り、ラップに包んでチルド室の奥のほうへ入れておけば、2日後くらいまで焼き物、煮物とおいしく調理して食べられます。

# いわしの梅煮

**梅干しとしょうがの爽やかな風味がアクセント**

### 材料（4人分）
- いわし…8尾
- A【酒・しょうゆ各100㎖、みりん50㎖、砂糖大さじ3、水400㎖】
- しょうが（皮をむいて薄切り）…大1かけ分
- 梅干し…4個

### 作り方
1. いわしはうろこを取り、ひれのつけ根あたりから包丁を入れて頭を切り落とす。切り口から腹側に切り込みを入れて包丁の刃先で内臓をかき出す。ボウルに氷水をはり、いわしを入れてお腹の中を指の腹でこするようにしてよく洗い、ペーパータオルで腹の中をしっかりと拭く。
2. 鍋にAを入れて混ぜ合わせ、中火にかけて煮立ったら、しょうがと梅干しを入れる。
3. 再び煮立ったらいわしを並べて入れ（必ず煮立ったら入れる）、落とし蓋をし、弱めの中火で時々スプーンで煮汁をいわしにかけながら15～20分ほど煮る。煮汁が鍋底に少しとろりと残るくらいまで煮詰める。

*おすすめ！小さなおかず*

 れんこんの挟み揚げ →P153

 春菊とくるみ、じゃこのサラダ →P171

# さばの竜田揚げ

**レモンを振りかけて、さっぱりと食べたい**

### 材料（4人分）
- さば…1尾
- A【酒大さじ1½、しょうゆ大さじ3、みりん大さじ1、しょうがの絞り汁小さじ2、粗挽き黒こしょう少々】
- 揚げ油・片栗粉・レモン…各適量

### 作り方
1. さばは三枚におろし、塩小さじ1（分量外）をふり30分ほど冷蔵庫におき、浮いてきた水分をしっかり拭き取る。小骨を骨抜きで抜き、一口大にそぎ切りにする。
2. ボウルにAとさばを入れて15分ほど冷蔵庫におく。
3. 2に片栗粉をつけて170℃の揚げ油で揚げる。

**調理のコツ**　さばの三枚おろしはスーパーの魚コーナーで。骨が大きく取り除きやすいので、骨抜きで取り除くのが◎。

*おすすめ！小さなおかず*

 ブロッコリーと卵の明太マヨあえ →P151

 トマトとツナ入りにんじんサラダ →P171

青背魚のおかず

炊きたてのご飯のお供に／しょうがの風味がアクセント

1人分 329kcal　冷蔵4日間　冷凍2週間

下味つきで冷めてもおいしい！／しし唐の素揚げを添えてもおいしい

1人分 228kcal　冷蔵4日間　冷凍2週間（揚げる前の状態で）

魚介のおかず

辛さはお好みで！

## 人気おかずのおいしい作り方

辛さはお好みで調整して！
プリプリのえびを堪能できる

# えびチリ

お家で本格的なえびチリを作るには、ソース作りが肝心！ トマト以外の薬味や調味料がたくさん必要になりますが、きちんと作ると甘辛くておいしいソースができあがります。

1人分 202kcal　冷蔵4日間　冷凍2週間

### • 材料（4人分）

むきえび…20尾
A【塩・こしょう各少々、卵白1個分、酒大さじ1、片栗粉大さじ4】
B【長ねぎ⅓本、しょうが・にんにく各1かけ】
C【トマト1個、トマトケチャップ・酒各大さじ2、はちみつ・しょうゆ・ごま油各大さじ1】
豆板醤…小さじ1½（お好みで辛くしても）
揚げ油…適量
サラダ油…大さじ1

### • 作り方

**1 えびに下味をつける**

ボウルにえびとAを入れ、よくもみ込む。

**2 香味野菜とトマトを切る**

Bの野菜はみじん切りにし、Cのトマトは1cm角に切る。

**3 えびを揚げる**
1を170〜180℃の揚げ油で色が変わってさっくりとした状態になるまで揚げ、バットに上げておく。

**4 B、豆板醤を炒める**

フライパンにサラダ油、Bを入れて弱火にかけ、ふつふつと香りが出るまで炒め、豆板醤を加えて炒める。

**5 トマトと調味料を加える**

Cを加えてトマトがくたっとなるまで煮立たせる。

**6 えびを加える**

3のえびを加えてあえながら30秒ほど煮詰める。

## かきの中華風オイル漬け
オイスターソースの濃厚な味わいが決め手

### 材料（4人分）
かき…大20個
塩…1つまみ
A【オイスターソース大さじ2、しょうゆ小さじ2】
B【にんにく（つぶす）1かけ分、赤唐辛子2本、ごま油大さじ1】
グレープシードオイル…適量

### 作り方
1 かきをザルにあけ、塩をたっぷり（分量外）ふり、全体にまぶすようにザルを1分ほどゆする。
2 1を流水でよく洗いペーパータオルでしっかり水けを拭く。
3 フッ素加工のフライパンに油を敷かずにかきを炒め、表面の色が変わったら、塩をふり、弱火にして水けがなくなるまで炒り続ける。火を止めてAを加えて混ぜ、粗熱を取る。
4 保存容器に3、B、グレープシードオイルをかぶるくらいまで入れ、冷蔵庫で3時間以上おく。

> 調理のコツ
> 漬けるオイルは、紅花油やコーン油、サラダ油などのクセの少ないもので代用できます。

魚介のおかず

お酒にもよく合う！
ごま油で風味がアップ！

1人分 287 kcal
冷蔵 2週間
冷凍 1ヶ月

## いかのレモンマリネ
トマトと玉ねぎ、ピーマンもたっぷり！

### 材料（4人分）
するめいか…小形10杯（大きいするめいかなら2杯）
A【トマト（粗みじん切り）1個分、玉ねぎ（みじん切り）¼個分、ピーマン（みじん切り）½個分、ローリエ1枚、レモンの搾り汁½個分、白ワインビネガー大さじ1½、塩2つまみ、こしょう少々、EVオリーブオイル100㎖】

### 作り方
1 Aの玉ねぎは冷水に5分ほどさらして水けをよくきって保存容器に入れ、残りのAを混ぜておく。
2 いかは内臓と目玉を取り除いて皮をむき、げその先を切り落とし（大きいいかの場合は皮をむき、輪切りにする）、酒適量（分量外）を入れた熱湯でさっとゆでる。
3 2を1に入れて1時間ほど漬け込む。

> 調理のコツ
> レモンをしっかり効かせ、キリッと冷やして食べて。半日ほど漬けると、よりおいしくいただけます。お好みでディルなどのハーブを加えるのもおすすめ。

いかはさっとゆでてやわらかく！
さわやかな見た目でおもてなしにも◎

1人分 388 kcal
冷蔵 4日間
冷凍 2週間

\* おすすめ！小さなおかず \*

じゃがいもといんげんのスパイス炒め→P161

きのことチキンのクリーム煮込み→P162

ピリ辛でおいしい!

1人分 199 kcal / 冷蔵 4日間 / 冷凍 1ヶ月

## いかのトマト煮込み
**にんにくと赤唐辛子が効いたトマト風味**

刻んだハーブがさわやか

### 材料（4人分）
- するめいか…2杯
- ホールトマト缶…1缶（手でつぶしておく）
- 玉ねぎ（みじん切り）…2個分
- にんにく・しょうが（みじん切り）…各大1かけ分
- 赤唐辛子（輪切り）…1〜2本分
- ハーブ…イタリアンパセリ4枝・バジル8枚
- 白ワイン…50ml（日本酒でも可）
- 塩…小さじ1
- オリーブオイル…大さじ2

### 作り方
1. するめいかは内臓を取り除いて皮をむき、輪切りにしてさっとゆでる。
2. 厚手の鍋にオリーブオイル、にんにく、しょうが、赤唐辛子を入れて弱火にかけ、香りが出てきたら、玉ねぎを加えて焦がさないようによく炒める。
3. 玉ねぎがしんなりとしてきたら白ワイン、ホールトマトを加え、塩を入れてとろりとするまで煮込む。
4. 3にするめいか、刻んだハーブ類を加えてさっと煮る。

 調理のコツ：ハーブは記載したもの以外にもタイム3本やディル3枝なども加えるとより味わい深くなります。

バジルが入って風味豊かに / チーズ入りで冷めてもおいしい

1人分 360 kcal / 冷蔵 4日間 / 冷凍 1ヶ月（揚げる前or揚げてから）

## たことたらこのコロッケ
**ホクホクのじゃがいもで、たこ足を包んで揚げて**

### 材料（4人分）
- じゃがいも（男爵やキタアカリなど）…大2個
- 薄力粉・溶き卵・パン粉（できれば細め）…各適量（薄力粉＆溶き卵は、天ぷら粉で代用可）
- 揚げ油…適量
- **A**【ゆでだこ（足）大1½本、たらこ（ほぐす）大1腹、バジル（刻む）6枚分、パルミジャーノレッジャーノチーズ（すりおろす）10g、塩2つまみ、こしょう少々】

### 作り方
1. じゃがいもを30分ほど蒸すか、ゆでて皮をむき、熱いうちにつぶす。Aのたこはぶつ切りにする。
2. じゃがいもとAを混ぜ合わせ、ピンポン玉くらいに丸める。
3. 2に薄力粉、溶き卵、パン粉の順に衣をつけ、180℃の揚げ油で揚げる。

＊おすすめ！小さなおかず＊

 ラタトゥイユ →P146

 マカロニサラダ →P173

## えびマヨ

マヨネーズに隠し味を混ぜたソースが絶品!

### 材料（4人分）
えび…20尾
**A**【片栗粉大さじ2、卵白1個分】
**B**【マヨネーズ70g、コンデンスミルク大さじ1、
はちみつ小さじ1、レモンの搾り汁小さじ2、
フレンチマスタード小さじ¼、塩2つまみ】
揚げ油…適量

### 作り方
1 えびは殻をむいて背ワタを取る。
2 1のえびを混ぜ合わせた**A**にくぐらせ、180℃の揚げ油で
カリッと揚げる。
3 揚げたてをよく混ぜ合わせた**B**のタレにさっとからめる。

＊おすすめ！小さなおかず＊

 白菜と豚ばら肉の
ピリ辛中華蒸し
→P155

 春菊とくるみ、
じゃこのサラダ
→P171

1人分 227kcal / 冷蔵4日間 / 冷凍2週間

## えびのさつま揚げ

少しゆるめの生地で、ふわふわな食感に仕上げて

### 材料（4人分）
えび（むき身）…200g
真だら（切り身）…2切れ（約200g）
はんぺん…1枚（約110g）
酒…大さじ1
卵…1個
**A**【玉ねぎ（みじん切り）中1個分、砂糖・片栗粉各大さじ3、薄力粉大さじ1〜2】
パン粉（細め）…適量
揚げ油…適量

### 作り方
1 真だらは塩適量（分量外）をふって15分ほど冷蔵庫におき、
水けを取る。皮と骨を取り除き、一口大に切る。
2 フードプロセッサーにえび、1、はんぺん、酒、卵を入れ、
軽くミンチ状にする。ボウルに移して**A**を加え、なめらか
になるまで混ぜる。
3 手に水か油をつけ、2を空気を抜くようにして一口大に丸
め、パン粉を入れたバットにおく。上からもパン粉をかけ、
形を整えたらすぐに170℃の揚げ油でじっくり揚げる。

**調理のコツ**　ゆるめの生地だとふわふわに仕上がりますが、少し扱いづらいので、小さなボウルに油を入れ、手に油をつけながら丸めて、パン粉の上へ落とすとラクです。

1人分 240kcal / 冷蔵4日間 / 冷凍1ヶ月

魚介のおかず

113

column

# 揚げ物4日目リメイクレシピ

## 天丼

麺つゆがよくからんでおいしい

**麺つゆと煮込んだ天ぷらがしっとり美味**

**材料（1人分）**
- A【麺つゆダレ（P199）・水各80㎖】
- 天ぷらまたはかき揚げ…4〜5個
- ご飯…1膳
- 焼きのり…適量
- 長ねぎ（小口切り）…適量

**作り方**
1. 小さめのフライパンにAと天ぷらを入れて軽く煮込む（さっとくぐらす程度でもよい）。
2. 器にご飯を盛り、1、長ねぎ、のりをのせる。長ねぎをたっぷりのせるとさっぱり食べられるのでおすすめ。

さっと煮るなら、トンカツやフライを使ってもおいしい

1人分 **783 kcal**

## うどん

うどんはもちろんおそばでも！

**天ぷらをのせるだけで、ご馳走メニューに**

**材料（1人分）**
- A【麺つゆダレ（P199）・水各200㎖】
- 冷凍うどん…（1人分）
- 天ぷらまたはかき揚げ…お好み量
- 長ねぎ（小口切り）・七味唐辛子…各適宜

**作り方**
1. 鍋にAを入れて温め、うどんを加えて温める。
2. 器に1を入れ、温めた天ぷらをのせる。お好みで長ねぎと七味唐辛子をのせる。

しょうゆやとんこつラーメンに、から揚げを入れて食べるのもおいしい

1人分 **754 kcal**

## 天むす

**レジャーにも最適な、かき揚げ入りおにぎり**

**材料（2個分）**
- かき揚げ（えび＆青ねぎ）…1個
- 塩…適量
- ご飯…軽く2膳
- 焼きのり…2cm幅の帯状2枚

**作り方**
1. かき揚げを直径3cmくらいに切る。
2. 手に塩をたっぷりつけ、ご飯40gに1をのせて握り、のりを巻く。

ちょっとリッチなおにぎりに

天ぷらやから揚げなどを具にしても

1個分 **413 kcal**

## 卵とじ丼
だし汁と卵がフライにマッチ！

**えびフライを卵と和風だしで煮て作る**

**材料（1人分）**
- A【和風だし（P72）100㎖、みりん50㎖、砂糖大さじ1½、しょうゆ大さじ2】
- 玉ねぎ（薄切り）…¼個分
- えびフライ（P62）…3本
- 溶き卵…2個分
- ご飯…1膳
- 焼きのり…適量
- 万能ねぎ（小口切り）…適量（三つ葉でも可）

**作り方**
1. 小さめのフライパンにAを入れて煮立て、玉ねぎ、えびフライを加え、溶き卵を回しかける。
2. 器にご飯を盛り、お好みでのりをしき、1をのせる。上に万能ねぎを散らす。

天ぷら、フライ、トンカツ、から揚げなどもおすすめ

1人分 **730 kcal**

天ぷらやえびフライ、から揚げなど、作りおきした揚げ物を使って作るリメイクレシピを紹介！
4日目にもなると飽きてくるので、再度火を通した料理に使うのが望ましいです。

## ごましょうゆ甘酢あえ
**から揚げを甘い黒酢タレで煮からめて**

### 材料（2人分）
- A【黒酢50ml（酢でも可）、砂糖大さじ3、紹興酒（日本酒でも可）・しょうゆ各大さじ2】
- 鶏のから揚げ(P37)…8個
- 水溶き片栗粉…小さじ2
- 万能ねぎ…適量
- 白すりごま…大さじ2

### 作り方
1. 鍋にAを入れて煮立て、から揚げを加えてからめる。水溶き片栗粉を加えてとろみをつける。
2. 器に1を盛り、小口切りにした万能ねぎと白すりごまをふる。

すりごまがアクセントに

トンカツもおすすめ

1人分 501 kcal

## スイートチリマヨあえ
**甘辛いチリマヨソースとから揚げが相性抜群**

### 材料（2人分）
- ベビーリーフ…1袋
- 鶏のから揚げ(P37)…8個
- A【スイートチリソース大さじ1、マヨネーズ大さじ3】
- 紫玉ねぎ（薄切り）…¼個分

### 作り方
1. ベビーリーフは冷水につけてシャキッとさせ、水けをきる。
2. ボウルにAを入れて混ぜ合わせ、から揚げをあえる。
3. 器に1と2を盛り、紫玉ねぎをのせる。

コクのあるタレがよくからむ
トンカツ、フライもおすすめ

1人分 500 kcal

## ポン酢おろしあえ
**トンカツに大根おろしをのせてさっぱりと**

大根おろしとポン酢であっさりと

### 材料（1人分）
- トンカツ(P91)…½枚
- 大根おろし…大さじ2
- ポン酢しょうゆ…大さじ1〜1½
- 長ねぎ…適量

### 作り方
温めたトンカツに、大根おろしとポン酢、長ねぎをのせ、あえて食べる。

から揚げ、天ぷらもおすすめ

1人分 476 kcal

## サルサドレッシングサラダ
**トンカツに野菜たっぷりのドレッシングが合う**

### 材料（2人分）
- サニーレタス…2枚
- トンカツ(P91)…1枚
- サルサドレッシング
  【トマト（粗みじん切り）1個分、ピーマン（みじん切り）½個分、紫玉ねぎ（みじん切り）大さじ2、EVオリーブオイル大さじ2、塩2つまみ、レモンの搾り汁小さじ2】
- パルミジャーノレッジャーノチーズ（すりおろし）…適量

### 作り方
1. ドレッシングの材料は混ぜ合わせておく。
2. サニーレタスは冷水につけてシャキッとさせ、水けをきり、食べやすい大きさにちぎる。トンカツは一口大に切る。
3. 器に2を盛り、サルサドレッシング、チーズをかける。

レモン汁を加えて爽やか！
から揚げ、フライもおすすめ

1人分 391 kcal

## column

# 困ったときのクイックおかず ②

あと一品が足りないとき、少しの具材で作れる簡単おかずを紹介。おつまみにも最適です。

## すごもりキャベツ
**キャベツの中央に卵を落とした見た目も豪華な一品**

**材料(4人分)**
- キャベツ…½個
- EVオリーブオイル…大さじ1
- 卵…4個
- オーロラソース
  【マヨネーズ大さじ3、ケチャップ大さじ1】
- 塩・こしょう…各適量

**作り方**
1. キャベツはせん切りにし、冷水につけてシャキッとさせ、水けをきる。
2. フライパンにオイルを熱し、1を加えて炒め、塩1つまみ(分量外)をふる。
3. キャベツを周りに寄せて真ん中を丸く空け、卵を落とし、お好みのかたさになるまで加熱する。仕上げに塩、こしょう、オーロラソースをかける。

＊作る人数分にあった大きさのフライパンで作り、卵を人数分落としてそのまま出しても！

1人分 **202** kcal

キャベツをもりもり食べられる

## ゆでいんげんと豚しゃぶのごましょうがあえ
**ごはんのおかずにも、おつまみにもぴったり**

**材料(4人分)**
- さやいんげん…8本
- 豚肩ロースしゃぶしゃぶ用肉…200g
- A【白すりごま大さじ2、しょうが(すりおろし)½かけ分、しょうゆ大さじ3、EVオリーブオイル大さじ1】

**作り方**
1. さやいんげんは筋を取ってさっと塩ゆでし、冷水にとる。水けをきり、斜めに切る。豚肉は酒大さじ2(分量外)を加えた1ℓの熱湯でゆでる。
2. Aをボウルに入れて混ぜ合わせ、1を加えてさっとあえる。豚肉がほんのり温かいまま食べても、冷やしてから食べてもおいしい。

1人分 **193** kcal

しょうがが効いてやみつき！

## なすとしいたけのじゃこピザ
**チーズたっぷりで、子どもでも食べやすい**

**材料(4人分)**
- なす(8㎜〜1㎝幅の輪切り)…2本分
- しいたけ(軸を取る)…8個分
- ちりめんじゃこ…大さじ4
- ピザ用チーズ…1カップ
- 万能ねぎ(小口切り)…1本分
- しょうゆ…適量

**作り方**
1. なすはオリーブオイル(分量外)を熱したフライパンで両面焼く。
2. 魚焼きグリルかオーブントースターにホイルを敷き、1のなすをのせる。しいたけをのせる側のホイルに薄くオリーブオイル(分量外)を敷き、しいたけを軸がついていた方を上にしてのせる。
3. なすとしいたけの上にチーズとちりめんじゃこをのせ、チーズがとろけるまで焼く。仕上げに万能ねぎをのせ、しょうゆをかける。

1人分 **107** kcal

一口サイズでかわいい！

## なすの油炒め
**ごまと青じそ、しょうがの風味がアクセント**

**材料(4人分)**
- なす…3本
- サラダ油…大さじ2
- しょうゆ…小さじ2
- 塩…1つまみ
- 白すりごま…大さじ2
- 青じそ(せん切り)…2枚分
- しょうが(すりおろし)…小さじ2

**作り方**
1. なすはヘタを取り、縦に4〜6等分に切る。
2. なすを切ったらすぐにフライパンにサラダ油を入れて熱し、なすを炒める。油が回ってきたら、塩を加えて炒め、仕上げにしょうゆをからめる。
3. 器に2を盛り、ごまをふり、青じそ、しょうがをのせる。

1人分 **101** kcal

なすと油の相性抜群！

# PART 4

## 手軽でヘルシー！
## 卵・豆腐・豆類の作りおきおかず

安くて調理しやすい「卵・豆腐・豆類」の作りおきおかずは、
日持ちはしないけど、冷蔵庫にあるとうれしいもの。
夜食はもちろん、朝食やお弁当にもよく合うおかずを紹介します。

余りものでラクうま 朝ごはん ❶

# ミートソースのせごはんプレート

余ったミートソースを毎日パスタにしていたら飽きてしまいますよね。ご飯の上にキャベツとミートソース、ふんわり卵をのせるだけで、オムライス風ごはんが完成！　朝ごはんに最適です。

 ふわとろの卵とミートソースが合う   総エネルギー **848** kcal

### 鶏スープで冬瓜スープ recipe
〈4人分〉鍋に鶏むね肉のしっとりゆで(P52)のゆで汁600㎖、酒50㎖、塩小さじ¼、しょうゆ大さじ1、細切りにしたスライスベーコン2枚分、皮をむいて種とワタを取り2㎝角に切ったミニ冬瓜を入れて煮込む。最後にごま油小さじ2を加え、こしょうをたっぷりふる（冬瓜がなければ大根やかぶで代用可）。 **82 kcal**

### ふんわり卵 recipe
〈2人分〉ボウルに卵3個、牛乳大さじ1、塩2つまみ、こしょう少々を入れて溶きほぐす。フライパンにバター15gを弱めの中火にかけ、卵液を加えて8秒ほどそのままにし、ゴムベラなどで周りの固まっている所からゆっくり空気を含ませるように混ぜる。 **174 kcal**

### ミートソース ▶▶ P56
卵を崩して、ソースとキャベツと混ぜながらいただきましょう。 **82 kcal**

### memo
**卵をふんわり仕上げるには**
卵をふんわりとさせるポイントは、卵液に牛乳を加えること。そしてフッ素樹脂加工のフライパンを使い、卵液を流し入れたらかき混ぜずに8秒くらい我慢して、周りの火が通ったところからゆっくりゆっくりかき混ぜることです。あと、朝の卵はバターで作るのがやっぱりおいしい！　と私は思います。

### キャベツ炒め recipe
〈2人分〉キャベツの葉大2枚をざく切りにし、オリーブオイル小さじ2を熱したフライパンで炒め、塩2つまみで味をととのえる。 **45 kcal**

### 白ご飯150g **252 kcal**
＊白ご飯を盛り、キャベツ炒めをのせ、ミートソースをかける。上にふんわり卵をのせる。

### バナナとトマトのスムージー recipe
〈2杯分〉バナナ大1本、トマト1個、牛乳2カップ、はちみつ小さじ1〜2（入れなくてもOK）をミキサーにかける。 **213 kcal**

余りものでラクうま 朝ごはん ❷

# 納豆オムレツのおそうざいプレート

休日、家族でゆっくりと食べる朝ごはんをイメージしたワンプレートです。肉も卵も野菜も豆も果物も一皿に盛り、朝から栄養補給を。ご飯とおみそ汁も合わせて、ブランチにも最適。

総エネルギー **909 kcal**

和風のおかずがメインの朝食！

**ごちそうひじき煮 ▶▶P167**
ご飯に合うひじきは、そのまま食べても、ご飯にのせても。
**105 kcal**

**ひたし豆 ▶▶P129**
普段の生活で不足しがちな豆類は、休日こそたっぷりと。
**73 kcal**

**ソーセージ炒め recipe**
〈2人分〉ソーセージ3本を縦半分に切り、フライパンで炒める。
**87 kcal**

**納豆オムレツ ▶▶P74**
納豆は粒のサイズをお好みで選んで。ひきわりでもおいしい。
**143 kcal**

**白いご飯＋鮭フレークペースト ▶▶P200**
白いご飯によく合う鮭フレークは、ちょっと物足りないときに大活躍です。
**319 kcal**

**パイナップルチアシード recipe**
〈2人分〉カットパイン100gにチアシード（水で戻したもの）を1人につき小さじ1ずつかける。
**42 kcal**

**なんでも浅漬け ▶▶P194**
ここではみょうがを使っていますが、お好みの野菜でOK。
**7 kcal**

**豆腐とわかめ、油揚げのみそ汁**
〈2人分〉鍋に和風だし（P72）400mlを入れて沸騰させ、木綿豆腐½丁をちぎって入れ、切った油揚げ½枚分、酒・乾燥わかめ各大さじ1も加えて豆腐が浮くまで煮て火を止め、みそ大さじ2をとく。
**133 kcal**

**memo**
**朝ごはんにちょこっとフルーツを**
家族そろってゆっくり食べる休日の遅めの朝食は、おかずの品数を多めにし、ちょっぴり贅沢な献立に。1週間頑張って疲れた体に、優しい和食の盛り合わせと、最後にちょこっとフルーツを添えてあげれば、酵素やビタミン、ミネラルを摂取でき、腸内環境も整えてくれますよ。

余りものでラクうま 朝ごはん ❸

# ゆで肉スープでにゅうめんの献立

朝から温かい麺類を食べると、胃がぽかぽかと温まり体が目覚めます。やわらかいにゅうめんなら消化もよいので、朝に食べても重くなりすぎません。体に優しい食材を入れて作りましょう。

食欲のない朝も食べやすい！

総エネルギー
**588 kcal**

### ゆで肉スープでにゅうめん recipe

〈2人分〉鍋に鶏むね肉のしっとりゆで（P52）のゆで汁800㎖（足りなければお好みのだし（P72,73）を足す）、麺つゆダレ（P199）½カップ、酒50㎖、しょうゆ大さじ2、塩小さじ½、一口大に切ったトマト1個分を加えて煮立てる。水溶き片栗粉50㎖を加えてとろみをつけ、溶き卵2個分を流し入れ、ゆでた冷麦2束、4㎝幅に切ったゆで小松菜（P16）⅓束分、ほぐした鶏むね肉のしっとりゆで適量を加える。　**564 kcal**

### いちじくはちみつミント recipe

〈2人分〉いちじく1個を4等分に切り、はちみつを2～3滴かけ、ミント適量をのせる。　**24 kcal**

### memo
**ゆで肉スープ活用法**

朝食には温かいものを食べたいので、我が家の朝食はにゅうめん率が高めです。胃が温まり、体も優しく目覚めます。和風だしのにゅうめんも美味しいですが、たまにはゆで肉のスープで作ってみるのはいかがでしょう？　しょうがやねぎのだしが効いたスープが、にゅうめんにぴったり。トマトや小松菜を加えて野菜もたっぷりです。

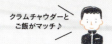

余りものでラクうま 朝ごはん ❹

# クラムライスプレート

総エネルギー
**916 kcal**

クラムチャウダーとご飯を軽く煮込んだ、リゾット風の一品をメインにしたプレートです。
ご飯がやわらかいので、食欲のない朝でもOK。たっぷりのサラダと自家製ジャムのヨーグルトを添えて。

### ヨーグルト＋すももジャム recipe

〈作りやすい分量〉皮をよく洗い、2cm角に切ったすもも4個分（皮と種も捨てずに入れる）を耐熱ボウルに入れ、レモンの搾り汁大さじ2、砂糖50gをまぶして15分ほどおく。ラップをかけて電子レンジで5分加熱し、1度混ぜさらに3分加熱する（冷めるととろりとします）。

**146 kcal**

### memo ジャムは電子レンジで簡単に作れます

ジャムは市販のものを買ってもなかなか食べ切れないので、旬の果物で少量作って食べ切り、また次の旬の果物で作るというように、自分好みに作って食べるのがおすすめ。少量作るには電子レンジを使用するのが簡単。煮崩れしすぎないのでコンポート風にあっさりと仕上がります。特にすもものジャムは色もきれいで気に入っています。

### ゆで野菜とサラミ、ゆで卵サラダ recipe

〈2人分〉ボウルにざく切りにしたゆでキャベツ（P16）2枚分、ゆでグリーンピース大さじ2、半分の長さに切ったゆでアスパラ4本分を入れてEVオリーブオイル大さじ1、塩2つまみ、こしょう少々であえる。ソフトサラミ4枚とゆで卵1個を半分に切り、添える。

**255 kcal**

### クラムライス recipe

〈2人分〉鍋にクラムチャウダー（P188）1½カップ、ご飯軽く2膳を入れて火にかけ、沸騰したら弱火で5分ほど煮込む。ご飯がスープを吸ったら牛乳適量でのばす。

**515 kcal**

## 卵のおかず

人気おかずのおいしい作り方

豪華な卵焼き！

口の中で旨味が広がる！

えびも入って具だくさん

# ふくさ焼き

えびやしいたけ、三つ葉など贅沢な具材を入れたおもてなしにも最適な卵焼き。日持ちするように少し固めに仕上げました。

1人分 187kcal / 冷蔵 4日間 / 冷凍 1ヶ月

### ● 材料（4人分）

- 卵…6個
- 酒…大さじ1½
- 塩…小さじ½
- 干ししいたけ（水で戻す）…3枚
- にんじん…⅓本
- 三つ葉…½束
- えび（むき身）…100g
  （かに風味かまぼこでも可）
- ごま油…適量

### ● 作り方

**1 材料を切る**

干ししいたけは薄切りにし、にんじんはせん切り、三つ葉は3cmのざく切り、えびは半分の厚みに切る。

**2 型にオーブンペーパーを敷く**

オーブン対応の型（ホーローなどの耐熱容器でも可）にオーブン用シートを敷く。

**3 卵液を作る**

ボウルに卵を溶きほぐし、酒と塩、1の具を加えて混ぜる。

**4 生地を流し入れる**

2のオーブン用シート全体にごま油をぬり、全体にのばして3を流し入れる。

**5 オーブンで焼く**

170℃のオーブンで50分ほど焼く。途中、表面が焦げそうになったら、アルミホイルを上にかぶせる。

**6 切り分ける**

焼き上がったら、粗熱を取って型からはずし、切り分ける。

卵のおかず

## 卵焼き
お弁当に入れる場合は、中までしっかり火を通して

〝大根おろしでさっぱりと！〟

### 材料（4人分）
卵…6個
サラダ油…適量
大根おろし…⅓本分
A【砂糖大さじ1½、酒大さじ1、しょうゆ（またはだしじょうゆ）大さじ½、塩1つまみ】

### 作り方
1 卵をボウルに割り入れ、Aを加えてから軽く溶きほぐす。
2 卵焼き器をよく熱してからサラダ油をひき、1の卵液を流し入れる。
3 火が通り始めたら、表面が乾く前に向こう側から手前に巻き寄せる。卵焼きを奥にずらし、空いている所に油をぬり、卵焼きを持ち上げ、下にも油をぬる。
4 卵液を流し入れ、卵焼きを持ち上げ下にも流し入れる。
5 火が通り始めたら手前に巻く。
6 3～5を繰り返し、色よく焼きあげ、食べやすい厚さに切る。大根おろしを添える。

＊おすすめ！小さなおかず＊

 ぶりの照り焼き →P108
 白みそと酒粕の豚汁 →P191

〝ほんのり甘い定番の味〟

1人分 177 kcal ／ 冷蔵 3日間 ／ 冷凍 1ヶ月

## 味たまご
かつお節やしょうゆ、昆布だしでじっくり味つけを

〝昆布とかつおのだしが染みてる〟
〝おかずはもちろんおつまみにも！〟

### 材料（4人分）
卵…8個
A【しょうゆ大さじ4、みりん（煮切ったもの）大さじ2、砂糖大さじ1½、昆布10cm長さ1枚、かつお節大さじ2】

### 作り方
1 卵は熱湯に入れて10分ほどゆで、殻をむく。かつお節は不織布のお茶袋に入れる。
2 小鍋にAを入れ、砂糖が溶けるよう、煮立たせる。
3 密閉保存袋に2と1の卵を入れ、しっかりと空気を抜き、袋を閉じて冷蔵庫で一晩寝かせる。

＊おすすめ！小さなおかず＊

 大根と豚ばら肉の和風だし煮 →P155
 しいたけの肉詰めフライ →P165

1人分 201 kcal ／ 冷蔵 4日間 ／ 冷凍 2週間

## アジア風牛肉オムレツ

お肉と混ぜて作るから、しっとりジューシーに

### 材料（4人分）
卵…4個
牛こま切れ肉…200g
ナンプラー…小さじ2
（しょうゆでも可）
こしょう…少々
万能ねぎ（小口切り）…2本分
（お好みでパクチーでも可）
サラダ油…小さじ2

### 作り方
1 牛肉にナンプラーとこしょうをもみ込む。
2 ボウルに1、卵、万能ねぎを入れて混ぜる。
3 フライパンにサラダ油を熱し、2を一気に流し入れて炒め、オムレツを作る。

 そのままでもおいしいですが、スイートチリソース（P197）などをつけて食べるとよりアジア風。

\* おすすめ！小さなおかず \*

 レモンなます →P156　　 ヤムウンセン →P172

1人分 225kcal　冷蔵4日間　冷凍1ヶ月

## じゃがいもとハムのスペイン風オムレツ

朝ごはんにもぴったりな優しい味わい

### 材料（4人分）
卵…6個
じゃがいも…中2個
ハム…4枚
玉ねぎ（薄切り）…½個分
塩・こしょう…各少々
A【粉チーズ大さじ3、牛乳大さじ1、塩1つまみ、こしょう少々】
イタリアンパセリ（葉を摘む）…3枝分
オリーブオイル…大さじ2

### 作り方
1 じゃがいもは皮をむき、2cm角に切り、水にさらして電子レンジで3分加熱する。ハムは2cm四方に切る。
2 フライパンにオリーブオイル大さじ1を熱し、玉ねぎを炒め、しんなりしたら1を加えて炒め、塩、こしょうをふる。
3 ボウルに卵を溶きほぐし、A、2、イタリアンパセリを入れさっと混ぜる。
4 フライパンにオリーブオイル大さじ1を中火で熱し、3を流し入れ、ゆっくりと混ぜる。弱火にして蓋をし、表面が固まりかけるまでじっくり加熱する。
5 片面が焼けたら裏返して、弱めの中火で焼き上げる。

1人分 290kcal　冷蔵4日間　冷凍1ヶ月

## にんじんとツナの卵炒め

ツナの風味が広がる！

ごま油で炒めると、風味とコクがアップ

### 材料（4人分）
- にんじん…中1本
- ツナ（油漬け）…小1缶
- 万能ねぎ（小口切り）…3本分
- 卵…3個
- A【しょうゆ小さじ2、砂糖1つまみ】
- 塩…1つまみ
- こしょう…少々
- 太白ごま油…小さじ2

### 作り方
1. にんじんは細切りにし、ツナは油をきる。
2. ボウルに卵を割り入れ、Aを加えて軽く溶きほぐす。
3. フライパンにごま油を熱し、1のにんじんを炒め、しんなりしてきたらツナを加え、塩、こしょうをふって、炒める。
4. 3に2を加えて8秒ほど動かさず、ゆっくりとふんわり炒め、万能ねぎを加える。

＊おすすめ！小さなおかず＊

 棒棒鶏 →P83

 切り干し大根の甘酢あえ →P166

1人分 144kcal ／ 冷蔵 4日間 ／ 冷凍 1ヶ月

にんじんをたくさん食べられる

卵のおかず

---

## 茶碗蒸し

ゆりねや銀杏を入れても

上品な味つけでおもてなしにも

しっとりなめらか卵の食感が絶品！

### 材料（4人分）
- 鶏もも肉…100g
- A【塩少々、しょうゆ・酒各小さじ1】
- えび…中4尾
- かまぼこ…4切れ
- しいたけ…2個
- 卵…L3個
- 和風だし（P72）…450㎖
- 薄口しょうゆ…小さじ3
- 三つ葉…適量

### 作り方
1. 鶏肉は一口大に切り、Aをもみ込む。えびは殻をむいて背ワタを取り、半分の厚みにする。しいたけは縦十字に切り、かまぼこは薄切りにして半分に切る。
2. ボウルに卵を割りほぐし、和風だし、薄口しょうゆの順に加えてよく混ぜ合わせ、ザルでこす。
3. 器に1を入れ、2を注ぎ、三つ葉をのせ、蒸気の上がった蒸し器に入れて蓋をする。強めの中火にして3分加熱し、弱火にして7〜10分ほど加熱する。時々蓋を開けて蒸気を逃すとすができにくくなる。

**調理のコツ**　蒸し器の蓋の内側には布をかぶせ、中の卵液に水滴を落とさないようにするのがコツ。竹串を真ん中に刺して、透明の澄んだ汁が上がってくれば完成。

1人分 140kcal ／ 冷蔵 3日間 ／ 冷凍 1ヶ月（卵液のみ）

## 大阪風いか焼き
**大きく仕上がり、ボリューム満点のおかず！**

噛むたびに旨味が広がる

### 材料（4人分）
- するめいか…1杯
- A【薄力粉½カップ、和風だし(P72)100mℓ強、塩1つまみ】
- サラダ油…小さじ4
- 卵…2個
- お好み焼きソース(市販)…適量
- 万能ねぎ(小口切り)…適量
- マヨネーズ…適量

### 作り方
1. いかは皮と内臓を取り除き、1cm角に切る。Aはよく混ぜておく。
2. フライパンにサラダ油小さじ2を熱し、いかを炒め、半分くらい火が通ったところでAをいかの上に流し両面焼く。
3. 2の上に卵を割り入れてつぶし、形を整えながらひっくり返し、卵を焼く。ヘラなどで形を丸く整える。
4. 上にソースをたっぷりぬり、万能ねぎ、マヨネーズをのせ、半分に折る。表面にもソースをさっとぬり、マヨネーズ、万能ねぎをかける。

1人分 223 kcal / 冷蔵 4日間 / 冷凍 1ヶ月（このまま冷凍可）

**調理のコツ**　ねぎは薄く輪切りにしたら、氷水に5分ほどさらして。ねぎをたっぷりトッピングして食べると美味。

## ズッキーニとコーンとトマトの卵パイ
**パイシートの中に具材をたっぷり詰めて**

サクサクの食感がいい！　お弁当のおかずにしても！

### 材料（4人分）
- 卵…6個
- A【ズッキーニ1本、ミニトマト1パック、玉ねぎ½個、とうもろこし1本（冷凍コーンやコーンの缶詰でも可）、黒オリーブ25g、バジル20枚、スライスベーコン5枚、ツナ小1缶】
- 塩・こしょう…各少々
- 冷凍パイシート…3枚
- ピザ用チーズ…約200g

### 作り方
1. Aのズッキーニは半月切り、ミニトマトは横半分に切る。玉ねぎは半分に切って薄切り、とうもろこしは実をこそげ取る。黒オリーブは輪切りにし、バジルは細かく切る。ベーコンは細切りにする。卵は溶きほぐし、塩、こしょうをふっておく。オーブンを220℃に熱しておく。
2. 天板にオーブン用シートを広げ、パイシートを敷き、パイの表面にフォークで穴を開ける。Aとチーズをのせ、卵を回しかけたら、オーブンで15分～20分ほど焼く。

1人分 795 kcal / 冷蔵 4日間 / 冷凍 1ヶ月

**調理のコツ**　ラップで包み、冷凍用保存袋に入れて冷凍。食べるときは凍ったままホイルに包みトースターで加熱。

## かに玉
中華だしで作るとろみのあるタレが相性抜群

具材の旨味が卵に合う！　ふんわりした口当たり！

### 材料（4人分）
卵…4個
長ねぎ…¼本
しいたけ…1個
三つ葉…¼束
かに（むき身）…50g
塩…少々
ごま油…大さじ3
タレ（作りやすい分量約4人分）
【中華だし（P73）400㎖、酒・砂糖・しょうゆ各大さじ3、塩小さじ½、水溶き片栗粉大さじ4、ごま油小さじ2】

### 作り方
1 タレを作る。鍋に中華だし、酒を入れ煮立たせたら、砂糖、しょうゆ、塩を加え、再び煮立ったら、水溶き片栗粉を入れとろみをつけて、しばらく沸騰させておく。最後にごま油を入れ火を止める。
2 長ねぎは斜め薄切り、しいたけは薄切り、三つ葉は2㎝幅に切り、茎と葉を分けておく。かにはほぐしておき、卵は軽く混ぜておく。
3 フライパンにごま油大さじ1を熱し、長ねぎ、しいたけ、三つ葉の茎をさっと炒め、2の卵液に入れ、さっと混ぜ、かに、三つ葉の葉も加える。
4 フライパンにごま油大さじ2を熱し、3の卵液を流し入れ、空気を含ませるようにやさしく炒める。

／盛りつけ例＼
**優しい食感の卵にタレをかけて**
かに玉とタレはそれぞれ温める。器に盛り、タレをかけていただく。

## 親子煮
しいたけから出る旨味が食欲をそそる

ご飯にのせて丼にしても！　三つ葉を散らして鮮やかに！

### 材料（4人分）
卵…4個
鶏もも肉…大1枚
サラダ油…小さじ1
玉ねぎ（薄切り）…½個分
しいたけ（薄切り）…3枚分
にんじん（細切り）…½本分
A【だし汁50㎖、酒大さじ2、しょうゆ・砂糖各大さじ1、みりん小さじ2】
三つ葉（ざく切り）…½束分

### 作り方
1 鶏肉は一口大に切り、塩小さじ½（分量外）をまぶす。卵は溶いておく。
2 フライパンにサラダ油を熱し、1の鶏肉を皮目から入れ、カリカリに焼き、鶏の脂が多く出たらペーパータオルで拭き取る。玉ねぎ、しいたけ、にんじん、Aを入れて煮込む。
3 玉ねぎがしんなりしたら、1の卵を流し入れ、蓋をし、卵が固まるまで待つ。最後に三つ葉を散らす。

卵のおかず

1人分 256kcal　冷蔵4日間　冷凍1ヶ月

1人分 273kcal　冷蔵4日間　冷凍1ヶ月

豆の おかず

人気おかずのおいしい作り方

# チリコンカン

たっぷりの肉と豆、トマトなどを煮込んだアメリカ料理のチリコンカン。
赤ワインやケチャップで煮た濃厚なソースが美味で、ご飯にのせてもパンに挟んでもおいしいです。

1人分 387 kcal ／ 冷蔵 4日間 ／ 冷凍 1ヶ月

## ・材料（4人分）

合びき肉…150g
にんにく…1かけ
玉ねぎ…1個
ブロックベーコン…70g
オリーブオイル…大さじ1
A【赤ワイン50㎖、ホールトマト缶1缶】
B【キドニービーンズ1缶、トマトケチャップ大さじ3】
C【クミンシード小さじ1、チリパウダー小さじ½、カイエンヌペッパー小さじ¼】
塩・こしょう…各少々

## ・作り方

### 1 材料を切る

にんにく、玉ねぎはみじん切り、ブロックベーコンは粗みじん切りにする。

### 2 焦がさないように炒める

フライパンにオリーブオイル、にんにく、ベーコンを入れて熱し、弱めの中火でじっくり炒める。

### 3 ひき肉と玉ねぎを炒める

2に合びき肉を入れて炒め、肉の色が変わったら玉ねぎを加えて炒める。

### 4 Aを加えて煮る

玉ねぎが透明になってきたら、Aを加えて蓋をし、弱火で20分ほど煮る。

### 5 Bを加える

Bを加えて混ぜ、さっと煮込む。

### 6 Cを加えて仕上げる

Cを入れて10分ほど煮込み、塩、こしょうで味をととのえる。

## ひたし豆

青大豆をかつお昆布のだしでゆで上げる

### 材料（4人分）
青大豆（乾燥）…200ｇ（なければ大豆で代用可）
**A**【だし汁（かつお昆布）600㎖、酒・みりん各大さじ2、薄口しょうゆ大さじ1½、塩小さじ1½】

### 作り方
1 ザルに青大豆を入れ、さっと2回ほど洗い、ボウルに入れ、たっぷりの水を注いで半日ほどおく。
2 1をそのまま鍋に入れて火にかけ、塩小さじ½（分量外）を入れて沸騰したら弱火にし、アクを取りながら豆が水から出ないように30分ほどゆでる。
3 別の鍋に**A**を入れて煮立てる。
4 2がゆで上がったら、ザルにあげて水けをきり、3に加え、1～2分弱火で煮る。

＊おすすめ！小さなおかず＊

 れんこんの
もちもち揚げ
→P153

 えびワンタンと
レタスのスープ
→P190

1人分 **218** kcal  冷蔵 1週間  冷凍 1ヶ月

---

## 金時豆の甘煮

砂糖の優しい甘さが染みわたる

### 材料（4人分）
金時豆（乾燥）…1カップ　　塩…2つまみ
砂糖…130～150g（お好みで調整を）

### 作り方
1 金時豆はさっと洗い、1ℓの水につけて半日おく。
2 1の金時豆を鍋に入れ、ひたひたの水を加えて火にかけ、落とし蓋をする。沸騰したら、弱火にし、アクをしっかりと取り除きながら、5分ほどゆでる。
3 2を一度ゆでこぼし、水をたっぷりと入れ、火にかける。沸騰したら弱火で1～1時間半ほどゆでる。
4 3のゆで汁を豆がひたひたになるくらいまで減らし、砂糖を半量入れて15分ほどゆで、残りの砂糖を入れて、さらに15分ほど煮る。豆がやわらかくなり、煮汁がほぼなくなるくらいまで弱火で煮て、最後に塩を加える。火を止めて、そのまま冷まし、味を煮含める。

＊おすすめ！小さなおかず＊

 筑前煮
→P152

 きのこ春巻き
→P164

1人分 **258** kcal  冷蔵 1週間  冷凍 1ヶ月

豆のおかず

昆布の旨味が染みてる！

1人分 208 kcal ／ 冷蔵 1週間 ／ 冷凍 1ヶ月

## 五目豆煮
**大豆とにんじん、しいたけなど具だくさん！**

いろいろな食感が楽しめる！

### 材料（4人分）
- 大豆…1カップ
- にんじん…中1本
- 干ししいたけ…3枚
- こんにゃく…½枚
- 昆布（10cm角）…1枚
- 塩…少々
- しょうゆ・みりん
  …各大さじ3

### 作り方
1. 大豆はさっと水で洗い、塩少々を加えた水600mℓ（分量外）に漬けて半日ほどおく。
2. 1を漬け汁ごと厚手の鍋に入れ、中火にかけて沸騰したら弱火にし、泡とアクをしっかりと取る。水が減ったら足して1時間ほど煮る。
3. にんじんは皮をむいて8mm角に切り、干ししいたけは水で戻し、軸を取り除いて8mm角に切る。こんにゃくは8mm角にして下ゆでする。昆布は水で戻し、1.5cm角に切る。
4. 2に3を入れ、しょうゆ、みりんを加え、にんじんがやわらかくなり、汁けがなくなるまで煮る。火を止めて、そのまま冷まし、味を含める。

**保存のコツ**　可愛い密閉瓶やホーロー容器で保存すれば、取り分け用のスプーンを添えてそのまま出せるので便利。

枝豆の香りが優しく広がる　　食欲がないときも食べやすい

1人分 78 kcal ／ 冷蔵 3日間 ／ 冷凍 1ヶ月

## ふわふわ枝豆豆腐
**豆乳入りのクリーミー生地はなめらかな食感**

### 材料（4人分）
- 枝豆…150g（ゆでてさやをむいた可食部）
- 豆乳・和風だし（P72）…各200mℓ
- 粉寒天…4g
- A【薄口しょうゆ…小さじ1　塩・みりん…各小さじ½】

### 作り方
1. 枝豆はゆで、さやから豆を取り出し、豆乳、だし汁とともにミキサーにかける。
2. 1を小鍋に移し、粉寒天を加えてよく混ぜ、2〜3分ほど温める。Aを加えてひと煮立ちさせ、バットなどに入れて粗熱が取れたら、冷蔵庫で冷やし固める。

**盛りつけ例**

**EVオリーブオイルで洋風に**
EVオリーブオイル小さじ1を回しかけ、塩、こしょう各少々をふっていただく。

＊おすすめ！小さなおかず＊

 さばの竜田揚げ →P109

 五目きんぴら →P157

## 青大豆とれんこん、えびの明太マヨあえ

明太マヨが後を引くおいしさ

れんこんの歯ごたえが楽しい一品

### 材料（4人分）
- ゆでた青大豆（P129）…1カップ
- れんこん…小1串（約160g）
- ゆでえび…8尾
- A【マヨネーズ大さじ3、明太子（ほぐし身）大さじ2、塩2つまみ、こしょう少々】

### 作り方
1. れんこんは薄く半月切りにし、酢水に5分ほどつける。酢を入れた熱湯でゆで、粗熱を取る。えびは半分の厚みに切る。
2. ボウルに水けをきった青大豆、1、Aを入れてあえる。

＊おすすめ！ 小さなおかず＊

 ミートクリームコロッケ →P99

 にんじんとかぼちゃのクリームスープ →P190

1人分 198kcal ／ 冷蔵3日間 ／ 冷凍2週間

れんこんの歯応えを楽しんで

豆のおかず

## カスレ

白いんげん豆と肉を煮込んだフランスの名物料理

### 材料（4人分）
- 白いんげん豆…1カップ
- 豚肩ロースかたまり肉…400g
- 塩…大さじ1
- こしょう…少々
- A【ブロックベーコン50g、玉ねぎ1個、にんじん・セロリ各1本】
- EVオリーブオイル…大さじ2
- にんにく（つぶす）…1かけ分
- B【白ワイン・水各100ml、ホールトマト缶（手でつぶす）1缶、ローリエ1枚】
- ウインナー…6本
- バター…20g
- パン粉…大さじ2

### 作り方
1. 白いんげん豆は水でさっと洗い、たっぷりの水に一晩つけ、水ごと鍋に移し、弱火にかける。アクを取りながら水が減ったら足し、30分ほどゆでる。
2. 豚肉は2cm角に切り、塩、こしょうをもみ込む。Aのベーコンは5mm幅に切り、玉ねぎ、にんじんは1cmの角切り、セロリは筋を取って薄切りにする。
3. 鍋にオリーブオイルとにんにくを入れて火にかけ、豚肉を焼き色がつくように焼く。Aを加えて透明感が出るまで炒め、塩2つまみ（分量外）を加え、Bを加えて20〜30分ほど煮る。オーブンを230℃に温める。
4. 3の鍋にウインナーと1の白いんげん豆を加えてさっと煮込み、塩、こしょう各少々（分量外）で味をととのえる。
5. 4をバターをぬった耐熱容器に入れ、ちぎったバターとパン粉をのせて220℃に下げたオーブンで15分ほど焼く。

具だくさんで食べ応えしっかり

白いんげん豆は缶詰でもOK

1人分 641kcal ／ 冷蔵4日間 ／ 冷凍1ヶ月

## 豆腐のおかず

人気おかずのおいしい作り方

# 五目白あえ

やわらかく煮込んだ具材に、なめらかな豆腐と白ごまのソースをあえた白あえは、朝からでも食べられる一品です。具だくさんなのでたっぷり盛りつけて、主役のおかずにも。

1人分 238 kcal

 4日間
 1ヶ月
（こんにゃくの食感は変わる）

### ・材料（4人分）

油揚げ…1枚
こんにゃく…½枚
にんじん…½本
ゆで枝豆…1カップ
ゆでとうもろこし…1本分
**A**【和風だし（P72）100㎖、砂糖・薄口しょうゆ小さじ2】
絹ごし豆腐…1丁
**B**【砂糖大さじ1½、塩小さじ1、酢大さじ1、白ごまペースト大さじ2】

### ・作り方

**1 油抜きをする**

油揚げはペーパータオルに包んで、押すように軽く油抜きをし、縦半分に切ってから短冊切りにする。

**2 材料を切る**

こんにゃく、にんじんは4㎝長さの細切りに、枝豆はさやから取り出す。とうもろこしは実をこそげ取る。

**3 材料を煮る**

鍋に油揚げ、こんにゃく、にんじん、**A**を入れて弱めの中火にかけ、にんじんがやわらかくなるまで煮る。

**4 あえ衣を作る**

フードプロセッサーに水きりした豆腐を入れてなめらかにし（すり鉢でもOK）、**B**を加えて混ぜる。

**5 あえる**

ボウルに**4**、しっかり汁けをきった**3**、枝豆、とうもろこしを入れてあえる。

 調理のコツ
あえ衣はフードプロセッサーがなければ、すり鉢で混ぜてもOK。すり鉢もない場合は、ボウルに入れてフォークでつぶすといいでしょう。

## 肉豆腐

温泉卵をほぐしてからめて食べるのが美味

### 材料（4人分）
- 牛こま切れ肉…250g
- 焼き豆腐（6等分に切る）…2丁分
- 玉ねぎ（半分に切って薄切り）…大1個分
- A【砂糖大さじ5、しょうゆ100ml、酒50ml】
- しょうゆ・みりん…各大さじ2
- 温泉卵…4個
- 三つ葉…1束

### 作り方
1. 鍋にAを煮立てて、豆腐、玉ねぎ、半量の牛肉を入れ、水分を飛ばすように弱めの中火で煮込む。
2. 豆腐に味が染みてきたら、残りの牛肉を入れて煮込み、最後にしょうゆ、みりんを加え、5分ほど煮込む。
3. 器に2を盛り、温泉卵と三つ葉を添える。

＊おすすめ！小さなおかず＊

 たたきごぼう →P157　 ひじきとささみのサラダ →P173

豆腐のおかず

1人分 489kcal　冷蔵4日間　冷凍1ヶ月（豆腐の食感は変わる）

---

## 焼き油揚げの香味梅あえ

細かく叩いた梅肉ソースですっきりと

### 材料（4人分）
- 油揚げ…2枚（厚めのもの）
- せり…1束
- 三つ葉…1束
- みょうが…2本
- A【梅干し（包丁で叩く）2個分、みりん大さじ2、薄口しょうゆ・ごま油各小さじ2】
- 白すりごま…大さじ2

### 作り方
1. 油揚げはトースターできつね色になるまで焼き、短冊切りにする。せりと三つ葉は4cm幅に切り、みょうがは縦半分に切って薄切りにする。せり、三つ葉、みょうがは冷水につけてシャキッとさせ、水けをきっておく。
2. ボウルにAを入れて混ぜ、1、白ごまを加え、さっとあえる。

＊おすすめ！小さなおかず＊

  鶏むね肉のしっとりゆで →P52　 えびワンタンとレタスのスープ →P190

1人分 158kcal　冷蔵4日間　冷凍NG

一口サイズで食べやすい／コチュジャンのタレが合う！

1人分 134 kcal ／ 冷蔵 4日間 ／ 冷凍 NG

## 豆腐のジョン
韓国料理のチヂミを豆腐でアレンジ！

材料（4人分）
木綿豆腐…1丁
赤ピーマン・春菊…各適量
薄力粉…適量
溶き卵…1個分
ごま油…適量
コチュジャンダレ
【コチュジャン・砂糖各大さじ1、酢大さじ2】

作り方
1 豆腐は水きりして8等分に切る。赤ピーマンは2〜3cm四方に切り、春菊は小さな葉を摘む。
2 1の豆腐の水分を拭き取り、薄力粉を薄くまぶす。
3 フライパンにごま油を熱し、溶き卵にくぐらせた2を並べ入れ、赤ピーマンと春菊の葉をのせる。弱めの中火で2〜3分焼き、裏返してさっと焼く。再び裏返してさっと焼く。
4 器に3を盛り、混ぜ合わせたコチュジャンダレを添える。

食べ方のコツ：赤ピーマンと春菊はなくてもOK。タレに小口切りにした万能ねぎを混ぜ、ジョンにのせても◎。

＊おすすめ！小さなおかず＊

かぶときゅうりとミニトマトのピクルス→P153

チャプチェ→P167

---

ふわっとした口当たり！／しょうがしょうゆがよく合う

1人分 188 kcal ／ 冷蔵 4日間 ／ 冷凍 1ヶ月

## 豆腐とひじきの揚げ団子
外側はカリッ、内側はしっとりの食感を楽しむ

材料（4人分）
絹ごし豆腐…1丁
ひじき…大さじ2
さやいんげん…6本
にんじん…⅓本
鶏ももひき肉…250g
A【塩小さじ½、砂糖1つまみ、片栗粉大さじ2】
揚げ油…適量
B【しょうが（すりおろし）、しょうゆ各適量】

作り方
1 豆腐は水きりし、ひじきは水で戻す。さやいんげんはさっと塩ゆでして5mm長さに切り、にんじんは皮をむいて2mm幅の細切りにする。
2 ボウルに1、ひき肉、Aを入れて粘りが出るまでよく混ぜる。
3 180℃に熱した揚げ油に2をスプーンですくって落とし、カラッと揚げる。
4 器に3を盛り、Bをつけて食べる。

＊おすすめ！小さなおかず＊

ふくさ焼き→P122

小松菜といかの梅あえ→P150

## 厚揚げの肉巻きカツ
ジューシーな豚ばら肉をたっぷり詰めた揚げ物

### 材料（4人分）
厚揚げ…1枚
豚ばら薄切り肉…8枚
塩・こしょう…各少々
薄力粉・溶き卵・パン粉・揚げ油…各適量

### 作り方
1. 厚揚げはさっと熱湯をかけて油抜きをし、水けをふく。8等分に切って豚肉をぎゅっと巻き、塩、こしょうを強めにふる。
2. 1に薄力粉、溶き卵、パン粉の順に衣をつけ、180℃の揚げ油で揚げる。

**食べ方のコツ**：揚げる際に油で塩けが薄くなりやすいので、豆腐など淡白な素材は下味をしっかりつけるのがポイント。トマトソース（P197）をかけて食べるとおいしい。

#### ＊おすすめ！小さなおかず＊

 いんげんのごまみそあえ →P148

 春菊とくるみ、じゃこのサラダ →P171

薄切り肉でもボリューミー
厚揚げだから揚げ時間も短め

豆腐のおかず

1人分 365kcal ／ 冷蔵4日間 ／ 冷凍1ヶ月

---

## 豆腐の中華マリネ
ジャーに入れて混ぜ、漬け込むだけの簡単レシピ

### 材料（4人分）
木綿豆腐…1丁
オイスターソース…小さじ1
塩…3つまみ
しょうゆ…小さじ2
にんにく（みじん切り）…½かけ分
唐辛子…1本
太白ごま油…適量（ひたひたになる位）

### 作り方
1. 豆腐はしっかりと水きりし、2cm角に切る。
2. 保存瓶に全ての材料を入れ、半日ほど漬け込む。時々保存瓶をふり、よく混ぜる。
3. 食べるときは油をきってから食べる。

**調理のコツ**：太白ごま油がない場合は、サラダ油に普通のごま油を大さじ1ほど入れて代用してもOK。

#### ＊おすすめ！小さなおかず＊

 野菜と黒酢の酢豚 →P89

 きのことささみのホイル焼き →P165

豆腐はしっかり水きりしてから！
サラダなどに入れても！

1人分 66kcal ／ 冷蔵1週間 ／ 冷凍NG

## おからといかの煮物

いかのだしがよく染みこんだ、ご飯にも合う一品

**材料**（4人分）
おから…200g
するめいか…1杯
絹さや…8枚
長ねぎ（薄切り）…1本分
A【干ししいたけ（水で戻し、細切り）2枚、にんじん（細切り）⅓本分、こんにゃく（細切り）¼枚分、油揚げ（湯通しし、細切り）1枚分】
サラダ油…大さじ1
B【しょうゆ大さじ3、砂糖大さじ3½、酒・みりん各大さじ1】
和風だし（P72）…200㎖

**作り方**
1 いかは皮をむき、内臓を取り除いて8mm角に切る。絹さやは筋を取り、塩ゆでして冷水にとり、斜め細切りにする。
2 フライパンにサラダ油を熱し、長ねぎを炒め、しんなりしてきたら、Aといかを加えて炒める。油が回ったら、おから、和風だしを加えておからがポロポロになるまで炒める。
3 2にBを加え、汁けがなくなるまで炒め、絹さやを加える。

＊おすすめ！小さなおかず＊

 鮭のちゃんちゃんホイル焼き →P105

 パプリカのオイル漬け →P151

## 厚揚げのケチャップ炒め

甘しょっぱいソースで満足度アップ！

**材料**（4人分）
厚揚げ…2枚
玉ねぎ（みじん切り）…½個分
サラダ油…小さじ2
A【酒大さじ2、トマトケチャップ½カップ、しょうゆ大さじ1½、砂糖2つまみ】
長ねぎ（小口切り）…½本分

**作り方**
1 厚揚げは横半分に切り、縦に5mm幅に切る。
2 フライパンにサラダ油を熱し、1と玉ねぎを炒め、Aを加えて炒める。
3 仕上げに長ねぎを散らす。

 **調理のコツ** 時間があるときは、厚揚げをさっと湯通ししてから炒めて。余分な油が取れてすっきりといただけます。

＊おすすめ！小さなおかず＊

 かぶときゅうりとミニトマトのピクルス→P153

 ポテトサラダ →P172

## お揚げの宝煮

油揚げにお餅を入れたご馳走メニュー

だしがじゅわ〜っと広がる！

切り餅を入れて食べ応えアップ

豆腐のおかず

### 材料（4人分）
- 油揚げ…4枚
- しいたけ…4枚
- 切り餅…2枚
- かまぼこ（3mm幅のスライス）…4枚分
- 三つ葉…1束
- かんぴょう…20cm幅8枚
- A【和風だし（P72）400ml、塩2つまみ、みりん大さじ2、酒大さじ3、しょうゆ・砂糖各大さじ1】

### 作り方
1. 油揚げは余分な油を拭き、半分に切って袋状になるように開く。しいたけは軸を取って薄切り、餅は8等分に切る。かまぼこは細切り、三つ葉は3cm幅に切る。かんぴょうは戻しておく。
2. 油揚げにしいたけ、餅、かまぼこ、三つ葉を入れて、かんぴょうでしばる。
3. 鍋にAを入れて煮立て、2を加えて弱火で10分ほど煮る。

**保存のコツ**：冷凍用保存袋に重ならないように平らに入れて冷凍を。食べる際は冷蔵庫で解凍し、電子レンジで1分20秒〜30秒温めるのがおすすめです。

1人分 **241 kcal** ／ 冷蔵 4日間 ／ 冷凍 1ヶ月

## がんも煮

和風だしの染みた、まろやかな味わい

がんもどきに味が染みて美味！

ご飯によく合う和のおかず

### 材料（4人分）
- がんもどき（小さめ）…12個
- にんじん…1本
- さやいんげん…8本
- A【和風だし（P72）400ml、砂糖・しょうゆ・みりん・酒各大さじ2、塩小さじ⅓】
- しょうゆ…小さじ2
- みりん…大さじ1

### 作り方
1. がんもどきは熱湯をさっと回しかけて油抜きする。にんじんは皮をむいて乱切り、いんげんは筋を取り、塩ゆでして冷水にとり、3等分に切る。
2. 鍋にAとにんじんを入れて煮立て、がんもどきを加えて落とし蓋をし、弱火でにんじんがやわらかくなるまで煮る。
3. 2にいんげんを加えてさっと煮、仕上げにしょうゆ、みりんを加えてさっと煮立てる。

＊おすすめ！小さなおかず＊

 豚の五目春巻き →P91

 春菊とちくわのナムル →P149

1人分 **465 kcal** ／ 冷蔵 4日間 ／ 冷凍 1ヶ月

## column
# 一品で終わらせたいときの丼＆ワンプレート

## 中華丼

とろみのある汁がご飯に合う!

**ふんわり卵のあんかけでおいしさアップ**

### 材料（4人分）
- 豚ばら薄切り肉（5等分に切る）…5枚分
- 卵…3個
- しょうが（みじん切り）…½かけ分
- サラダ油…大さじ2
- A【塩1つまみ、こしょう少々】
- B【にんじん（短冊切り）⅓本分、きくらげ（水で戻し大きければ半分に切る）…5枚分】
- 白菜（横に1.5cm幅のざく切り）…⅛株分
- C【酒・しょうゆ各50㎖、塩2つまみ、砂糖小さじ1、こしょう少々】
- 水溶き片栗粉…大さじ2
- ごま油…小さじ1
- ご飯…4膳

### 作り方
1. 卵は溶きサラダ油大さじ1を熱したフライパンでふわっと焼き、取り出しておく。
2. フライパンにサラダ油大さじ1としょうがを熱し、豚肉を入れて炒め、Aをふる。
3. 2にB、白菜のかたい部分を加えて炒め、にんじんがやわらかくなったら、Cを加えて煮立てる。
4. 白菜のやわらかい部分を入れてさっと炒め、水溶き片栗粉でとろみをつける。卵を戻し入れ水分を飛ばすように強火で炒め、ごま油を加え、ご飯にのせる。

1人分 525 kcal

## ビビンバ

坦々ミートソースを活用して!

**野菜は熱湯にくぐらせる程度にさっとゆでて**

### 材料（4人分）
- にんじん（4～5cm長さの細切り）…小2本分
- ほうれん草…1束
- 豆もやし…1袋
- A【ごま油・しょうゆ各大さじ1、塩2つまみ、こしょう少々、にんにく（すりおろし）小さじ¼】
- 白すりごま…大さじ3
- ご飯…4膳
- 焼きのり…適量（あれば韓国のり）
- 温泉卵…4個
- 坦々ミートソース（P58）…大さじ4
- コチュジャン…小さじ4
- 糸切り唐辛子…適量

### 作り方
1. にんじんはさっとゆでる。ほうれん草は塩を加えた熱湯でさっとゆで、冷水にとり4～5cm長さに切る。豆もやしはザルに入れておき、熱湯をかける。
2. ボウルに水けをしっかり絞った1、Aを入れて手で混ぜ、最後に白すりごまを加えて箸でよく混ぜる。
3. 器にご飯を入れ、焼きのり、2、温泉卵、坦々ミートソース、コチュジャン、糸切り唐辛子をのせる。

1人分 503 kcal

## 春菊トマト肉豆腐どんぶり
**汁を多めにするとおいしい!**

### 材料（4人分）
- 春菊…1束
- トマト（完熟したもの）…1個
- 絹ごし豆腐…1丁
- 豚ばら薄切り肉…8枚
- ご飯…4膳
- A【砂糖⅓カップ、しょうゆ・酒各100㎖】

### 作り方
1. 春菊は下のかたい部分を切り落とし、冷水につけてシャキッとさせ、4cm幅に切る。トマトは12等分くらいに切る。豆腐は一口大に手でちぎり、豚肉は4等分に切る。
2. 鍋にAを入れて煮立たせ、豆腐、豚肉を加えて蓋をして煮る。水分が出てきたら、トマト、春菊を加えて蓋をせずに汁を煮つめるように弱めの中火で煮込む。
3. 器にご飯を盛り、2をのせる。

1人分 558 kcal

くたっとしたトマトがおいしい

## 野菜と卵のクッパ

さらっと食べられて夜食にも!

**しいたけと牛肉から出る旨味が絶品!**

### 材料（4人分）
- にんじん（短冊切り）…½本分
- 小松菜（4cm幅）…1束分
- しいたけ（薄切り）…大2個分
- もやし…1パック
- 牛こま切り肉…200g
- 塩…2つまみ
- にんにく（薄切り）…1かけ分
- ごま油…小さじ4
- A【酒100㎖、塩小さじ1、しょうゆ大さじ2】
- 卵…3個
- ご飯…4膳
- 粗びき黒こしょう…少々

### 作り方
1. 鍋にごま油、にんにくを熱し、にんじんと小松菜の下の部分を炒め、しいたけ、もやし、小松菜の葉、牛肉を入れて炒め、塩をふる。
2. 1にAとひたひたの水（分量外）を加えて煮込み、溶き卵を流し入れ、ご飯にかけ、粗びき黒こしょうをふる。

1人分 456 kcal

時間がないときは、一枚のお皿にさっと盛りつけるプレート料理や丼ものが便利！
レシピのバリエーションがあれば、忙しい日が続いても飽きずに回せます。

しょうゆが入って
ご飯によく合う

## えび、にら玉、トマトどんぶり
トマトの酸味が加わってすっきり味に

**材料（4人分）**
- えび…12尾
- 卵…3個
- にら（2cm幅）…½束分
- トマト（一口大）…大1個分
- にんにく（みじん切り）…1かけ分
- ごま油…大さじ3
- A【酒50㎖、塩2つまみ、こしょう少々、しょうゆ大さじ1½】
- 水溶き片栗粉…大さじ2
- ご飯…4膳

**作り方**
1. えびは殻、尾、背ワタを取る。卵は溶いておく。
2. フライパンにごま油大さじ2を熱し、1の卵液を流し入れてふんわり炒め一度取り出す。
3. フライパンにごま油大さじ1、にんにくを弱火で熱し、香りが出てきたら、えび、にら、トマト、Aを順に加える。最後に2を戻し入れ、水溶き片栗粉を加える。
4. 器にご飯を盛り、3をのせる。

1人分 464 kcal

## ねばねば納豆丼
のりとごま、アーモンドがアクセントに

具だくさんで栄養満点！

**材料（4人分）**
- A【納豆1パック、たくあん（5mm角）5cm分、オクラ（1cm幅）5本分、ミニトマト（4等分）4個分、まぐろ（8mm角）200g】
- B【しょうゆ小さじ1、EVオリーブオイル大さじ1】
- ご飯…4膳
- 焼きのり…1枚
- 白炒りごま…大さじ1
- 長ねぎ…5cm長さ
- アーモンドスライス…適量

**作り方**
1. ボウルにAを加えてよく混ぜ、納豆のタレ、Bを加えてさらに混ぜ合わせる。丁寧によく混ぜるとおいしくなる。
2. 器にご飯を盛り、細かくちぎったのり、1、ごま、小口切りにした長ねぎ、アーモンドをのせる。

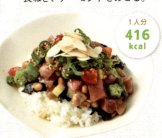

1人分 416 kcal

## ラタトゥイユとモッツァレラの冷製パスタ
モッツァレラチーズが入って食べ応えアップ

**材料（4人分）**
- ラタトゥイユ（P146）…4カップ
- フェデリーニ（細めのロングパスタ）…320g
- モッツァレラチーズ…2個
- EVオリーブオイル…大さじ8
- バジル…12枚
- 塩・こしょう…各少々

**作り方**
1. ラタトゥイユは冷やしておく。フェデリーニは表示より1分長めにゆで、冷水でしっかりと洗い、水けをきる。モッツァレラチーズは8mm角に切る。
2. ボウルに1とEVオリーブオイルを入れて混ぜ合わせる。手でちぎったバジルを加えてさっとあえ、塩、こしょうで味をととのえる。

夏にピッタリ
ひんやりレシピ

1人分 825 kcal

## 野菜たっぷりチーズトースト
サラダをパンにのせて食べるとおいしい！

**材料（4人分）**
- カンパーニュ（スライス）…4枚（食パンやイギリスパンなどでも可）
- ミニトマト…4個
- オクラ…8本
- ゆで卵…2個
- ピザ用チーズ…大さじ8
- **グリーンサラダ**
  【ベビーリーフ1袋、紫玉ねぎ¼個】
- A【オリーブオイル大さじ2、米酢小さじ2、塩2つまみ、こしょう少々】

**作り方**
1. グリーンサラダを作る。ベビーリーフは冷水につけてシャキッとさせ、紫玉ねぎは薄切りにし、氷水に5分ほどつけて水けをきる。ボウルに入れ、Aであえる。
2. ミニトマトは横半分に切り、オクラはゆでて1cm幅に切る。ゆで卵はスライスする。
3. カンパーニュに2とチーズをのせ、オーブントースターで焼く。
4. 3に1をたっぷりのせて食べる。

サラダを添えて
栄養も◎

1人分 311 kcal

column

# 困ったときのクイックおかず ③

生魚を使うと調理時間はグッと短縮！ 簡単ですが豪華に見える、時短メニューを紹介します。

## 洋風かつおのたたき
**たっぷり野菜を上にのせてサラダ仕立てに**

**材料（4人分）**
- バジル…大4枚
- ミニトマト…4個
- 紫玉ねぎ…¼個
- かつお（刺身用）…1さく（さっぱり食べたい方は背側、脂が乗っている方が好きな方は腹側を選ぶとよい）
- 塩…2つまみ
- A【EVオリーブオイル大さじ2、しょうゆ小さじ2、レモンの搾り汁大さじ1（バルサミコ酢でも可）】

**作り方**
1. バジルは冷水につけてシャキッとさせ、水けをきる。ミニトマトは横半分に切る。紫玉ねぎは薄切りにして冷水にさらし、水けをきる。かつおは8mm幅に切る。
2. 器にかつおを盛り、塩をふり、バジル、ミニトマト、紫玉ねぎをのせ、Aをかける。

しょうゆ入りでご飯にも合う

1人分 146 kcal

## たことトマトのサラダ
**ちぎったバジルの爽やかな風味をプラス**

**材料（4人分）**
- たこ（足）…2本
- トマト…中2個
- バジル…6枚
- A【EVオリーブオイル大さじ2、塩2つまみ、こしょう少々】

**作り方**
1. たこはぶつ切りにし、トマトは12等分くらいに切る。
2. ボウルに1、Aを入れてあえ、ちぎったバジルを加えてさっと混ぜる。

シンプルな味つけでおいしい

1人分 138 kcal

## あじのたたき
**玉ねぎと青じそと合わせてさっぱりと！**

**材料（4人分）**
- あじ（刺身用／3枚におろしてあるもの）…2尾分
- 玉ねぎ…中⅙個
- 青じそ（せん切り）…3枚分
- しょうが（すりおろし）…小さじ2
- しょうゆ…適量

**作り方**
1. あじは8mm幅くらいに切る。玉ねぎはみじん切りにし、冷水にさらし、水けをきる。
2. 1のあじと玉ねぎ、青じそをさっとあえる。
3. 器に2を盛り、しょうがをのせ、しょうゆをかけて食べる。

青じそとしょうがでさっぱりいただく

1人分 49 kcal

## まぐろとアボカドとくるみのサラダ
**アボカドをまぐろによくからめるとおいしい**

**材料（4人分）**
- まぐろ（刺身用）…300g
- アボカド…1個
- くるみ…½カップ
- A【EVオリーブオイル大さじ2、しょうゆ大さじ1、塩1つまみ、こしょう少々、粒マスタード小さじ2】

**作り方**
1. まぐろは1cm角に切る。アボカドは皮をむいて種を取り、1cm角に切る（種は捨てない）。くるみは炒り、細かく刻む。
2. ボウルに1、Aを入れ、あえる。食べる直前までアボカドの種も一緒に入れておくとアボカドが変色しにくくなる。

くるみを入れて食感にアクセントを

1人分 292 kcal

# PART 5

### 栄養バランス満点

# 野菜の作りおき おかず & サラダ

毎日野菜不足……と悩んでいる人こそ、野菜の作りおきおかずがおすすめ。
緑黄色野菜、淡色野菜、いも、きのこ、乾物、
サラダを作りおきしておくと栄養バランスが整います。

作りおきおかずで **ヘルシーランチ ①**

# 鶏五目ぞうすいのヘルシー献立

食欲のない日でも食べやすい献立です。野菜がたっぷりなので、栄養不足を補いたいときもうってつけ。
雑炊のようにコトコトと煮たご飯はお腹に優しく、朝ごはんに食べても、お酒のあとでも。

旨味たっぷりの
スープがおいしい！

総エネルギー
**343 kcal**

### ヘルシー鶏ぞうすい recipe

〈2人分〉鍋に鶏むね肉のしっとりゆで（P52）のゆで汁400mlを入れ、酒50ml、しょうゆ大さじ1、塩2つまみ、ほぐした鶏むね肉のしっとりゆで50g、8mm角に切ったにんじん⅓本分、3mm幅にし縦半分に切ったかまぼこ3cm幅分、100mlの水で戻して薄切りにした干ししいたけ小2個分を戻し汁ごと入れ、にんじんがやわらかくなるまで弱火で煮込む。最後にご飯1膳を加え3分ほど弱火で煮込む。器に盛り、温泉卵を1個ずつのせ、三つ葉適量を散らす。

**299 kcal**

**切り干し大根の甘酢あえ**
▶▶P166
やわらかい食感の雑炊には、歯応えのあるおかずを合わせて。
**44 kcal**

### memo
**少量のお米でも満足！**

雑炊はコトコト煮ることで米が水分を吸って膨らみ、少量のお米でも満腹感を得ることができます。冷蔵庫の余り物食材を加えて煮込めば、野菜たっぷりのヘルシー雑炊が簡単にできるのもうれしいですね。ヘルシーですが、だしはお肉のゆで汁なので、コクがあり満足感も高め。温泉卵がないときは、落とし卵にしてもおいしいです。

作りおきおかずで **ヘルシーランチ❷**

# 玄米ガパオライスの献立

タイ料理の定番のひとつ、ガパオライスの献立です。玄米で作ることで、しっかりとした歯応えが楽しめます。目玉焼きをのせるのが定番ですが、ゆで卵にすることですっきりといただけます。

**レモンなます** ▶▶P156
同じ味が続くので飽きることも。さっぱり味のなますを箸休めに。 **15 kcal**

ダマになったひき肉で食べ応えアップ♪

総エネルギー **578 kcal**

**memo**
**玄米ご飯の炊き方&保存法**

玄米と玄米を優しくこすり合わせるように、2〜3回水を替えながら洗う。ザルにあげて水けをきり、炊飯器に入れる。玄米の目盛りまで水でそそぎ、一晩おく(玄米は長時間浸水させることで、酵素が出て消化しやすくなります)。炊く直前に天然塩を1合につき1つまみ加え、圧力鍋か炊飯器の玄米モードで炊く。1食分ずつラップに包んで冷凍保存してもOK。

**玄米ガパオライス recipe**
〈1皿分〉器に玄米ご飯1膳をよそい、エスニックミートソース(P58)お玉2杯分、ゆで卵½個を添える。
**563 kcal**

143

作りおきおかずで ヘルシーランチ ❸

# しめさばサラダプレート

しめさばを使ったサラダをメインにしたワンプレート。ライ麦パンは、サラダをのせて食べたり、スープにつけて食べたりしてもおいしいです。さっぱりしたサラダなので、スープはコクのあるものを。

**にんじんとかぼちゃのクリームスープ ▶▶P190**
優しい甘さがおいしいが、黒こしょうをふって味を引き締めても。
**201 kcal**

ヘルシーなおかずにはポタージュで満足感を

総エネルギー
**551 kcal**

**ライ麦パン**
**132 kcal**

**しめさばサラダ recipe**
〈2人分〉サニーレタス2枚を冷水につけてシャキッとさせ、食べやすい大きさにちぎり、器に盛る。ボウルに薄切りにした紫玉ねぎ¼個分と8mm幅に切ったしめさば（P106）¼尾分、EVオリーブオイル大さじ2、塩1つまみ、こしょう少々を入れてあえ、サニーレタスにのせる。
**218 kcal**

### memo
**ライ麦パンのおいしい保存法**

ライ麦パンはライ麦、塩、水、酵母というシンプルな材料で作られていて、ビタミン、ミネラル、食物繊維が豊富に含まれています。血糖値が緩やかに上がる低GI食品でもあります。開封しなければ長期間常温で日持ちしますが、開封後は、一食分ずつラップに包み、冷凍用保存袋に入れて冷凍しておくのがおすすめです。食べるときはトースターで焼いて食べます。

作りおきおかずで **ヘルシーランチ ❹**

# 玄米塩おにぎりプレート

噛み応えのある玄米ご飯を使うと、少しのおにぎりでも満腹感のあるプレートに。
シンプルなおにぎりなので、合わせる汁物は具だくさんの豚汁がよく合います。付け合わせはナムルでさっぱりと。

豚汁で体が温まる
シンプルなランチ

総エネルギー
**834 kcal**

## 玄米塩おにぎり recipe
＜2個分＞手に少量の水と塩(各適量)をつけて炊きたての玄米ご飯(茶碗軽く2杯分)でおにぎりを2つ作る。お好みでゆかり(赤しそふりかけ)や黒ごまなどをトッピングする。
**366 kcal**

## 白みそと酒粕の豚汁 ▶▶P191
白みその優しい甘みを具材に染み込ませ、しっかりした味わいに。
**372 kcal**

たくあん
**8 kcal**

## memo
### おにぎりのおいしい握り方
お弁当などにも持ちやすいので、お昼に食べることの多いおにぎり。おにぎりをおいしく作るポイントは、炊きたてのご飯を使って握ること。手につける水の量は極力少なめにして、塩を多くつけるのもポイント。握りたてを食べると塩っぱく感じますが、時間が経つとちょうどよくなりますよ。

## 春菊とちくわのナムル
▶▶P149
ごま油の効いたナムルを一品添えると、食欲をそそる献立に。
**88 kcal**

145

## 緑黄色野菜のおかず

### パスタやパンに！ 具だくさん煮込みのおいしい作り方

# ラタトゥイユ

野菜たっぷりの煮込み料理の代表。なすは火にかける直前に切ると変色を防げます。水を加えるときは、ホールトマトの入っていた容器に入れてから加えましょう。

とうもろこしの甘味が合う！

夏野菜をたっぷり使って！

1人分 289kcal ／ 冷蔵 4日間 ／ 冷凍 1カ月

### ● 材料（4人分）

- ズッキーニ…1本
- パプリカ（黄or赤）…1個
- なす…3本
- 玉ねぎ…1個
- とうもろこし（塩ゆでして実をこそぎ取る）…1本分
- ホールトマト缶（手でつぶしておく）…1缶
- ブロックベーコン…80g（薄切り8枚を細切りでも可）
- にんにく（つぶす）…大2かけ分
- ローリエ…2枚
- 白ワイン…100㎖
- オリーブオイル…大さじ3
- 塩…小さじ1
- 塩・こしょう…少々

### ● 作り方

**1 切る**

ズッキーニ、パプリカ、なすは1cm角に切る。玉ねぎは粗みじん切りにし、ベーコンはマッチ棒大に切る。

**2 オイルを熱する**

鍋にオリーブオイル、にんにく、ローリエを入れる（火にかける前に入れることで、オイルにより香りが移る）。

**3 玉ねぎ、ベーコンを加える**

2を弱火にかけ、にんにくの香りが出てきたら、玉ねぎ、ベーコンを加えて炒める。

**4 野菜を炒める**

玉ねぎが透明になってきたらズッキーニ、パプリカ、なすを入れて炒める。

**5 煮込む**

4に油が回ったら、塩、白ワイン、ホールトマト、水100㎖（分量外）、とうもろこしを加えて煮込む。

**6 調味する**

ボテッとなるまで15分ほど煮て、塩、こしょうで味をととのえる。

# アスパラガスの生ハム巻きフライ
カラッと揚がった生ハムとアスパラの相性抜群

### 材料(4人分)
- グリーンアスパラガス…8本
- 生ハム…8枚
- 塩・こしょう…少々
- 薄力粉・溶き卵・パン粉・揚げ油…各適量
- レモン…適宜

### 作り方
1. アスパラは下の固い部分とはかまを取ったら、半分に切る。生ハムは半分に切る。
2. アスパラガスに生ハムをぎゅっと巻き、塩、こしょうをふる。
3. 2に薄力粉、溶き卵、パン粉の順で衣をつけ、180℃の揚げ油でカラッと揚げる。お好みでレモンなどを搾って食べる。

緑黄色野菜のおかず

アスパラと生ハムが絶妙!
おつまみにもお弁当にも!

1人分 125 kcal ／ 冷蔵 4日間 ／ 冷凍 2週間

# パプリカと紋甲いかの中華炒め
ごま油の風味が食欲をそそる中華風の一皿

### 材料(4人分)
- 紋甲いか…½杯(たこでも可)
- パプリカ(赤)…1個
- A【しょうゆ大さじ1½、塩・こしょう少々、片栗粉大さじ1、ごま油小さじ2、しょうが(すりおろし)小さじ1】
- 紹興酒…小さじ2(日本酒でも可)
- 塩・こしょう…少々
- ごま油…大さじ3

### 作り方
1. 紋甲いかは食べやすい大きさに切り、水けをよくきってボウルに入れ、Aで下味をつける。パプリカはヘタと種を取って1.5cm角に切る。
2. フライパンにごま油を大さじ2を熱し、パプリカを入れて炒め、塩・こしょうをふり、取り出す。
3. フライパンにごま油大さじ1を加え、いかをさっと炒め、紹興酒をかけ、2を戻し入れる。さっと炒め合わせ、塩・こしょうで味をととのえ、水分がなくなるまで強火で炒める。

ご飯がすすむ中華のおかず!
しょうがの風味が広がる

1人分 173 kcal ／ 冷蔵 4日間 ／ 冷凍 2週間

# ほうれん草とトマト・チーズのロールカツ
豚肉で具材を巻き上げた、ジューシーな一品

### 材料(4人分)
- 豚ロース肉(しょうが焼き用スライス)…16枚
- ゆでほうれん草…1束分
- ドライトマト…8個
- プロセスチーズ(とろけないタイプ)…70g
- 薄力粉・溶き卵、パン粉、揚げ油…各適量
- 塩・粗びき黒こしょう…各少々

### 作り方
1. ドライトマトは水で戻し、水けをきる。チーズは幅8mmくらいの拍子木切りにする。
2. 豚肉2枚を少し重ねて縦におき、塩、こしょう少々(分量外)をふる。上にゆでほうれん草、チーズ、ドライトマトをのせ、手前からぎゅっと巻いて、巻き終わりを下にし、左右は内側に入れる。
3. 2に薄力粉、溶き卵、パン粉の順でつけ、軽く握って、180℃の揚げ油で揚げる。
4. 揚げたてに塩、粗びき黒こしょうをふる。

しっかり味がついてお弁当にも◎
ドライトマトの旨味がおいしい!

1人分 447 kcal ／ 冷蔵 4日間 ／ 冷凍 2週間

147

## ゴーヤとウインナーのかき揚げ
ゴーヤの苦手な方もとっても食べやすい！

**材料**（4人分）
ゴーヤ…1本
ウインナー…6本
A【天ぷら粉大さじ6、冷水約大さじ6】
揚げ油…適量
塩・こしょう…各少々

**作り方**
1 ゴーヤはワタを取り除いて薄く切り、ウインナーは斜め薄切りにする。
2 よく混ぜたAに1を入れ、ゴーヤとウインナーのバランスがよくなるようにディナースプーンや木べらにのせてから、170～180℃の揚げ油へ滑らせるように入れて揚げる。
3 揚げたてに塩、こしょうをふる。

**調理のコツ**　揚げ鍋の端を使って揚げると、具がまとまりやすく、バラバラになりにくくなります。

1人分 366kcal / 冷蔵4日間 / 冷凍2週間

## にらレバ
ごま油で炒めた豚レバーとにら、にんじんが合う

**材料**（4人分）
豚レバー…300g
にら（4cm長さ）…1束分
にんじん（マッチ棒大の細切り）…大½本分
片栗粉…大さじ1½
サラダ油…大さじ3
A【しょうゆ・酒・しょうが汁各小さじ2、塩・こしょう各少々、ごま油小さじ1】
塩…1つまみ
こしょう…少々
B【しょうゆ大さじ1、オイスターソース小さじ2、酒大さじ2、片栗粉小さじ½】

**作り方**
1 レバーは半分に切り、血抜きをする。水けをきり、Aをもみ込む。
2 1の汁けを拭いて片栗粉をまぶし、サラダ油大さじ2を熱したフライパンにレバーを入れ、両面焼きつけて取り出す。
3 2のフライパンにサラダ油大さじ1を足して熱し、にんじんを炒めて油が全体に回ったら、にらを加えて塩、こしょうをふる。
4 レバーを3に戻し、Bを加えて汁けを飛ばすように炒め、味をからめる。

1人分 235kcal / 冷蔵4日間 / 冷凍2週間

## いんげんのごまみそあえ
みその風味がアクセントの優しい味わい

**材料**（4人分）
さやいんげん…2袋
A【すりごま大さじ2、砂糖大さじ1、しょうゆ・みそ各小さじ1】

**作り方**
1 いんげんは筋を取り、さっと塩ゆでしてそのまま冷まし、半分に切る。
2 混ぜたAと1をあえる。

**調理のコツ**　ゆでたさやいんげんはアツアツのうちにあえ衣で混ぜると水っぽくなるので注意して。必ず冷めてから、あえ衣をまとわせるのが鉄則。

1人分 57kcal / 冷蔵4日間 / 冷凍2週間

# にんじんといんげんのたらこ炒め

しょうゆ味のたらこをまぶして、食べやすい味に

### 材料（4人分）
- にんじん…大1本
- さやいんげん…1袋
- たらこ…大1腹
- 塩…2つまみ
- 酒…大さじ1
- 薄口しょうゆ…小さじ2
- ごま油…大さじ1

### 作り方
1. にんじんは皮をむき、5mm厚さで斜めに切ってから細切りに、いんげんは筋を取り、さっと塩ゆでし、斜め薄切りにする。たらこは身をこそげ取る。
2. フライパンにごま油を熱し、にんじんを入れて炒め、塩をふる。少ししんなりしたら、いんげんを加えてさっと炒める。
3. 2のフライパンにたらこ、酒、薄口しょうゆを加え、汁けがなくなるまで炒める。

**調理のコツ**：すぐに食べる場合は薄口しょうゆを入れなくてもOK。冷めると味がぼやけるので、作りおきして冷めてから食べる場合は入れたほうがよいでしょう。薄口しょうゆがなければ、しょうゆと塩を少量ずつ加えます。

たらこの食感を楽しめる

緑黄色野菜のおかず

1人分 105kcal ／ 冷蔵4日間 ／ 冷凍2週間

---

# 春菊とちくわのナムル

ごま油の風味が春菊によくなじんで食欲をそそる

### 材料（4人分）
- 春菊…2束
- ちくわ（おでん用）…1本
- ごま油…大さじ2
- 塩…2つまみ
- しょうゆ…大さじ1
- 白すりごま…大さじ2

### 作り方
1. 春菊はさっと塩ゆでして冷水にとり、水けをしっかりきったら、3cm幅に切る。ちくわは斜め薄切りにする。
2. ボウルに1を入れ、ごま油を回しかけてさっとあえ、塩、しょうゆ、すりごまを加えてあえる。

春菊の苦味とごま油が合う

大きいちくわで食べ応えアップ

1人分 176kcal ／ 冷蔵3日間 ／ 冷凍2週間

---

# 豚とセロリとパプリカの炒め物

元気がないときこそ食べたい、栄養満点メニュー

### 材料（4人分）
- 豚肩ロースかたまり肉…300g
- A【塩小さじ½、こしょう少々、酒大さじ1、ごま油小さじ2】
- B【にんにく・しょうが（みじん切り）各1かけ分】
- ごま油…大さじ1
- セロリ（斜め薄切り）…大1本
- パプリカ（8mm幅）…1個分
- C【塩・砂糖各2つまみ、こしょう少々、しょうゆ・酒各大さじ1½】
- 水溶き片栗粉…小さじ1～2
- ごま油…小さじ2（仕上げ用）

### 作り方
1. 豚肉は8mmの厚さに切って、さらに8mm幅に切り、Aをもみ込む。
2. フライパンにごま油、Bを入れて弱火にかけ、香りが出てきたら、1を加えて色が変わるまで炒め、セロリとパプリカを加えて火が通るまで炒める。
3. 2にCを加えてさっと炒め、水溶き片栗粉でとろみをつける。水分を飛ばすように炒め、仕上げにごま油を回しかける。

にんにく風味でおいしい！

スタミナをつけたいときに！

1人分 292kcal ／ 冷蔵4日間 ／ 冷凍1ヶ月

149

1人分 66 kcal／冷蔵 3日間／冷凍 2週間

梅肉の酸味がアクセントに

いかの噛み応えで満足感アップ

## 小松菜といかの梅あえ
よく叩いた梅干しが具材にからんでさっぱりと！

**材料（4人分）**
- 小松菜…1束
- するめいか…1杯
- 酒…50㎖
- 梅干し…大2個
- A【みりん大さじ1、しょうゆ大さじ1½】

**作り方**
1. 小松菜はさっと塩ゆでして氷水にとり、水けをよくきり、4㎝幅に切る。するめいかは、皮をむき、薄く輪切りにして酒を加えた1ℓの熱湯でゆで、そのまま粗熱を取る。
2. 種を取って叩いた梅干しとAを混ぜ、1を加えてあえる。

**調理のコツ**　酒を50㎖加えた熱湯に輪切りにしたいかを入れたらすぐに火を止め、そのまま粗熱が取れるまでおくとやわらかくしっとりしたゆであがりに。

---

ほっこり優しい味つけ！

マヨネーズを入れてまろやかに

## かぼちゃと卵のサラダ
マヨネーズ入りでコクのある味わいに

**材料（4人分）**
- かぼちゃ…¼個（約450g）
- 玉ねぎ…¼個
- ゆで卵…2個
- A【塩2つまみ、こしょう少々】
- B【マヨネーズ大さじ4、EVオリーブオイル大さじ1、塩小さじ⅛、こしょう少々】

**作り方**
1. かぼちゃは皮と種とワタを取り除き、15分ほど蒸して（電子レンジ加熱の場合は皮をむいて一口大に切り、7分加熱）つぶし、粗熱が取れたらAを加えて混ぜる。
2. ボウルに1、手で食べやすい大きさに切ったゆで卵、薄切りにした玉ねぎを加え、Bを加えて混ぜ、味をととのえる。

1人分 256 kcal／冷蔵 4日間／冷凍 2週間

**調理のコツ**　皮をつけたまま加熱して、皮も一緒に食べると栄養も満点でおすすめ。

---

一口サイズでお弁当にも◎／えびが入ってうれしい！

## かぼちゃ茶巾のチーズ焼き
愛らしい形のかぼちゃに、ゆでえびを加えて

**材料（4人分）**
- かぼちゃ…¼個
- ゆでえび…8尾
- A【生クリーム大さじ2、塩2つまみ、こしょう少々、バター15g、片栗粉½カップ、薄力粉⅓カップ】
- ピザ用チーズ80g

**作り方**
1. かぼちゃは皮と種とワタを取り除き、15分ほど蒸して（電子レンジ加熱の場合は一口大に切り、7分加熱）つぶす。熱いうちにAを加えてもちっとするまで混ぜる。
2. 1に1㎝幅に切ったえびを加え、8等分にし、オリーブオイル適量（分量外）をぬった手で茶巾にする。
3. 2の上にチーズをのせ、オーブントースターでチーズに焼き色がつくまで焼く。

1人分 346 kcal／冷蔵 4日間／冷凍 2週間

## パプリカのオイル漬け
赤と黄色のパプリカの彩りが美しい一品

### 材料（4人分）
パプリカ（赤・黄）…各2個
A【オリーブオイル100㎖、白ワインビネガー大さじ2、ローリエ1枚、黒こしょう3粒、塩2つまみ】

### 作り方
1 パプリカは黒焦げになるまで網などで焼き、皮と種とヘタを取って、1.5㎝幅に切る。
2 1を密閉容器に入れ、Aを加えて漬ける。

**食べ方のコツ**　薄切りにしたパプリカのオイル漬けをトマトなどとあえて、冷製パスタにしてもおいしい。

大人にも子どもにも人気のおかず！

緑黄色野菜のおかず

1人分 73kcal ／ 冷蔵1週間 ／ 冷凍2週間

---

## ブロッコリーと卵の明太マヨあえ
ざっくりと切り分けたゆで卵で食べ応え満点

### 材料（4人分）
ブロッコリー…1個
ゆで卵…4個
A【明太子1腹（身をこそげ取る）、マヨネーズ大さじ3、EVオリーブオイル大さじ1】
塩・こしょう…少々

### 作り方
1 ブロッコリーは小房に分け、さっと塩ゆでして冷まし、ゆで卵は手で1/4くらいにざっくりと切る。
2 ボウルに1、よく混ぜたAを入れてあえ、塩、こしょうで味をととのえる。

卵と明太マヨがマッチ！
ブロッコリーをたっぷりいただく！

1人分 225kcal ／ 冷蔵4日間 ／ 冷凍2週間

---

## かぼちゃのグラタン
生クリームとミートソースがコクをプラス

かぼちゃの甘味が引き立つ！

### 材料（4人分）
かぼちゃ…1/4個（450g）
A【生クリーム大さじ2、塩2つまみ、こしょう少々】
バター・ミートソース（P57）・ホワイトソース（P197）…各適量
ピザ用チーズ…2つかみ

### 作り方
1 かぼちゃは皮と種とワタを取り、15分ほど蒸して（電子レンジ加熱の場合は皮をむいて一口大に切り、7分加熱）つぶし、Aを加えて混ぜる。
2 耐熱容器にバターをぬり、1、ミートソース、ホワイトソース、チーズの順にのせて230℃のオーブンで15分ほど焼く。

**保存のコツ**　保存するなら、アルミ容器にマッシュしたかぼちゃ、ミートソース、ホワイトソース、チーズを重ねた状態で蓋をし、冷凍保存袋に入れて冷凍保存を。焼くときは凍ったままトースターで15〜20分ほど焼くだけでおいしくいただけます。

作りおきしたミートソースで簡単

1人分 345kcal ／ 冷蔵4日間 ／ 冷凍2週間
（焼く前の状態で）

淡色野菜のおかず

根菜たっぷり！具だくさん煮込みのおいしい作り方

# 筑前煮

ごぼう、にんじん、れんこん、大根と野菜がたっぷり食べられる筑前煮。鶏肉はジューシーなもも肉を使って、だし汁と一緒に煮込んでよく旨味を染みこませましょう。

1人分 517kcal ／ 冷蔵 4日間 ／ 冷凍 1ヶ月（こんにゃくの食感は変わる）

### ●材料（4人分）

A【ごぼう・にんじん各½本、れんこん150g】
ちくわ（おでん用）…1本
干ししいたけ…3枚（水で戻す）
大根…⅓本
こんにゃく…½枚
鶏もも肉…2枚分
サラダ油…少々
B【だし汁200㎖、酒大さじ5、砂糖大さじ4】
しょうゆ…大さじ5
みりん…大さじ2

### ●作り方

**1 材料を切る**

Aとちくわは乱切りにし、ごぼうとれんこんは酢水にさらす。干ししいたけは4つに切る。

**2 大根、こんにゃくの下ゆで**

大根は乱切りにして水（あれば米のとぎ汁）からゆでる。こんにゃくは一口大にちぎり、さっと下ゆでする。

**3 鶏肉に下味**

鶏肉は2cm角に切って軽く塩（分量外）をふり、よくもみ込む。

**4 鶏肉を炒める**

フライパンにサラダ油を熱し、鶏肉を入れて色が変わるまで炒める。

**5 野菜を炒めて煮る**

4に1と2を加えてさっと炒め、野菜に透明感が出てきたら、Bを加えてやわらかくなるまで煮込む。

**6 煮からめる**

しょうゆを加え5分ほど煮て、仕上げにみりんを加え、水分を飛ばすように煮からめる。

## れんこんのもちもち揚げ
じゃこと青じその風味が味を引き締める

青じそが入って爽やか！

### 材料（4人分）
- れんこん…大2個(600g)
- ちりめんじゃこ…50g
- 青じそ(せん切り)…20枚分
- 卵…1個
- 片栗粉…大さじ8
- 塩…2つまみ
- しょうゆ…大さじ1
- 揚げ油…適量

### 作り方
1. れんこんはすりおろし、揚げ油以外の全ての材料を混ぜ合わせる。
2. 1をスプーンなどですくいながら170℃の揚げ油で落として揚げる。

**調理のコツ**：揚げるときは丸く形づくりながらがコツ。フライパンに多めの油を熱し、平たくして揚げ焼きでも！

噛むたびにじゃこの旨味が広がる

淡色野菜のおかず

1人分 316 kcal ／ 冷蔵 4日間 ／ 冷凍 1ヶ月

---

## かぶときゅうりとミニトマトのピクルス
噛むごとに酸味とピリ辛風味が口に広がる

箸休めにうれしい一品

### 材料（4人分）
- かぶ…3個
- きゅうり…2本
- ミニトマト…8個
- A【米酢200ml、水100ml、砂糖60g、塩小さじ2、赤唐辛子1本、にんにく1かけ、ローリエ1枚、黒粒こしょう5粒、ドライトマト1枚】

### 作り方
1. かぶは皮をむいてくし形切り、きゅうりは縦半分に切りスプーンなどで種を取り除き、半分の長さに切る。ミニトマトはヘタを取る。野菜を容器に入れておく。
2. 酸に強い鍋にAを入れて火にかけ、沸騰したら弱火にし、2〜3分煮る。にんにくはこの時点で取り除いてもよい。
3. 2が熱いうちに1の容器に注ぎ、野菜を漬ける。冷めたら冷蔵庫で保存する。

ドライトマト入りで優しい酸味に！

1人分 58 kcal ／ 冷蔵 10日間 ／ 冷凍 NG

---

## れんこんの挟み揚げ
えびと卵白で作るえびしんじょをたっぷりと

れんこんの歯応えを楽しめる

### 材料（4人分）
- れんこん…約3mm幅のスライス24枚(150g)
- えびしんじょう（作りやすい分量）【えび250g、卵白½個分、塩・薄口しょうゆ各小さじ½、こしょう少々】
- ごま油・塩…各適量

### 作り方
1. れんこんは水にさらし、水けをきる。
2. えびしんじょうを作る。えびはフードプロセッサーで撹拌し、残りの材料を加えて更に混ぜる。
3. 1のれんこん2枚で2を挟み、多めのごま油を熱したフライパンで焼く。焼きたてに塩をふり、お好みですだちを搾って食べる。

**保存のコツ**：えびしんじょうは粗熱を取り、冷凍用保存袋に入れて冷凍保存できます。

**食べ方のコツ**：お好みでゆずこしょうで食べても。

えびしんじょうがよく合う！

1人分 116 kcal ／ 冷蔵 4日間 ／ 冷凍 1ヶ月

153

1人分 215 kcal / 冷蔵 4日間 / 冷凍 1ヶ月

1人分 295 kcal / 冷蔵 4日間 / 冷凍 1ヶ月

1人分 320 kcal / 冷蔵 4日間 / 冷凍 2週間

## 八宝菜

シャキシャキの野菜で作る、中華の煮込み料理

魚介、肉、野菜がたっぷり！

具だくさんの贅沢メニュー

**材料（4人分）**
- 白菜…1/6個
- きくらげ…6g
- 豚ばら薄切り肉…4枚
- むきえび…8尾
- 冷凍の一口大いか…8個
- 小松菜（4cm幅）…1/2束分
- にんじん（短冊切り）…1/3本
- ごま油…小さじ1
- うずらの卵（水煮）…8個
- A【水100ml、酒50ml、しょうゆ大さじ1、砂糖2つまみ、塩小さじ1/4】
- 水溶き片栗粉…大さじ1

**作り方**
1. 白菜はやわらかい部分とかたい部分に分け、食べやすく切る。きくらげは水で戻す。豚肉は2cm幅に切り、むきえびは背ワタを取り、いかは解凍しておく。
2. フライパンにごま油を熱し、豚肉を炒め、余分な脂をペーパータオルなどで取り除く。白菜と小松菜の茎、にんじんを炒め、きくらげ、えび、いか、うずらの卵を加えて炒め、Aを加え煮込む。最後に白菜と小松菜のやわらかい部分を加え、水溶き片栗粉でとろみをつける。

豚肉の旨味が合う

## れんこんの豚肉巻き照り焼き

しょうゆとみりんの濃厚タレを煮からめて

れんこんの歯応えがいい！

**材料（4人分）**
- れんこん…大1個
- 豚ばら薄切り肉…10枚
- A【しょうゆ・みりん各大さじ2、砂糖小さじ2】
- サラダ油…小さじ2

**作り方**
1. れんこんは皮をむいて輪切りにし、酢水に5分ほどさらす。
2. 1の水けをよくきり、豚肉をぎゅっと巻き、塩少々をふり薄力粉適量（各分量外）をまぶす。
3. フライパンにサラダ油を熱し、2を焼き色がつくまで焼き、Aを加えてからめ、蓋をして5分ほど時々混ぜながら、照り焼きにする。

## キャベツとあさりの酒蒸し

豚肉と春雨入りで、ボリュームがアップ

ナンプラーで味つけしても美味

汁までおいしくいただける！

**材料（4人分）**
- 豚ばら薄切り肉…150g
- 春雨…80g
- にんにく（みじん切り）…1かけ分
- EVオリーブオイル…大さじ2
- キャベツ（ざく切り）…1/3個分
- あさり（殻つき）…400g
- 赤唐辛子（輪切り）…1本分
- 酒…50ml
- しょうゆ…小さじ2（あればナンプラーでもおいしい）
- 塩・こしょう…各少々

**作り方**
1. 豚肉は3等分の長さに切る。春雨は熱湯で戻し、食べやすい長さに切る。あさりは砂抜きする。
2. 深めのフライパンなどに、にんにく、EVオリーブオイルを入れて熱し、香りが出たら、キャベツ、あさり、豚肉、春雨、唐辛子、酒を入れて蓋をし、蒸し煮にする。
3. あさりの口が開いて、キャベツがしんなりしたら、しょうゆ、塩、こしょうで味をととのえる。

**調理のコツ** 冷蔵、冷凍保存ともに、あさりの殻を外してしまうのがおすすめ。温めて食べるときに食べやすいです。

## 大根と鶏肉のこっくり煮
染みこんだ煮汁が、具材の旨味を引き立てる

**材料**（4人分）
鶏もも肉…2枚
大根…½本
塩…小さじ2
A【水・酒各100㎖、みりん50㎖、砂糖大さじ1】
B【しょうゆ大さじ2、白すりごま大さじ3】
サラダ油…大さじ1⅓

**作り方**
1 鶏肉は余分な脂と筋などを取り、2㎝角くらいの大きさに切り、塩をもみ込む。大根は皮を厚めにむき、2㎝幅のいちょう切りにする。
2 厚手の鍋にサラダ油小さじ2を熱し、鶏肉を炒め、全体に焼き色がついたら取り出す。同じ鍋にサラダ油小さじ2を熱し、大根を炒め、透明感が出てきたら、Aを入れて落とし蓋をする。大根にすっと竹串が通るまで20分ほど煮込む。アクが出たら取る。
3 2に鶏肉を戻してBを加え、10分ほど煮込み、最後に火を強め、煮汁をからめ、照りを出すように時々混ぜながら10分ほど煮込む。

1人分 414 kcal

## 大根と豚ばら肉の和風だし煮
米のとぎ汁でゆでることで大根をやわらく

**材料**（4人分）
大根…½本
米のとぎ汁…適量
A【和風だし(P72)600㎖、酒100㎖、塩小さじ1】
豚ばら肉…300g（かたまりの場合は約5㎜幅に切る）
しょうゆ…大さじ3
万能ねぎ（小口切り）…適量

**作り方**
1 大根は2～3㎝幅の半月切りにし、面取りをして隠し包丁を入れる。米のとぎ汁で、竹串が通るくらいまで下ゆでする。
2 鍋に大根、Aを入れて火にかけ、沸騰したら弱火にし、20分ほど大根に火が通るまで煮る。
3 2に豚肉を加え、火が通ったら、豚肉を取り出し、しょうゆ大さじ1を豚肉にかける。
4 鍋は中火にして沸騰させ、アクを取り除き、しょうゆ大さじ2を加え、豚肉を戻し、味が薄ければ塩（分量外）で味をととのえ5分ほど煮込む。
5 万能ねぎを添えていただく。

1人分 355 kcal

## 白菜と豚ばら肉のピリ辛中華蒸し
大きめの鍋でじっくり蒸し上げて。春雨を一緒に煮込んでも美味

**材料**（4～6人土鍋一杯分、または直径26㎝の鍋）
白菜…½個
豚ばら薄切り肉…600g
A【干し貝柱・干しえび各20g】
昆布…10㎝角1枚
B【酒100㎖、塩小さじ1】
C【塩少々、しょうゆ大さじ3、ごま油適量】
ラー油…適量

**作り方**
1 Aは昆布を入れた水200㎖（分量外）に一晩浸けて戻し、貝柱はほぐす。
2 白菜に豚肉を挟み、5～6㎝長さのざく切りにし、鍋に切り口を上にするように並べて敷きつめる。
3 2に、A、Aの戻し汁、Bを加えて20分ほど蒸し煮にする。最後にCで味をととのえる。
4 ラー油をたっぷりかけて食べる。

1人分 508 kcal

## 白菜としめじのカレークリーム煮
ベーコンと生クリームのコクで食べ応えアップ

1人分 293 kcal ／ 冷蔵 3日間 ／ 冷凍 2週間

### 材料（4人分）
- 白菜（ざく切り）…¼個分
- 玉ねぎ（薄切り）…小1個分
- しめじ…1パック
- スライスベーコン…3枚
- サラダ油…大さじ1½
- にんにく・しょうが（みじん切り）…各1かけ分
- A【カレー粉小さじ2、洋風チキンスープ（P73）600㎖】
- B【酒大さじ3、トマトケチャップ大さじ2、しょうゆ大さじ1、塩小さじ1】
- 生クリーム…100㎖
- 水溶き片栗粉…水大さじ2＋片栗粉大さじ1½

### 作り方
1 しめじは石づきを切り落とし、ほぐす。ベーコンは5等分に切る。
2 鍋にサラダ油、にんにく、しょうがを入れて火にかけ、香りが出てきたら玉ねぎと白菜のかたい部分を炒める。ベーコン、しめじの順に入れて炒め、油が回ったらAを加え、白菜の葉の部分も入れて蓋をして煮込む。
3 野菜がとろとろになったら、Bと生クリームを入れて3分ほど煮込み、水溶き片栗粉でとろみをつける。

## レモンなます
すっきりといただける洋風のお漬け物

1人分 44 kcal ／ 冷蔵 1週間 ／ 冷凍 NG

### 材料（4人分）
- きゅうり・にんじん…各1本
- 大根…¼本
- 塩…少々
- A【砂糖・レモンの搾り汁各大さじ1½、水小さじ1、塩小さじ¼】

### 作り方
1 野菜はマッチ棒より少し太いくらいの細切りにし、塩でもみ込む。
2 1の水けをペーパータオルなどでしっかりと取り、混ぜ合わせたAに漬ける。

## キャベツのミルフィーユ
豚肉とパンを混ぜたタネを入れた存在感のある一品

1人分 578 kcal ／ 冷蔵 4日間 ／ 冷凍 1ヶ月

### 材料（4人分）
- A【豚ひき肉400g、食パン1枚、玉ねぎ（みじん切り）1個分、卵1個、塩小さじ½、こしょう・ナツメグ各少々、牛乳大さじ2】
- キャベツ…1玉
- オリーブオイル…小さじ1
- スライスベーコン…6枚
- スライスチーズ…6枚
- にんにく…1個
- 白ワイン…100㎖
- バター…大さじ1

### 作り方
1 Aのひき肉は30分ほど常温においておく。食パンは細かくちぎる。キャベツは葉を1枚1枚はがしておく。
2 ボウルにAを入れて粘りが出るまで混ぜる。
3 厚手の鍋にオリーブオイルをひき、キャベツの葉、2、ベーコン、チーズの順で3層くらいに重ね、つぶしたにんにく、白ワイン、バター、塩小さじ½（分量外）を加え、蓋をして強火にかける。ふつふつとしてきたら弱火にし、キャベツがクタクタになるまで煮込む。水分が少ない場合は、水を適量加える。
4 3を食べやすい大きさに切り、器に盛る。

淡色野菜のおかず

## 肉入りごまきんぴら

ごま油の風味豊かで、毎日食べても飽きない！

**材料**（4人分）
- ごぼう・にんじん（細切り）…各1本分
- 豚こま切れ肉…100g
- 太白ごま油…大さじ1
- 塩…2つまみ
- A【みりん・しょうゆ各大さじ3、砂糖小さじ1】
- 白炒りごま…大さじ3

**作り方**
1. ごぼうは酢水に5分ほどつける。豚肉は2cm幅に切る。
2. フライパンにごま油を熱し、豚肉を炒め、塩をふる。豚肉の色が変わったら、ごぼうとにんじんを加えて炒める。
3. しんなりして透明感が出たらAを加えて煮からめるように炒める。汁けがなくなったら、白ごまを加えて炒める。

1人分 209kcal ／ 冷蔵4日間 ／ 冷凍1ヶ月

## 五目きんぴら

ピリッと辛さを加えた、お酒にも合うおかず

**材料**（4人分）
- A【大根・にんじん各¼本、れんこん½個】
- ごぼう…½本
- 干ししいたけ（水で戻す）…4枚
- 伏見唐辛子…4本（ピーマン、しし唐でも可）
- 豚もも肉（細切り）…120g
- 砂糖・しょうゆ…各少々
- ごま油…適量
- 和風だし（P72）…300ml
- 砂糖…大さじ4
- B【しょうゆ大さじ3、みりん大さじ2】

**作り方**
1. Aは5cm長さの棒状に、ごぼうは5mm厚さの斜め切りにする。れんこんとごぼうは酢水にさらす。干ししいたけは5mm幅に切り、伏見唐辛子は種を取って斜め切りにする。豚肉は砂糖、しょうゆで下味をつける。
2. 鍋にごま油を熱し、伏見唐辛子をさっと炒めて取り出す。同じ鍋に豚肉と残りの野菜を入れ、根菜が半透明になるまで炒める。だし汁を加えてひと煮立ちさせ、アクを取る。
3. 2に砂糖を加えてしばらく煮て、Bを2～3回に分けて加え、汁けがなくなるまで煮る。最後に伏見唐辛子を戻し入れる。

1人分 181kcal ／ 冷蔵4日間 ／ 冷凍1ヶ月

## たたきごぼう

たっぷりまぶしたすりごまの風味が豊か！

**材料**（4人分）
- ごぼう…2本
- タレ【白すりごま大さじ5、酢・しょうゆ・砂糖各大さじ2】

**作り方**
1. ごぼうはたわしなどで皮をむき、ある程度の長さに切ってから水にさらしてアクを取り、酢（分量外）を入れた湯でゆでる。
2. 1を叩いて4cm幅に切り、合わせたタレとあえる。

**調理のコツ** ごぼうをゆでるときは、鍋の直径に合わせてごぼうを切りましょう。熱いうちに叩いて、ごま酢とあえると味がよく染みます。

1人分 142kcal ／ 冷蔵1週間 ／ 冷凍2週間

**いもの おかず**

ほっこりおいしい！
**ホクホク煮物のおいしい作り方**

# 里いもと鶏ひき肉の煮物

とろみのついた煮汁が里いもと鶏肉にからんだ、食べ応えのあるおかずです。
しょうがを炒めて香りを出すことで、全体の味が引き締まります。ご飯にもお酒にも合う一品に。

1人分 364 kcal　冷蔵 4日間　冷凍 1ヶ月

## 材料（4人分）

- 里いも…中10個
- 鶏ひき肉…200g
- しょうが(せん切り)…½かけ分
- サラダ油…大さじ2
- 酒・みりん…各100㎖
- 水…適量
- しょうゆ…⅓カップ
- 砂糖…大さじ1
- 万能ねぎ(小口切り)…¼本分
- 水溶き片栗粉…大さじ1

## 作り方

**1 里いもを洗う**
里いもは皮ごと洗い、ザルにあげて乾かす。乾いたら皮をむき、塩をまぶしてぬめりを取って洗う。

**2 しょうがを炒める**
厚手の鍋にサラダ油を熱し、弱めの中火でしょうがを香りが出るまで炒める。

**3 ひき肉を炒める**
2にひき肉を加え、あまりいじらずにある程度焼き、ヘラで返しながらこんがり炒める。

**4 里いも、調味液を加える**
3に里いもを加えてさっと炒め、酒、みりん、ひたひたの水を入れ、落とし蓋をして強火にかける。

**5 煮る**
煮立ったらアクを取り、火を弱めて5分ほど煮てから、しょうゆ、砂糖を加える。

**6 仕上げる**
里いもに竹串がすっと通るまで煮て、水溶き片栗粉を加えて混ぜ合わせる。器に盛り、万能ねぎをのせる。

# じゃがいもとほたてのオーブン焼き
たっぷりの生クリームとチーズでおいしさアップ

### 材料（4人分）
- じゃがいも…3個
- 玉ねぎ…½個
- スライスベーコン…4枚
- ほたて（缶詰）…1缶
- にんにく（みじん切り）…1かけ分
- ピザ用チーズ…1つかみ
- 生クリーム…200ml
- 塩・こしょう…各少々
- パプリカパウダー…少々

### 作り方
1. オーブンを210℃に温めておく。じゃがいもは皮をむき、薄い輪切りにして水にさらし、水けをきる。玉ねぎは薄切り、ベーコンは細切りにする。ほたてはほぐす。
2. 耐熱容器の内側にオリーブオイル少々（分量外）を薄くぬり、じゃがいも、チーズ⅔量、玉ねぎ、にんにく、ベーコン、塩、こしょう、ほたての順に入れ、生クリームを加え、残りのチーズをのせる。
3. オーブンを200℃に下げ、2を30分焼く。焼きあがったらパプリカパウダーをかける。

1人分 363kcal / 冷蔵4日間 / 冷凍1ヶ月（焼く前の状態で）

# じゃがいもと豚肉のオイスター炒め
ピリッと辛い中華風で、ごはんにもお酒にも合う

### 材料（4人分）
- じゃがいも…3個
- パプリカ…½個
- 長ねぎ・赤唐辛子…各1本
- 豚こま切れ肉…250g
- 厚揚げ…1枚
- ごま油…大さじ1
- A【オイスターソース・紹興酒各大さじ1、しょうゆ小さじ1、黒こしょう少々】

### 作り方
1. じゃがいもは皮をむいて5mm幅の細切りにし、水にさらしてザルにあげる。パプリカは細切り、長ねぎは斜め薄切りにする。豚肉は5mm幅に切り、厚揚げは横半分に切ってから5mm幅に切る。赤唐辛子の種は取る。
2. フライパンにごま油を熱し、赤唐辛子、じゃがいもを加えて炒める。じゃがいもに透明感が出てきたら豚肉と厚揚げを加え、じゃがいもがやわらかくなるまで炒めたら、パプリカ、長ねぎ、Aを加えて味つけする。

1人分 340kcal / 冷蔵4日間 / 冷凍1ヶ月

# 山いもたっぷりのお好み焼き
豚肉とゆでだこ入りでボリューム満点

### 材料（4人分）
- A【豚ばら薄切り肉150g、キャベツ⅙個、ゆでだこ（足・ぶつ切り）2本分（200g）、揚げ玉大さじ4】
- B【山いも（すりおろし）200g、薄力粉80g、卵3個、和風だし（P72）100ml】
- サラダ油…適量
- C【トマトケチャップ・中濃ソース各大さじ3】
- D【かつお節・青のり・マヨネーズ各適量】

### 作り方
1. Aの豚肉とキャベツは一口大に切る。
2. ボウルにBを入れて混ぜ、Aを加えてさっくり混ぜる。
3. フライパンにサラダ油を熱し、2を4等分にして1枚ずつ焼く。
4. 混ぜ合わせたCをぬり、Dを順にかける。

調理のコツ：粉が少なめなのがポイントです。山いもがたっぷり入っているので、とろとろ&ふんわりとした食感が楽しめます。

1人分 249kcal / 冷蔵4日間 / 冷凍1ヶ月

いものおかず

159

## さつまいもとじゃこのきんぴら
塩気の効いたじゃことさつまいもの甘さが合う

### 材料（4人分）
- さつまいも…大1本
- ちりめんじゃこ…大さじ2
- 塩…少々
- 酒・みりん…各小さじ1
- ごま油…大さじ1

**調理のコツ**　さつまいもはアクが強く空気に触れると変色しやすいので、切ったらすぐに水にさらして。

### 作り方
1. さつまいもは薄めの半月切りにし、水にさらす。
2. フライパンにごま油を熱し、さつまいもと塩少々を加え炒める。少し焦げ目がついてきたら酒、みりんを加えてさっと炒め、蓋をして蒸し焼きにする。
3. さつまいもに火が通ったら、ちりめんじゃこを加えてさっと炒め、塩少々で味をととのえる。

1人分 157kcal ／ 冷蔵 4日間 ／ 冷凍 1ヶ月

## さつまいものレモン煮
レモンとグラニュー糖で甘酸っぱく煮込んで

### 材料（4人分）
- さつまいも…大1本
- グラニュー糖…100g
- 水…適量
- レモン（輪切り）…5枚

### 作り方
1. さつまいもは7〜8mm幅に切り、水にさらす。
2. 鍋に1とグラニュー糖を入れ、ひたひたにかぶるくらいの水を注ぎ、中火にかけ、さつまいもに竹串がすっと通るまで煮る。
3. 保存容器に移し、レモンを入れ、冷ます。

1人分 222kcal ／ 冷蔵 4日間 ／ 冷凍 1ヶ月

## じゃがえび
ケチャップとマヨネーズソースで後を引くおいしさ

### 材料（4人分）
- じゃがいも…3個
- とうもろこし…2本
- ゆでえび…8尾
- A【塩小さじ1、生クリーム大さじ3、バター20g、こしょう少々、片栗粉大さじ1】
- B【トマトケチャップ大さじ2、マヨネーズ大さじ3】
- 薄力粉・溶き卵・パン粉・揚げ油…各適量

### 作り方
1. じゃがいもは竹串がすっと通るまでゆでるか蒸し、皮をむいてつぶす。とうもろこしは実をこそげ取り、えびは水けを拭き取る。
2. 1のじゃがいもにAを加えて混ぜ、とうもろこしも加えて混ぜ、8等分にする。
3. 2でえびを包み、薄力粉、溶き卵、パン粉の順で衣をつける。
4. 170℃の揚げ油で3を揚げ、混ぜ合わせたBのソースをかけて食べる。

1人分 614kcal ／ 冷蔵 4日間 ／ 冷凍 1ヶ月

**調理のコツ**　揚げるのが難しいときは、薄力粉、溶き卵の工程を2回くり返してからパン粉をつけて衣を多くしたり、えびは必ずゆでえびを使うと揚げやすい。

# マッシュポテト
多めに作って冷凍しておくと、洋食のつけ合わせに便利

### 材料（4人分）
- じゃがいも…中4個
- A【生クリーム100㎖、バター50ｇ、塩小さじ1、こしょう適量（多めがおすすめ）】

### 作り方
1. じゃがいもは竹串がすっと通るまでゆでるか蒸す。
2. 1の皮をむき、熱いうちに鍋に入れてなめらかにまるまでつぶし、Aを加えて混ぜる。
3. 2を木べらで焦がさないように混ぜながら、ポテッとするまで弱火にかける。

**食べ方のコツ**：多めに作って冷凍用保存袋に入れて薄く平らにして冷凍を。食べるときは、冷蔵庫の中で自然解凍し、フライパンで温め直すのがコツ。

1人分 305 kcal ／ 冷蔵4日間 ／ 冷凍1ヶ月

# じゃがいも餅
もっちりした食感！　しょうゆがよく合う

### 材料（4人分）
- じゃがいも…大4個
- ピザ用チーズ…½カップ
- 片栗粉…大さじ2
- サラダ油…適量
- A【しょうゆ大さじ1½、みりん大さじ1】

### 作り方
1. じゃがいもは竹串がすっと通るまでゆでるか蒸し、皮をむいてつぶす。
2. 1が熱いうちにチーズ、片栗粉を混ぜ、丸く平らに丸める。
3. フライパンにサラダ油を熱し、2を焼き、しょうゆをからめる。

**調理のコツ**：じゃがいもが熱いうちにしっかりと潰してから、材料を混ぜるのがポイントです。

1人分 227 kcal ／ 冷蔵4日間 ／ 冷凍1ヶ月

# じゃがいもといんげんのスパイス炒め
数種類のスパイスで風味豊かに仕上がる

### 材料（4人分）
- じゃがいも…大2個
- さやいんげん…10本
- とうもろこし…1本
- 赤唐辛子…1本
- サラダ油…大さじ3
- A【ターメリック・チリパウダー・クミン各小さじ⅓、塩・こしょう各少々】

### 作り方
1. じゃがいもは竹串がすっと通るまでゆでるか蒸し、皮をむいて一口大に切る。さやいんげんは筋を取って2〜3等分に切り、とうもろこしは実をこそげ取る。赤唐辛子は種を取る。
2. フライパンにサラダ油を熱し、赤唐辛子、さやいんげん、じゃがいも、とうもろこしの順に加えて炒め、蓋をする。
3. 火が通ったらAを加えて混ぜ、蓋をしてさらに1〜2分火にかける。

1人分 175 kcal ／ 冷蔵4日間 ／ 冷凍1ヶ月

# きのこのおかず

**クリーミーでまろやか　旨味たっぷり煮込みのおいしい作り方**

## きのことチキンのクリーム煮込み

3種類のきのこと鶏もも肉を生クリームでじっくり煮込むことで、染み出した具材の旨味ごといただける絶品レシピです。見た目も豪華に仕上がるので、おもてなしにも！

チーズが入って濃厚！

まろやかなソースときのこの旨味が絶妙！

1人分 646kcal ／ 冷蔵 4日間 ／ 冷凍 1ヶ月

### ● 材料（4人分）

- しめじ・エリンギ・マッシュルーム…各1パック
- 鶏もも肉…2枚
- A【塩・こしょう各少々、にんにく（すりおろし）1かけ分】
- オリーブオイル…大さじ1
- バター…20g
- にんにく（みじん切り）…1かけ分
- B【塩適量、白ワイン100㎖】
- 生クリーム…200㎖
- パルミジャーノレッジャーノ（すりおろし）…40g

### ● 作り方

**1 きのこを切る**

しめじは石づきを取り、小房に分け、エリンギは3㎝長さに切り、手で裂く。マッシュルームは縦に切る。

**4 煮る**

3にBを加えてきのこがしんなりしたら、生クリーム、チーズを加え、とろみがついたら火を止める。

**2 鶏肉を焼く**

鶏肉は半分に切って開いてAをまぶし、オリーブオイルをかける。魚焼きグリルで10～12分焼く。

**5 仕上げる**

4に2の鶏肉を加え、さっと煮込む。お好みでサフランライスなどを添えてもおいしい。

**3 きのこを炒める**

フライパンにバターを熱し、にんにくを加えて弱火で香りが出るまで炒め、きのこを入れて中火で炒める。

**調理のコツ**

**きのこの下処理**

きのこは香りが飛んでしまうので水で洗わず、ペーパータオルなどで汚れを取り除く。全てのきのこに共通です。

# きのこペペロンチーノ

3種類のきのこを混ぜた贅沢な一皿に

ピリ辛味でやみつきに！

**材料（4人分）**
マッシュルーム・しめじ・エリンギ各1パック、A【にんにく（みじん切り）1かけ分、赤唐辛子（種は取らない）1本、ローリエ1枚、オリーブオイル50㎖】、B【塩少々、米酢大さじ2、しょうゆ・みりん各小さじ2】

**作り方**
1 マッシュルームは石づきを取って半分に切り、しめじは石づきを取って小房に分ける。エリンギは4㎝長さに切り、縦3〜4等分に切る。
2 フライパンにAを入れて火をつけ、にんにくの香りが出てきたら、1を入れて炒め、油が回りしんなりしたら、Bを入れて炒める。

きのこのおかず

お酢の風味がよく合う！

1人分 146 kcal　冷蔵 4日間　冷凍 1ヶ月

# きのことツナとなすのトマト煮込み

たっぷりのトマトで煮込む具だくさんメニュー

**材料（4人分）**
マッシュルーム・しめじ・エリンギ各1パック、なす（8㎜幅の輪切り）4本分、オリーブオイル大さじ7、にんにく（つぶす）1かけ分、ブロックベーコン（細切り）50g、白ワイン50㎖、ツナ（油をきる）1缶分、A【ホールトマト缶（手でつぶす）1缶、ローリエ1枚、塩小さじ½】、B【はちみつ・塩各小さじ1、こしょう少々】

**作り方**
1 きのこは食べやすい大きさに切る。
2 深めのフライパンにオリーブオイル大さじ4を熱し、なすを入れ、焼き色がついたら、塩を片面につき2つまみずつ（分量外）ふり、焼いたら取り出す。
3 2のフライパンにオリーブオイル大さじ3とにんにくを入れて火にかけ、ベーコン、1を加えて炒める。塩小さじ¼（分量外）をふり、ツナと2のなすを加えて炒め、白ワインを入れて沸騰させる。Aを加えて水分を飛ばすように煮込む。
4 とろりとしたら、Bで味をととのえる。

ピザ用チーズを仕上げに混ぜても◎

なすに味がよく染みてる！

1人分 320 kcal　冷蔵 4日間　冷凍 1ヶ月

# マッシュルームとほうれん草のクリームパイ

パイ生地でいただく、おもてなしにも最適な一品

**材料（4人分）**
A【マッシュルーム（薄切り）1パック分、スライスベーコン（細切り）4枚分、玉ねぎ（薄切り）½個分】、ゆでほうれん草（3㎝幅）½束分、バター20g、薄力粉大さじ3、牛乳150㎖、塩・こしょう各少々、シュレッドチーズ適量、パイシート（11㎝×20㎝）4枚、卵黄1個分

**作り方**
1 フライパンにバターを熱し、Aを炒め、ほうれん草を加えて炒め、塩、こしょう各2つまみ（分量外）をふる。マッシュルームに火が通ったら薄力粉を加えて炒め、牛乳を少しずつ加え、少し煮込み、塩、こしょうで味をととのえ、粗熱を取る。
2 パイシートを半分に切って縦におき、縁に溶いた卵黄をぬる。1とチーズをパイシートの下半分にのせ、半分に折り、周りをフォークで押しつけて上下をくっつける。表面に切り込みを入れ、卵黄をぬり、220℃のオーブンで15分焼く。

つまみやすいからパーティーに◎

市販のパイ生地を使って簡単！

1人分 621 kcal　冷蔵 4日間　冷凍 1ヶ月

163

## 塩なめたけ
きのこの旨味を塩でシンプルに味わう

1人分 38kcal／冷蔵1週間／冷凍1週間

### 材料（作りやすい分量）
きのこ（しめじ・エリンギ・生しいたけ・えのきだけなど）…合わせて700g、
A【塩大さじ1、しょうゆ小さじ2】

### 作り方
1 しめじは石づきを取って小房に分け、エリンギは半分の長さに切り、縦4等分に裂く。しいたけは石づきを取って縦4つ割りにし、えのきは根元を切り落としてほぐす。
2 1のきのこをさっとゆでてザルに上げ、水けをきり、熱いうちに煮沸消毒をした保存容器に入れる。Aを入れてさっと混ぜ、蓋をする。時々全体を混ぜるように清潔なスプーンで混ぜながら、粗熱が取れるまで2時間ほどそのままおいておく。
3 水分がたっぷり出たら冷蔵庫に入れて半日おく。

## きのこ春巻き
豚肉ときのこを皮で包んでサクッと揚げる

1人分 250kcal／冷蔵4日間／冷凍1ヶ月（揚げる前の状態で）

### 材料（4人分）
きのこ（まいたけ、えのきだけ、しいたけなど）…合わせて200g
豚ひき肉…120g
A【しょうゆ小さじ1、酒大さじ1、こしょう少々】
春雨…25g
薄力粉…大さじ1
春巻きの皮…5枚
揚げ油…適量

### 作り方
1 きのこは3〜4cm長さの薄切りにする。春雨は熱湯で戻して細かく切る。
2 ボウルにひき肉とAを入れて粘りが出るまで混ぜ、きのこ、春雨、薄力粉を加えてよく混ぜ、30分ほどおく。
3 春巻きの皮は半分に切り、2を山盛り大さじ1ずつのせて巻き、160℃くらいの低温の揚げ油に入れてじっくり揚げる。

## きのこと厚揚げのピリ辛炒め
とろみのあるピリ辛タレをよくからめて

1人分 349kcal／冷蔵4日間／冷凍1ヶ月

### 材料（4人分）
しめじ…1パック
エリンギ…1本
豚ばら薄切り肉…6枚
厚揚げ…1個
にんにく・しょうが（みじん切り）…各1かけ分
長ねぎ（斜め薄切り）…1本
ごま油…大さじ2
塩…小さじ¼
こしょう…少々
A【豆板醤小さじ1〜2、酒大さじ3、しょうゆ大さじ2、ごま油小さじ2】
水溶き片栗粉…大さじ1½

### 作り方
1 しめじは石づきを取って小房に分け、エリンギは半分の長さに切り、縦4等分に裂く。豚肉は4等分の長さに切り、厚揚げは湯通しして水けをきり、食べやすく切る。
2 フライパンにごま油、にんにく、しょうがを入れて熱し、香りが出てきたら1、長ねぎを炒め、塩、こしょうをふる。油が回ったら、Aを入れてさっと炒め、最後に水溶き片栗粉でとろみをつける。

## きのこと豚肉のストロガノフ

生クリームのコクがおいしい濃厚な一皿

玉ねぎの甘味がよく合う！
粒マスタードをトッピングしても美味

きのこのおかず

### 材料（4人分）
- しめじ・マッシュルーム…各1パック
- 玉ねぎ…1個
- 豚ロースしゃぶしゃぶ用肉…200g
- 白ワイン・生クリーム…各100㎖
- 塩…小さじ1
- こしょう…少々
- バター…20g

### 作り方
1. しめじは石づきを取って小房に分け、マッシュルームは石づきを取って縦4等分に切る。玉ねぎは半分に切り、1cm幅に切る。豚肉は塩小さじ½とこしょう少々（分量外）をもみ込む。
2. 鍋にバターを熱し、1のきのこと玉ねぎを炒める。油が回ったら、豚肉を入れて炒め、塩・こしょうをふり、火が通ったら白ワインを加え煮立てる。量が半量くらいになったら、生クリームを加えてさっと煮込む。

1人分 301kcal　冷蔵4日間　冷凍1ヶ月

## きのことささみのホイル焼き

小分けして作れるからお弁当にもおすすめ！

チーズがとろけておいしい！
万能ねぎをのせたりポン酢で食べても◎

### 材料（4人分）
- しめじ…½パック
- エリンギ…1本
- 鶏ささみ…4本
- A【塩小さじ¼、こしょう少々、酒大さじ3】
- ピザ用チーズ…2つかみ
- しょうゆ…適量

### 作り方
1. しめじは石づきを取って小房に分ける。エリンギは半分の長さに切り、縦6等分に裂く。ささみは筋を取ってそぎ切りにし、ボウルに入れてAをもみ込む。
2. アルミホイルを4枚広げ、それぞれにオリーブオイル小さじ1（分量外）をぬる。きのこ、ささみ、チーズをのせてホイルを包み、魚焼きグリルで5分ほど加熱する。しょうゆをかけて食べる。

**調理のコツ**　鶏ささみはそぎ切りにし、厚みを均等にします。お酒を入れることで肉の臭みを消し、コクを増してくれます。

1人分 107kcal　冷蔵4日間　冷凍1ヶ月（ホイルに包んで焼く前の状態で）

## しいたけの肉詰めフライ

しいたけとひき肉の旨味が詰まった一品

作りおきの肉ダネを使えば便利
コロッとした見た目がかわいい

### 材料（4人分）
- しいたけ…12個（小さめで丸っこいカサのものがあれば特によい）
- ハンバーグの肉ダネ（P45）…半量
- 薄力粉・溶き卵・パン粉・揚げ油・中濃ソース…各適量

### 作り方
1. しいたけはカサと軸に分け、軸は細かく切る。
2. 肉ダネにしいたけの軸を加え、さっと混ぜ合わせ、12等分にする。しいたけのカサに薄力粉適量（分量外）をまぶし、肉ダネをくっつけて丸める。
3. 2を薄力粉、溶き卵、パン粉の順で衣をつけ、170℃の揚げ油で揚げる。ソースをつけて食べる。

1人分 422kcal　冷蔵4日間　冷凍1ヶ月（揚げずに衣をつけた状態で）

## 乾物のおかず

# 切り干し大根の甘酢あえ

大根を噛むごとに、甘酸っぱい味が口に広がっておいしい甘酢あえ。大根のほかに、にんじんとセロリも加えて、より歯応え豊かに仕上がります。お酒のおつまみにも！

1人分 88 kcal　 冷蔵 4日間　 冷凍 1ヶ月

### ● 材料（4人分）

切り干し大根…30g
にんじん…大½本
セロリ…1本
塩…2つまみ
A【米酢大さじ3、塩2つまみ、砂糖・しょうゆ各小さじ2】
B【ごま油・白ごま各大さじ1】

 調理のコツ
切り干し大根はよくもみ洗いすることがおいしく食べるポイント。よく洗うことで大根独特の臭みが消えます。

### ● 作り方

**1 水で戻す**

切り干し大根はたっぷりの水に20分ほどつけて戻し、水けをきっておく。

**2 野菜を切る**
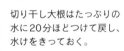
にんじん、セロリはせん切りにする。

**3 塩でもむ**

ボウルに2を入れて塩を加えてもみ、5分ほどおいてから水けを絞る。

**4 水けを絞る**

戻した切り干し大根の水けを絞る。

**5 あえる**

ボウルにAを入れて砂糖を溶かすように混ぜ、3と4を加えてさっとあえる。

**6 仕上げる**

最後にBを加え、全体に混ぜ合わせる。

## ごちそうひじき煮

たっぷりのだしで煮含めた、味わい深い一品

### 材料（4人分）
- ひじき…40g
- こんにゃく…½枚
- さやいんげん…10本
- 油揚げ…2枚
- にんじん（3cm長さの短冊切り）…½本分
- ゆでた大豆…1カップ
- おでん用ちくわ（薄めの乱切り）…1本分
- A【和風だし（P72）50㎖、しょうゆ大さじ5、砂糖大さじ4、酒50㎖、みりん大さじ3】

### 作り方
1. ひじきはきれいに洗い、15分ほど水につけて戻し、水の色が澄むまでよく洗う。油揚げは湯通しして短冊切り、こんにゃくは短冊切りにし、下ゆでする。いんげんは筋を取り、塩ゆでして冷水にとり、斜め薄切りにする。
2. 鍋にAを入れて煮立て、ひじき、油揚げ、にんじん、こんにゃく、大豆、ちくわを加え、時々混ぜながら汁けがなくなるまで煮含める。最後にさやいんげんを加える。

乾物のおかず

1人分 314 kcal ／ 冷蔵 1週間 ／ 冷凍 1ヶ月

## 高野豆腐の肉詰め煮込み

豆腐のなかにひき肉たっぷりの優しい味わい

### 材料（4人分）
- 高野豆腐…4個
- A【鶏ももひき肉200g、玉ねぎ（みじん切り）¼個分、卵½個、パン粉大さじ2、塩小さじ½、しょうゆ小さじ2、酒大さじ1】
- B【和風だし（P72）400㎖、酒50㎖、しょうゆ・みりん各大さじ2】

### 作り方
1. 高野豆腐は水で戻し、半分に切り、中に肉ダネを詰められるように包丁を入れる。
2. ボウルにAを入れてよく混ぜる。8等分にし、1の高野豆腐の中に詰める。
3. 鍋にBを入れて煮立て、2を加える。落とし蓋をして、弱火で20分ほど煮込む。

1人分 231 kcal ／ 冷蔵 4日間 ／ 冷凍 1ヶ月

## チャプチェ

春雨と肉、野菜を炒めた韓国のおかず

### 材料（4人分）
- 韓国風春雨…50g
- 牛こま切り肉…150g
- にんじん（細切り）…⅓本分
- しいたけ（軸を取り、薄切り）…3枚分
- 卵…2個
- A【塩・砂糖各2つまみ】
- ごま油…大さじ1
- 塩…2つまみ
- B【しょうゆ・コチュジャン各大さじ1½、酒50㎖、砂糖小さじ2】
- 万能ねぎ（4cm幅）…⅓束分

### 作り方
1. 春雨は戻し、半分の長さに切る。卵は溶きほぐしてAを加え、フライパンでさっと炒めて取り出しておく。
2. フライパンにごま油を熱し、にんじん、しいたけを炒める。油が回ったら塩を入れ、牛肉、春雨を加えて炒める。
3. 2にBを加えて炒め、万能ねぎと1の卵を加えて水分がなくなるまで炒める。

1人分 260 kcal ／ 冷蔵 4日間 ／ 冷凍 1ヶ月

167

1人分 218 kcal ・冷蔵 4日間 ・冷凍 1週間

## クープイリチー

クープは昆布、イリチーは炒めるという意味の沖縄料理!

### 材料（4人分）
- 豚ばらかたまり肉（拍子木切り）…150g
- 塩…2つまみ
- 切り昆布…30g
- にんじん（細切り）…½本分
- さつま揚げ（薄切り）…1枚分
- A【砂糖・しょうゆ各大さじ2、酒50㎖、水100㎖】

### 作り方
1. 豚肉は塩をもみ込んでおく。昆布は水で洗ってザルにあげる。
2. フライパンを熱し、豚肉を脂を出すように炒め、にんじん、昆布を加えて炒め、油が回ったら、さつま揚げを加えて炒める。
3. 2にAを回し入れ、弱めの中火で煮からめる。

**調理のコツ** 黒糖があれば、砂糖の代わりに使うとコクが増します。合わせ調味料は、砂糖をよく溶かしてから加えるのがコツ。

1人分 127 kcal ・冷蔵 4日間 ・冷凍 1ヶ月

## かにと春雨の炒めもの

ごま油の香りがおいしさを引き立てる

### 材料（4人分）
- かに（ほぐし身）…100g
- 春雨…50g
- ごま油…大さじ2
- A【長ねぎ（みじん切り）½本分、にんにく・しょうが（みじん切り）各小さじ1】
- B【中華だし(P73) 100㎖、酒大さじ1、しょうゆ小さじ1、塩2つまみ】

### 作り方
1. 春雨は戻して半分の長さに切る。
2. フライパンにごま油大さじ1とAを入れ熱し、弱火で炒める。香りが出てきたら、かにと1の春雨を加えてさっと炒め、Bを加えて炒め煮する。
3. 仕上げにごま油を大さじ1加え、さっと炒める。

## しらすとわかめの卵焼き

塩と酒でシンプルに味つけ。ごま油の香りがポイント

### 材料（4人分）
- 卵…5個
- 塩…1つまみ
- 酒…大さじ1
- しらす干し…ふんわり入れて1カップ
- わかめ…水で戻したもの55g
- ごま油…適量

### 作り方
1. ボウルに卵を溶き、塩、酒を加えて混ぜて、しらす干しと細かく刻んだわかめを加えてさっと混ぜる。
2. P123の卵焼きの要領で焼き、食べやすい厚さに切る。

1人分 148 kcal ・冷蔵 4日間 ・冷凍 2週間

168

乾物のおかず

## 松前漬け
数の子と具材を漬け込む、北海道の郷土料理

濃いめの味つけでご飯がすすむ！
噛むたびに旨味が広がる

### 材料（4人分）
- 数の子（塩漬け）…8本
- 切り昆布…20g
- するめいか（細切り）…50g
- にんじん…2本
- しょうゆ・みりん・酒各50㎖

### 作り方
1. 数の子はたっぷりの水につけ、何度か水を替えながら一晩つける。表面の薄い皮は水の中で取れるだけ取り、6等分に切る。にんじんは昆布の細さに合わせて細切りにする。
2. 密閉容器に全ての材料を入れて漬け込む。一晩寝かせてからが食べごろ。

**調理のコツ**：小さな子どもも食べる場合は、酒とみりんを煮切ってから使うとよいでしょう。その場合も、煮切った酒とみりん各50㎖にしてください。

1人分 129kcal ／ 冷蔵10日間 ／ 冷凍1ヶ月

## 高野豆腐のごまから揚げ
2種類のごまの香ばしさが全体のアクセントに

一口サイズで食べやすい！
しっかり味で冷めてもおいしい

### 材料（4人分）
- 高野豆腐…3枚
- A【しょうゆ・酒・みりん各大さじ2、しょうが（すりおろし）小さじ2】
- B【薄力粉大さじ4、水大さじ2½】
- C【白ごま大さじ1、黒ごま大さじ2】
- 揚げ油…適量

### 作り方
1. 高野豆腐は水で戻して水けをきり、6等分に切る。Aと一緒にボウルに入れてもみ込む。
2. 1の水分を絞り、混ぜ合わせたBにくぐらせて、混ぜ合わせたCをつける。
3. 2を170℃の揚げ油でじっくり揚げる。

1人分 187kcal ／ 冷蔵4日間 ／ 冷凍1ヶ月

## 桜えびと玉ねぎ、そら豆のかき揚げ
えびとそら豆の春らしい彩りも美しい一品

そら豆が入って、食べ応えアップ
桜えびの香ばしさが合う

### 材料（4人分）
- 桜えび…½カップ
- 玉ねぎ…1個
- そら豆…1袋
- 天ぷら粉・冷水…各大さじ3
- 揚げ油…適量

### 作り方
1. 玉ねぎは薄切り、そら豆はさやから出し、薄皮をむく。
2. ボウルに桜えび、1を入れて天ぷら粉をまぶし、冷水を加えてサクッと混ぜる。
3. 揚げ油を180℃に熱し、2をディナースプーン1杯分くらいずつ落とし入れ、揚げる。

**食べ方のコツ**：冷蔵・冷凍保存をしたかき揚げを温めるときは、アルミホイルで包んでトースターで。かき揚げ丼やうどん、そばにのせてアレンジを。

1人分 345kcal ／ 冷蔵4日間 ／ 冷凍2週間

169

## おそうざいサラダ

魚介たっぷり！

ごちそうサラダのおいしい作り方

バジルを入れて爽やかに！

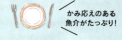
かみ応えのある魚介がたっぷり！

# シーフードサラダ

新鮮な魚介を入れた食べやすいサラダです。魚介の生臭さが残らないよう、きちんと下処理をしましょう。野菜はシャキシャキ感を味わうため、事前に氷水につけるとベター。

1人分 199 kcal ／ 冷蔵 2日間 ／ 冷凍 NG

### ・材料（4人分）

えび（ブラックタイガーなど）…6尾
ゆでだこ（足）…2本
ほたて…小8個
ミニトマト…10個
A【塩小さじ1、酒50ml】
バジル…8枚
サニーレタス…2枚
レモンの搾り汁…½個分
B【EVオリーブオイル大さじ2、しょうゆ小さじ2、塩・こしょう各少々】

### ・作り方

**1 野菜を氷水につける**
バジルとサニーレタスを氷水に20分ほどつけ、シャキッとさせる。

**2 材料を切る**
ミニトマトは横半分に切り、たこはぶつ切り、ほたては半分に切り水けを拭く。えびは背ワタを取る。

**3 えびをゆでる**
1ℓの熱湯にAとえびを入れ、えびが赤くなったら火を止めてそのまま冷まし、冷めたら殻をむく。

**4 レタスをちぎる**
1のサニーレタスを食べやすい大きさにちぎり、布でレタスを包んで水けをきる。

**5 あえる**
ボウルに野菜と魚介を入れ、Bを加えてあえる。レモンの搾り汁を加え、バジルをちぎって加える。

**保存のコツ**
氷水につけて布で水けをきったレタスは、そのまま保存袋に入れておけば、シャキシャキのまま2〜3日ほど保存可能。

## 春菊とくるみ、じゃこのサラダ
くるみ、じゃこ、れんこんの歯応えが楽しい

色々な食感が楽しい！
しょうゆ味でご飯にも合う

### 材料（4人分）
- 春菊…½束
- くるみ…⅓カップ
- ちりめんじゃこ…大さじ
- れんこん…小1節
- EVオリーブオイル…大さじ1½
- しょうゆ…小さじ2
- 塩・こしょう…各少々

### 作り方
1. 春菊は葉のやわらかい部分を摘み、冷水につけてシャキッとさせ、水けをきる。れんこんは皮をむき、薄い半月切りにして酢水にさらし、さっとゆでて水けを拭き取る。くるみは軽くローストし、粗く砕く。
2. 春菊とくるみ、ちりめんじゃこ、れんこんをボウルに入れ、EVオリーブオイル、しょうゆ、塩、こしょうの順でさっとあえる。

1人分 115 kcal ／ 冷蔵 3日間 ／ 冷凍 NG

**調理のコツ** サラダに春菊を使う場合は、やわらかい葉の部分を摘むのがポイント。余った茎の部分やかたい部分は、パスタや肉豆腐、炒め物に。

## トマトとツナ入りにんじんサラダ
すっきりした酸味で野菜をたっぷりいただける

チーズ削りを使えば味がよくからむ！
色鮮やかで食卓が華やかに！

### 材料（4人分）
- にんじん…2本（約150g）
- トマト…1個
- 紫玉ねぎ…¼個
- ツナ（油漬け）…小1缶
- イタリアンパセリ…2枝
- 赤ワインビネガー…大さじ2
- 塩…2つまみ
- こしょう…少々
- EVオリーブオイル…大さじ1½

### 作り方
1. にんじんはせん切りにする。トマトは8mm角に切り、紫玉ねぎはみじん切りにする。
2. ボウルに、1、油をきったツナ缶を入れ、赤ワインビネガー、塩、こしょうで味をととのえて、EVオリーブオイルをかけてあえる。最後に刻んだイタリアンパセリを加える。

1人分 123 kcal ／ 冷蔵 4日間 ／ 冷凍 NG

**調理のコツ** 最初にオリーブオイルであえて全体をコーティングしてから、塩を加えます。また、トマトの種の部分を取り除くと日持ちします。

## 豆腐とわかめのサラダ
しょうゆベースのドレッシングが具材によく合う

ごまドレッシングがよく合う
島豆腐を使えばさらにおいしい！

### 材料（4人分）
- 豆腐の中華マリネ（P135）…4個
- わかめ…35g
- 紫玉ねぎ（薄切り）…½個分
- サニーレタス…½束
- ドレッシング【しょうゆ50㎖、EVオリーブオイル25㎖、塩・こしょう少々、米酢・白すりごま各大さじ1】

### 作り方
1. わかめは水で戻して水けをきり、食べやすい大きさに切る。紫玉ねぎと食べやすい大きさにちぎったサニーレタスは氷水につけてシャキッとさせ、水けをきっておく。
2. ボウルに手でちぎった豆腐の中華風マリネ、1を入れ、ドレッシング適量を回しかける。

1人分 103 kcal ／ 冷蔵 2日間 ／ 冷凍 NG

**調理のコツ** 豆腐のオイル漬けがなければ普通の豆腐でもOK。あれば島豆腐か木綿豆腐を使うと水っぽくならずにおいしい。

おそうざいサラダ

ボリューム満点サラダ！

## ヤムウンセン

甘酸っぱいソースがおいしい、タイの春雨サラダ

豚ばら肉を使ってボリュームアップ

1人分 341kcal ／ 冷蔵2日間 ／ 冷凍NG

材料（4人分）
春雨…80g
豚ばら薄切り肉…4枚
えび…8尾
やりいか…1杯
きゅうり…1本
きくらげ…7個
A【紫玉ねぎ（薄切り½個分、パクチー・バジル・青じそ・ピーナッツ（粗く刻む）各適量】
ドレッシング【スイートチリソース・レモンの搾り汁各50ml、ナンプラー大さじ1½、サラダ油大さじ1、ごま油小さじ1】

作り方
1 春雨はたっぷりの熱湯で5分ゆでて戻し、冷水でよく洗って水けをきり、食べやすい長さに切る。豚肉は1cm幅に切り、えびはP170の作り方3同様にゆでる。いかは皮をむいて内臓と骨を取り、輪切りにしてさっとゆでる。
2 きゅうりは半分に切って薄く斜め切りにし、きくらげは水で戻して、細切りにする。
3 ボウルに1、2、Aを入れ、ドレッシングであえる。

卵は粗めに切るのがコツ ／ きゅうりの食感も楽しい

## ポテトサラダ

手でざっくり切ったゆで卵がアクセント

1人分 327kcal ／ 冷蔵4日間 ／ 冷凍NG

材料（4人分）
じゃがいも…中3個
玉ねぎ…¼個
きゅうり…1本
ハム（短冊切り）…4枚分
ゆで卵…3個
A【マヨネーズ山盛り大さじ7、塩小さじ½、黒こしょう少々】

作り方
1 じゃがいもはゆでるか蒸して皮をむき、つぶす。玉ねぎは薄切りにし、冷水にさらして水けをよくきる。きゅうりは輪切りにし、塩1つまみ（分量外）でもみ、5分ほどおいて水けを絞る。ゆで卵は手で切っておく。
2 ボウルに全ての具材を入れ、Aとあえる。

調理のコツ　じゃがいもを電子レンジで加熱する場合は、皮をむいて4等分に切り、5分ほど水にさらしてから、ふんわりとラップをかけて5分加熱して。

マヨネーズとツナが絶妙！ ／ 主食にもなるサラダ！

## スパゲッティサラダ

バジルの風味で爽やかな仕上がりに

1人分 295kcal ／ 冷蔵3日間 ／ 冷凍NG

材料（4人分）
スパゲッティ…60g
ツナ（油漬け）…小1缶
トマト…1個
バジル…8枚
ゆで卵…3個
A【マヨネーズ大さじ3、EVオリーブオイル大さじ2、塩2つまみ、こしょう少々】

作り方
1 スパゲッティは表示より1分長くゆで、EVオリーブオイル小さじ2（分量外）とあえておく。ツナは油をしっかりきり、トマトはざく切りにする。卵は手で割る。
2 ボウルに1、バジルを入れ、Aとあえる。

調理のコツ　スパゲッティは袋の表示よりも1分ほど長くゆでると冷やしても麺が固くなりません。

## ひじきとささみのサラダ
枝豆とにんじんも入って、満足度の高い一品

おそうざいサラダ

**材料**（4人分）
ひじき…40g
ゆでささみ（下記）…3本
（ハムでもOK）
にんじん…1/3本
むき枝豆…90g
サラダ用寒天…5g
**A**【EVオリーブオイル大さじ3、しょうゆ大さじ1、しょうがの絞り汁小さじ1、塩・こしょう各少々、白ごま大さじ2】

**作り方**
1 ひじきは水で戻し、さっとゆで、ゆでささみはほぐす。にんじんは細切りにし、さっと塩ゆでする。寒天は水で5分ほど戻し、水けをよくきる。
2 ボウルに全ての具材を入れ、Aとさっとあえる。

**ゆでささみの材料と作り方**（作りやすい分量）
鍋に水2ℓ、長ねぎ（青い所）1/2本分、しょうが（スライス）4枚、酒50mℓを入れて火にかける。沸騰したら塩小さじ1、鶏ささみ肉8本を加え、沸騰させないようにゆらゆらと5分ほど加熱し、火を止め、鍋のまま冷ます。

1人分 203kcal / 5日間 / 2週間

## マカロニサラダ
隠し味のカレー粉が全体の味を引き締める

水けをしっかりきってからあえて

**材料**（4人分）
フジッリ…50g
ゆでえび…10尾
玉ねぎ…1/4個
むき枝豆…100g
**A**【マヨネーズ大さじ5、カレー粉小さじ1/4、塩・こしょう各少々、砂糖小さじ1】

**作り方**
1 フジッリは表示通りゆでる。ゆでえびは半分の厚みに切り、玉ねぎは薄切りにし、冷水にさらして水けを絞る。
2 ボウルに全ての具材を入れ、Aとあえる。

**調理のコツ**: 枝豆の代わりにそら豆やグリーンアスパラガスを使っても。

1人分 216kcal / 4日間 / 2週間

## ニース風サラダ
具だくさんのサラダはパーティーにもピッタリ！

ゴロゴロの具材で見栄えも◎

**材料**（4人分）
自家製まぐろのツナ（P103）…100g
じゃがいも（メークイン）…小2個
ミニトマト…5個
さやいんげん…8本（細め）
黒オリーブ（輪切り）…25g
ゆで卵…3個
**A**【EVオリーブオイル大さじ3、白ワインビネガー大さじ1、塩3つまみ、こしょう少々】

**作り方**
1 ツナは食べやすい大きさに、じゃがいもはゆでて皮をむき4等分、ミニトマトは横半分に切り、さやいんげんは筋を取り、塩ゆでして冷まし、3等分に切る。ゆで卵は手で半分に割る。
2 器に全ての具材を盛り付け、混ぜ合わせたAをかける。

**調理のコツ**: じゃがいもは大きいものなら3個用意し、4等分に切って。電子レンジで7分ほど加熱してもOK。インカのめざめやキタアカリなどもおすすめ。

1人分 253kcal / 3日間 / NG

173

column

# 冷凍野菜からのパパッと料理

## ゴーヤチャンプル
ごま油を使って、風味豊かに仕上げて

### 材料(4人分)
- 冷凍ゴーヤ(P16)…1本分
- 冷凍せん切りにんじん(P16)…½本分
- 木綿豆腐…1丁
- 豚ばら薄切り肉…200g
- 卵…4個
- ごま油…大さじ1
- 塩…少々
- 酒…大さじ2
- しょうゆ…大さじ1弱
- かつお節…適量

### 作り方
1. 豆腐はP65の麻婆豆腐の作り方1と同様に水きりし、横半分に切ってから7～8mm幅に切る。豚肉は5cm幅に切る。卵は溶いておく。
2. フライパンにごま油を熱し、豆腐を両面焼き、焼き色がついたらフライパンの端に寄せ、空いたスペースで豚肉に塩少々(分量外)をふって炒める。
3. 2に凍ったままの冷凍ゴーヤと冷凍にんじんを加えて炒め、塩をふる。野菜に火が通ったら、酒を加えて水分を蒸発させ、溶き卵を回し入れて10秒ほどおいてからさっと混ぜる。最後にしょうゆを回しかけてさっと混ぜる。
4. 器に3を盛り、かつお節をかける。お好みで、しょうゆ少々をかけて食べてもよい。

1人分 381 kcal

ほろ苦さがくせになる!

## トマト、なす、豚肉炒め
野菜たっぷりで栄養補給に最適!

### 材料(4人分)
- 冷凍トマト(P16)…1個
- なす…2本
- 豚ばら薄切り肉…6枚
- しょうが(みじん切り)…1かけ分
- 長ねぎ(斜め切り)…½本分
- 塩…2つまみ
- 酒・しょうゆ…各大さじ1
- サラダ油…大さじ1
- ごま油…大さじ1

### 作り方
1. 冷凍トマトは凍ったまま水でこすって洗うと皮が取れるので取り、凍ったまま12等分に切る。なすは皮をむいて2cm角くらいに切る。豚肉は3cm幅に切る。
2. フライパンにサラダ油を熱し、豚肉、しょうが、長ねぎを加えて炒め、香りが出てきたら塩をふり、なすを加えて油が回るまで炒める。
3. 2にトマトを加えて時々混ぜながら蓋をして加熱する。ある程度解凍できたら、酒としょうゆを加え、水分を飛ばすように煮からめる。仕上げにごま油を回し入れる。

1人分 203 kcal

トマトが具材によくからんで美味!

## パプリカのきんぴら
火を通したパプリカは甘くておいしい!

### 材料(4人分)
- 冷凍細切りパプリカ(P16)…半量
- ちりめんじゃこ…大さじ2
- ごま油…大さじ1
- みりん…大さじ1
- しょうゆ…小さじ2

### 作り方
フライパンにごま油を熱し、ちりめんじゃこをカリカリになるまで炒める。冷凍パプリカを凍ったまま加えて炒め、みりんとしょうゆを加えて味をととのえる。

じゃこを加えて旨味アップ

1人分 73 kcal

## たらこマッシュ
レモンの爽やかな酸味をプラスして

### 材料(4人分)
- 冷凍マッシュポテト(P16)…中3個分
- たらこ…1～2腹
- A [EVオリーブオイル大さじ3、レモンの搾り汁小さじ2、玉ねぎ(すりおろし)小さじ1]
- 塩・こしょう…各少々
- EVオリーブオイル…適量
- パルミジャーノレッジャーノチーズ…適量

### 作り方
1. 冷凍マッシュポテトは自然解凍させておく。たらこは薄皮に包丁で切り込みを入れてスプーンで身をかき出す。
2. ボウルに1とAを入れて混ぜ、塩、こしょうで味をととのえる。
3. フライパンに2を入れ、じゃがいもがしっとりするまで加熱する。
4. 器に3を盛り、EVオリーブオイルを少量かけ、チーズをすりおろし、こしょう少々(分量外)をふる。

冷凍じゃがいもならではの食感!

1人分 248 kcal

174

野菜不足になりたくないけれど、いつも新鮮な野菜を買い揃えておくのも大変。
そんなときは冷凍の野菜を用意しておくと便利！ 凍ったまま調理できるレシピも多数あります。

## 揚げなすと小松菜の炒め煮
とろみをつけただしをよくからめて

### 材料（4人分）
- 冷凍揚げなす（P16）…3本分
- 冷凍ゆで小松菜（P16）…1束分
- 鶏ひき肉…200g
- にんにく・しょうが（みじん切り）…各1かけ分
- サラダ油…小さじ2
- A【和風だし（P72）100㎖、酒50㎖、しょうゆ・みりん各大さじ2、塩1つまみ、砂糖大さじ1】
- ごま油…小さじ1
- 水溶き片栗粉…大さじ2

### 作り方
1. 深めのフライパンにサラダ油、にんにく、しょうがを入れて弱火で熱し、香りが出たらひき肉を加えて炒める。ひき肉の色が変わったら、A、凍ったままの冷凍なす、冷凍小松菜を入れて加熱し、解凍されたら水分を飛ばすようにしばらく炒める。
2. 1に水溶き片栗粉を加えてとろみをつける。水分を飛ばすように強火で少し加熱し、ごま油を加えて香りをつける。

和風だしで風味豊か！

1人分 **292** kcal

## きのことツナのオムレツ
好きなきのこを使って自由にアレンジ！

### 材料（4人分）
- 冷凍ミックスきのこ（P16）…お玉4杯分
- 卵…6個
- A【牛乳大さじ1½、塩2つまみ、こしょう少々】
- バター…45g
- ツナ（油漬け）…小1缶
- 塩・こしょう…各少々
- トマトソース（P197）…適量
- バジル…適量

### 作り方
1. 卵はAを加えて溶いておく。
2. フライパンに凍ったままの冷凍きのこを入れて水分を飛ばすように炒め、ある程度水分が飛んだらバターを15g加えて炒める。ツナを加え、塩、こしょうで味をととのえ、水分を飛ばすように炒める。
3. フライパンにバター15gを熱し、1を半量入れ、2の半量を包むようにオムレツを作る。これを2つ作る。
4. 器に3を盛り、トマトソースをかけ、バジルをのせる。

きのこの旨味とツナのコクが絶妙

1人分 **277** kcal

## 落とし卵とオクラのみそ汁
冷凍したまま火にかけるだけ！

### 材料（4人分）
- 冷凍ゆでオクラ（P16）…1袋
- 油揚げ…1枚
- 絹ごし豆腐…1丁
- 酒…大さじ1
- 卵…4個
- 和風だし（P72）…800㎖
- みそ…大さじ4

### 作り方
1. 油揚げは短冊切りにし、豆腐は1cm角に切る。
2. 鍋に和風だしを入れて沸かし、酒、油揚げ、豆腐、凍ったままの冷凍オクラを加える。豆腐が浮いてきたら、卵を落とし入れ、好みのかたさに固まるまで待つ。
3. 2の火を弱め、みそを溶き、火を止める。

卵が入って食べ応えあり！

1人分 **197** kcal

## キャベツとベーコンの卵とじ
ベーコンの脂をじっくり出してうまみアップ

### 材料（4人分）
- 冷凍ゆでキャベツ（P16）…4枚
- スライスベーコン…4枚
- 卵…3個
- オリーブオイル…大さじ2+小さじ2
- 塩・こしょう…各少々
- しょうゆ…大さじ1

### 作り方
1. スライスベーコンは2cm幅に切る。卵は溶いておく。冷凍キャベツはざく切りにする。
2. フライパンにオリーブオイル大さじ2を熱し、1の卵液を加えてさっと混ぜ、取り出す。
3. フライパンにオリーブオイル小さじ2を熱し、ベーコンを加えて炒め、脂が出てきたらキャベツも加える。水分を飛ばすようにさっと炒め、塩、こしょうをふり、2の卵を戻し入れ、さっと炒める。しょうゆをかけて食べる。

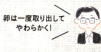

卵は一度取り出してやわらかく！

1人分 **254** kcal

column

# 困ったときのクイックおかず ④

少し物足りないときのプラス一品に、パパッと手軽に作れるメニュー！

## 明太ポン酢冷奴
すっきりとした味わいでいただける

**材料（4人分）**
- 絹ごし豆腐…1丁
- A【明太子1腹、ポン酢しょうゆ大さじ1½、EVオリーブオイル大さじ2】
- 万能ねぎ（小口切り）…大さじ2

**作り方**
1. 豆腐は4等分に切り、ペーパータオルで包んで水けを拭き取る。Aはよく混ぜ合わせる。
2. 器に豆腐を盛り、万能ねぎをのせ、Aをかける。

オリーブオイルで風味が増す

1人分 144 kcal

## 玉こんにゃくの炒り煮
こんにゃくはカラッと炒めて食べ応えアップ

**材料（4人分）**
- 玉こんにゃく…2袋（アク抜きしてあるもの）
- ごま油…大さじ1
- しょうゆ…大さじ2
- 酒…大さじ1
- 塩…1つまみ
- かつお節…小1パック

**作り方**
1. フライパンにごま油を熱し、水けをきった玉こんにゃくを入れてチリチリになるまで炒める。しょうゆ、酒、塩を加えて味をととのえ、器に盛り、かつお節をかける。

ヘルシーなこんにゃくのおかず

1人分 47 kcal

## 小松菜とじゃこのオイル蒸し
赤唐辛子の辛みが効いてお酒にも合う！

**材料（4人分）**
- 小松菜…1束
- ちりめんじゃこ…大さじ3
- 赤唐辛子…1本
- にんにく（つぶす）…1かけ分
- オリーブオイル…大さじ2
- 塩…2つまみ
- こしょう…少々

**作り方**
1. 小松菜は半分に切り、赤唐辛子は種を取っておく。
2. 厚手の鍋かフライパンにオリーブオイル、にんにく、赤唐辛子を入れて弱火にかけ、香りが出たら、小松菜を加えてさっと混ぜる。蓋をして1分ほどおき、さっと混ぜ、塩、こしょうで味をととのえる。
3. 器に2を盛り、ちりめんじゃこをかける。

にんにくの風味がおいしい

1人分 71 kcal

## ハーブフライドポテト
フライパンで焼き揚げすれば、揚げ物も簡単

**材料（4人分）**
- じゃがいも…大2個
- 揚げ油…適量（EVオリーブオイル大さじ2を入れて揚げると風味がつく）
- ローズマリー…2枝
- 塩…少々

**作り方**
1. じゃがいもは皮をむいて12等分に切り、水にさらす。耐熱容器に入れてラップをかけ、電子レンジで5分加熱する。
2. フライパンに揚げ油を入れて熱し、1のじゃがいもとローズマリーを揚げ色がつくまで焼き揚げにする。揚げたてに塩をふる。

レンチンして揚げるからラク！

1人分 79 kcal

## PART 6

時間があるときに作っておきたい

# 煮込みおかず&
# あったかスープ

作りおきおかずの代表ともいえる「煮込み&スープ」。
時間のあるときに、じっくりコトコト煮込んでストックしておけば、
時間がない日に温めるだけで一品できて便利です。

作りおきおかずで 持ちよりパーティー ❶

# 牛ステーキ肉のグリルがメインのおもてなし

おいしいワインを開けたら、パーティーのはじまり！
ジューシーに焼き上げたステーキをメインにした、豪勢なメニューです。
おつまみになるような濃厚なクリームパイやラタトゥイユのカナッペを添えて。果物を使ったサラダは、口直しにも最適です。

メインのステーキで一気に豪華な食卓！
**1187 kcal**

〈簡単カクテル〉
**カシスレモンワイン recipe**

〈1杯分〉コップにたっぷりの氷、カシスリキュール50㎖、レモンの搾り汁¼個分、赤ワイン100㎖を入れて2回ほど優しく混ぜ、ソーダ水100㎖を注ぐ。

**memo**
**輸入牛をおいしく焼く方法**

大勢が集まるホームパーティーには、ドーンとお肉が欠かせません！ ただ和牛は値段が張ってしまう……。そこでスーパーなどでも手軽に買うことができる、アメリカ産のプライムリブなどをおいしく焼いてみるのはいかがでしょうか？牛肉は常温に戻してから強火でさっと焼き、焼き時間と同じくらいの時間、アルミホイルに包んで休ませてから切ると、きれいなミディアムレアに焼きあがります。和牛に比べ脂肪分が少ない赤身の肉なので、バターをくぐらせるとほどよい脂分と風味が増しさらにおいしくなります。

**いちじくとソフトサラミの**
**グリーンサラダ recipe**

〈4人分〉サニーレタス⅓個は食べやすい大きさにちぎり、ベビーリーフ1袋、ディル4枚とともに冷水につけてシャキッとさせる。ボウルに入れ、EVオリーブオイル大さじ3、米酢大さじ1、塩2つまみ、こしょう少々でさっとあえる。いちじく2個分を8等分に切り、ソフトサラミ4枚とともにボウルに加え、混ぜる。

**178 kcal**

178

### ラタトゥイユの
### バゲットのせカナッペ recipe
バゲットを1cm厚さの斜めに切り、ラタトゥイユ(P146)をのせ、パルメジャーノレッジャーノチーズ(すりおろし)をかける。

**49 kcal**

### マッシュルームと
### ほうれん草のクリームパイ
▶▶P163

コクのある生クリームたっぷりのパイは赤ワインにぴったり。

**622 kcal**

### ハーブフライドポテト
▶▶P176

カリッと揚げたポテトは少し大きめサイズで食べ応え満点に。

**53 kcal**

### 牛ステーキ肉のグリル recipe
〈作りやすい分量〉牛ステーキ用肉(アメリカ産プライムリブなどの輸入牛でOK)は2cmほど厚みのある1枚400gくらいのものを用意する。調理する30〜45分ほど前に冷蔵庫から出して常温にする。塩小さじ1と多めのこしょうをすり込み、オリーブオイル大さじ1をもみ込む。フライパンを強火で熱し、牛肉を1分30秒ほど焼き、裏返して1分焼いて取り出す。バター10gを塗り、アルミホイルに包んで3〜5分ほどおく。切り分けてしょうゆや市販のステーキソースをかけて食べる。

**285 kcal**

### サフランライス recipe
炊飯器に白米3合、サフラン5g、オリーブオイル・酒各大さじ1、塩小さじ1を入れ、3合の目盛りまでの水とローリエ1枚を加え、炊く。
**190 kcal**

### じゃがいもとハムのスペイン風オムレツ
▶▶ P124
食べやすいサイズに切り分けて。粉チーズをかけてもおいしい。
**193 kcal**

### シーフードサラダ
▶▶ P170
シーフードマリネと葉物野菜は別々の保存容器に入れて。
**133 kcal**

作りおきおかずで **持ちよりパーティー ❷**

# ひとくちイタリアン風
# ハンバーグのおもてなし

大勢が集まるパーティーでは、
フォークとナイフで切り分ける必要のない料理が食べやすくて便利！
ハンバーグもオムレツも小さめサイズで提供するホスピタリティを。
腹持ちのよいライスやポテトを添えて。

一口サイズで
見た目もかわいい♪

総エネルギー
**1010 kcal**

**ひとくちイタリアン風
ハンバーグ
▶▶P46**

ハンバーグはたくさん用意
して盛り付けると、見た目
も豪華に！　**291 kcal**

**マッシュポテト ▶▶P161**
クリーミーなマッシュポテ
トは、肉料理によく合う便
利な一品。　**203 kcal**

### memo
### 持ちよりパーティーに
### 便利な容器のこと

持ちよりパーティーは、持ち運ぶための容器選び
も大事です。そのままテーブルに出せるカラフル
でデザイン性のある密閉容器などを使うといいで
すね！　ホストのお宅でお皿を借りずに済みます。
持ち運びの際の液漏れを防ぐために、サラダ用の
葉物野菜や水分のあるものは密閉瓶などに入れる
のがおすすめです。ホットデリは、容器にワック
スペーパーなどを敷いてから詰めると、余分な油
分を吸ってくれますし、紙のようにくっついてし
まうこともありません。容器に詰めたら、かわい
いクロスで包んで持って行くのもおすすめです。
気持ちも晴れやかになりますし、ホスト宅でパッ
と何かを拭いたり敷いたりするときに使えて役立
ちますよ。

181

**煮込みおかず**

ご飯にもお酒にも！

人気おかずのおいしい作り方

# 豚もつ煮込み

煮込み料理は直径27cmぐらいの鍋で多めに作って、余った分は冷凍保存が便利！

1人分 265kcal　冷蔵4日間　冷凍1ヶ月

### • 材料（27cmの鍋で作れる分量）

豚白もつ（ボイル済みのもの）…400g
A【にんにく（つぶす）・しょうが（薄切り）各1かけ分、長ねぎ（青い部分）1本分、酒100ml】
大根…⅓本
にんじん…1本
こんにゃく…1枚
みそ…½カップ
長ねぎ（白い部分・小口切り）…1本分

### • 作り方

**1　ゆでこぼす**
豚もつは沸騰した湯に入れ、再度沸騰したら取り出し、ゆで汁を捨てる。

**2　香草と一緒にゆでる**
鍋に1、Aとたっぷりの水を入れ、2時間ほどゆでる。途中アクが出てきたら取り除く。

**3　材料を切る**
大根とにんじんは皮をむき乱切りにし、こんにゃくは手で小さめにちぎり、下ゆでする。

**4　野菜とこんにゃくを加えて煮る**
2に大根とにんじんを加え、やわらかくなるまで煮込んだら、こんにゃくを加える。

**5　みそを加える**
みそを溶き入れ、30分ほど煮込む。器に盛り、冷水につけてシャキッとさせた長ねぎを添える。

**調理のコツ**
最初からしっかり味をつけてしまうと、数日煮込んでいくうちに味が濃くなりすぎてしまいます。最初は薄いかな？ぐらいでじっくり煮込んでいくのがおすすめです。

## 牛すじの土手煮
肉のゆで汁を加えるから深いコクが味わえる

### 材料（27cmの鍋で作れる分量）
大根…1/3個
こんにゃく…1枚
ゆで牛すじ(P54)
　…2カップ
ゆで牛すじのゆで汁(P54)
　…400㎖
田舎みそ・みりん・砂糖
　…各大さじ2

### 作り方
1 大根は皮をむいて半月切り、こんにゃくは手でちぎり、それぞれ下ゆでする。
2 厚手の鍋にゆで牛すじと牛すじのゆで汁を入れて煮、1、みそ、みりん、砂糖を加えて落とし蓋をし、弱火で30分～1時間ほどコトコト煮込む。

> **調理のコツ** 時間があるときは20分煮込んで冷ますを何度か繰り返すと、よりおいしく煮込めます。

＊おすすめ！小さなおかず＊

焼き油揚げの香味梅あえ →P133

塩なめたけ →P164

## 牛肉のトマト煮込み
赤ワインとホールトマトでじっくり煮込んで

### 材料（27cmの鍋で作れる分量）
牛カレー用肉…1kg
A【塩小さじ1、こしょう小さじ1/2】
薄力粉…大さじ2
オリーブオイル…大さじ3
にんにく(つぶす)…2かけ分
玉ねぎ(みじん切り)
　…2個分
セロリ・にんじん(みじん切り)…各1本分
B【赤ワイン400㎖、ホールトマト缶1缶、ローリエ2枚、塩小さじ1】
水…200㎖

### 作り方
1 牛肉にAをもみ込み、薄力粉をまぶす。
2 厚手の鍋にオリーブオイル大さじ2を熱し、1を並べ入れ、焼き色がつくまで焦がさないよう両面焼き、取り出す。
3 2の鍋ににんにくとオリーブオイル大さじ1を入れて弱火にかけ、香りが出てきたら玉ねぎを加えて炒める。透明感が出てきたらセロリ、にんじんを加えてしんなりするまで炒める。
4 3に2の牛肉を戻し、Bと水を加えて2時間ほど、肉がやわらかくとろんとするまで煮込む。

煮込みおかず

1人分 247kcal 冷蔵4日間 冷凍1ヶ月

1人分 511kcal 冷蔵4日間 冷凍1ヶ月

おもてなしや特別な日にも◎

## ビーフシチュー
おもてなしにも使える、定番ごちそうメニュー

ゴロゴロの具材でリッチなおかず

### 材料（27cmの鍋で作れる分量）
- ゆで牛すね肉(P54)…1kg分
- 玉ねぎ（くし形切り）…2個分
- にんじん（シャトー切り）…2本分
- じゃがいも（4等分にし、面取り）…大2個分
- マッシュルーム（石づきを取る）…2パック
- 赤ワイン…1本
- 水…1ℓ
- A【デミグラスソース1缶、ビーフシチューの素（市販）1パック】
- ゆでブロッコリー（小房に分ける）…1個
- ローリエ…2枚
- サラダ油…大さじ2

### 作り方
1. 鍋にサラダ油を熱し、玉ねぎとローリエを入れて炒め、にんじん、じゃがいもを加えて油が回るまで炒める。同時に違う鍋で赤ワインを半量になるまで煮つめておく。
2. 1の野菜が入っている方の鍋にゆで牛すね肉、マッシュルーム、1の赤ワイン、水を加えてにんじんがやわらかくなり、じゃがいもにすっと竹串が通るまで煮込む。
3. 2にAを加えて10分ほど弱火で煮、ブロッコリーを加える。

1人分 613kcal / 冷蔵4日間 / 冷凍1ヶ月

**調理のコツ**　すね肉やすじ肉は時間のあるときや前日などに下ゆでしておくのがコツ。冷凍保存も可能です。

## 白菜のクリームシチュー
白菜の優しい甘みが染み出しておいしさアップ

白菜の甘味が引き立つ！  ご飯でもパンでもおいしい

### 材料（27cmの鍋で作れる分量）
- 鶏もも肉…2枚
- A【塩小さじ½、こしょう少々】
- サラダ油…大さじ1
- 玉ねぎ（薄切り）…1個
- スライスベーコン（1cm幅の短冊切り）…5枚
- にんじん（乱切り）…1個分
- じゃがいも（一口大）…大2個分
- マッシュルーム（薄切り）…1パック
- 白菜（ざく切り）…¼個分
- B【ローリエ1枚、牛乳1ℓ、水400mℓ】
- 生クリーム…200mℓ
- クリームシチューのルウ（市販）…12皿分

### 作り方
1. 鶏肉は脂を取り除いて一口大に切り、Aをまぶしておく。
2. 厚手の鍋にサラダ油を熱し、1をきつね色になるまで炒め、玉ねぎ、ベーコンを加えてしんなりするまで炒める。にんじん、じゃがいもを加えて透明感が出るまで炒め、マッシュルームを加えて油が回るまで炒める。
3. 2にBを加え、にんじんとじゃがいもがやわらかくなるまで煮込む。
4. 3に生クリームとルウを加えて10分ほど煮込み、白菜を加えて白菜がとろんとなるまで煮る。

1皿分 390kcal / 冷蔵4日間 / 冷凍1ヶ月

# ロールキャベツ

お肉の旨味たっぷりのスープごといただく

肉ダネはしっかり混ぜるのがコツ！

### 材料（27cmの鍋で作れる分量）
- キャベツ…1玉
- A【合びき肉450g、玉ねぎ（みじん切り）½個分、塩・ナツメグ・パプリカパウダー各小さじ½、こしょう1つまみ、トマトケチャップ大さじ1】
- ブロックベーコン（マッチ棒大）…120g
- にんにく（つぶす）…1かけ分
- EVオリーブオイル…大さじ2
- ホールトマト缶…1缶、
- B【白ワイン・水各100㎖、チキンブイヨン1個】

### 作り方
1. キャベツは芯の周りに包丁を入れて芯を取り、ボウルに入れ、芯を取り出した部分に水を流して葉を1枚1枚はがす。はがれたら、2ℓくらいの湯に塩小さじ1（分量外）を入れてゆで、氷水につける。
2. Aをよく混ぜ合わせ、1のキャベツで包む。
3. 厚手の鍋ににんにく、EVオリーブオイルを入れて弱火にかけ、香りが出てきたらベーコンを入れて炒める。
4. 3にホールトマトを手でつぶしながら入れ、B、2を加えて弱火で2時間ほど煮込む。

> **調理のコツ**　煮崩れせずにとろとろに煮込むポイントは、鍋にぎゅうぎゅうにロールキャベツを詰めることです。

# チキンとパプリカの煮込み

鶏もも肉とベーコンで、深みのある味わいに

### 材料（27cmの鍋で作れる分量）
- 鶏もも肉…大2枚（約600g）
- 塩・こしょう…各少々
- 薄力粉…適量
- オリーブオイル…大さじ2½
- にんにく（つぶす）…2かけ分
- ブロックベーコン…130g（短冊切り）
- 玉ねぎ…大1個（粗みじん切り）
- 白ワイン…200㎖
- A【ホールトマト缶（手でつぶす）1缶、パプリカ（ピーマンOK／1.5cm幅に切る）1個分、ローリエ1枚、はちみつ・塩各小さじ2、こしょう少々】

### 作り方
1. 鶏肉は1枚を6～8等分に切り、塩、こしょうをふり、薄力粉を薄くまぶす。
2. 厚手の鍋にオリーブオイル大さじ1½、にんにくを入れて弱火にかける。香りが出てきたらにんにくを一度取り出し、鶏肉を入れ、表面がこんがりするまで焼く。
3. 2にベーコンを加えて炒め、余分な油は取り除く。
4. 3にオリーブオイル大さじ1、玉ねぎを加えて透明感が出るまで炒め、2のにんにくを戻し、白ワインを加えて弱めの中火で蓋をせず、時々かき混ぜながら15分ほど煮込む。
5. 4にAを加え、さらに15分ほど煮込む。

煮込みおかず

子どもにも大人にも人気おかず

1人分 365 kcal ／ 冷蔵 4日間 ／ 冷凍 1ヶ月

鮮やかな色合いでおもてなしにも　ベーコンからも旨味たっぷり

1人分 407 kcal ／ 冷蔵 4日間 ／ 冷凍 1ヶ月

## あさりとじゃがいもの<br>トマトソース煮込み
もちっとした新じゃがを使うと、食べ応え満点に

#### 材料（27cmの鍋で作れる分量）
あさり…500g
じゃがいも…大3個
にんにく（みじん切り）
　…1かけ分
オリーブオイル…大さじ3

A【トマト（1.5cm角）中5個
　分、塩・こしょう各少々】
白ワイン…50㎖
塩・こしょう…各少々

#### 作り方
1. あさりは塩水につけて砂をはかせておく。じゃがいもは竹串が通る程度に蒸し、一口大に切る。
2. 鍋にオリーブオイルとにんにくを入れ弱火で熱し、香りが出たらAを加え、弱火で15分ほど煮込む。
3. 2に白ワイン、あさり、じゃがいもを入れ、蓋をして中弱火にかける。あさりの口が開いたら塩、こしょうで味をととのえる。

**調理のコツ**：じゃがいもはマッシュしてから冷凍を。食べるときは、自然解凍後、フライパンで加熱するのがおすすめ。

1人分 224kcal ／ 冷蔵 4日間 ／ 冷凍 1ヶ月（じゃがいもは除いて）

## ポトフ
野菜がたっぷりで、栄養バランスを整えたいときに

#### 材料（27cmの鍋で作れる分量）
豚肩ロースかたまり肉
　…600g
水…2ℓ
A【ブロックベーコン（食べやすい大きさに切る）200g、ソーセージ4本、玉ねぎ（半分に切る）2個分、セロリ（筋を取り、2〜3等分に切る）2本分、にんじん（縦半分にし、2〜3等分に切る）1本分、にんにく2かけ、ローリエ2枚、粒黒こしょう小さじ1、塩少々】
じゃがいも（皮をむき、半分に切る）…中2個
かぶ…2個
キャベツ（4等分に切る）
　…½個

#### 作り方
1. 豚肉はさっと洗い、食べやすい大きさに切る。じゃがいもは水につけておく。かぶは茎を2cm残して葉を落とし、皮を厚めにむき半分に切る。
2. 鍋に水を入れて火にかけ、沸騰する直前に1の豚肉を入れ、ゆらゆらと湯が動く程度の弱火で煮込む。アクが出始めてもそのままにし、しばらくするとアクが茶色くかたまってくるので、大胆にすくい、水が減った場合は水を加える。
3. 2にAを加え、蓋をせずにごく弱火で、肉がやわらかくなるまで2時間半ほど煮る。
4. 3にかぶ、キャベツ、じゃがいもを加え、塩で味をととのえ、かぶがやわらかくなったら火を止める。好みで塩（分量外）を添えていただく。

1人分 532kcal ／ 冷蔵 4日間 ／ 冷凍 1ヶ月（じゃがいもは除いて）

# うちのおでん

おでんのだしが染みこんだ手羽先が絶品！

かわいい具材で
おもてなしにも◎

### 材料（27cmの鍋で作れる分量）
- 鶏手羽先…4個
- こんにゃく（一口大）…1枚分
- がんもどき・つみれ・しらたき（小巻き）・さつま揚げ・結び昆布・ゆで卵・生麩…各4個
- はんぺん（三角形に4等分）…1枚分
- おでんのだし【和風だし（P72）1ℓ、薄口しょうゆ大さじ3、酒・みりん各大さじ1】

### 作り方
1. しらたき、こんにゃく、練り物類、手羽先は下ゆでする。
2. 鍋におでんのだしの材料を入れて沸騰させ、全ての具材を入れ、煮立たせないように弱火で1時間ほどゆでる。
3. 2を一度しっかりと冷ましてから、もう一度、煮立たせないように20分ほど煮込む。

**調理のコツ**　時間があれば、ゆらゆらと表面が動く程度の弱火で20分ゆで→完全に冷ますを2回ほど繰り返して味を染みこませるとおいしく仕上がります。

# 簡単参鶏湯（サムゲタン）

韓国の鶏肉煮込み料理を自宅で手軽に

具材はあるもので
代用してもOK

優しい味つけで
ホッとする

### 材料（27cmの鍋で作れる分量）
- A【鶏手羽元8本、もち米大さじ4（なければ普通の米でOK）、なつめ8個、クコの実・松の実、各大さじ2、にんにく3かけ、朝鮮人参小4本（なければ入れなくてOK）、長ねぎ（斜め薄切り）⅓本分、酒100㎖、塩小さじ1】
- 三つ葉（ざく切り）…½束分
- ごま油…少々
- 針しょうが…½かけ分
- 塩…適量

### 作り方
1. Aの鶏手羽元は火が通りやすいように包丁で骨に沿って切れ目を入れる。もち米は水に3時間ほどつけておく。
2. 鍋にAとひたひたの水を入れ、コトコトと弱火で45分ほど煮込む。
3. 食べる際に、三つ葉、ごま油、針しょうが、塩をトッピングする。

**調理のコツ**　なつめは韓国食材や乾物店などで手に入りますが、なければ、季節なら生の栗、または天津甘栗を入れても。なつめを入れない場合は、はちみつ小さじ¼程度を加えて甘みを足しましょう。また、優しい味付けでスープを仕上げているので、食べるときにお好みで塩を足して食べて。

煮込みおかず

一度冷ましてから
温め直すのがコツ

1人分 450 kcal ／ 冷蔵 4日間 ／ 冷凍 1ヶ月（こんにゃくとしらたきは除いて）

1人分 277 kcal ／ 冷蔵 3日間 ／ 冷凍 1ヶ月

# あったかスープ

人気おかずのおいしい作り方

## クラムチャウダー

旨味たっぷりのあさりを、白ワインやバターで煮込んだ深いコクのあるスープがおいしいクラムチャウダー。細かく刻んだ野菜もたくさん入って、栄養満点な一品です。

1人分 473kcal / 冷蔵 3日間 / 冷凍 1ヶ月

### ・材料（4人分）

- あさり（殻つき）…500g
- 白ワイン・水…各80ml
- バター…30g
- にんにく（みじん切り）…1かけ分
- A【ベーコン（1cm幅）8枚分、玉ねぎ（1.5cm角）1個分、にんじん（1.5cm角）1本分、じゃがいも（1.5cm角／水につける）中1個分】
- マッシュルーム（4等分に切る）…1パック分
- ローリエ…1枚
- 生クリーム…200ml
- 塩・こしょう…各適量

### ・作り方

**1 砂出しをする**

あさりは塩水につけ、砂をはかせておき、流水でこすり洗いをする。

**2 蒸し煮にする**

フライパンに1を入れ、水と白ワインも加えて蓋をし、中火にかける。あさりの口が開いたら火を止める。

**3 身を取り出す**

あさりの身を殻から取り出し、フライパンの煮汁に戻しておく。殻は捨てる。

**4 野菜、ベーコンを炒める**

鍋にバター、にんにくを熱し、Aを順に加えて炒め、塩少々（分量外）をふり、マッシュルームを加える。

**5 あさりを加えて煮る**

4に3のあさりとあさりの煮汁、ローリエを加え、じゃがいもとにんじんに火が通るまで10分ほど煮込む。

**6 生クリームを加える**

5に生クリームを加えさらに5分ほど煮込み、塩、こしょうで味をととのえる。

# オニオングラタンスープ
とろとろのチーズを玉ねぎにからめていただく

### 材料（4人分）
- 玉ねぎ…大4個
- バター…20g
- コンソメブイヨン…1個
- 水…3カップ
- バゲット（スライス）…4枚
- とろけるチーズ…30g
- 刻みパセリ…適量

### 作り方
1. 玉ねぎは半分に切って薄切りにし、耐熱容器に入れ、ラップをかけ電子レンジで7分加熱する。
2. 熱した鍋にバターを入れ、1の玉ねぎを強めの中火でよく混ぜながら13分ほど飴色に変わるまで炒める。
3. 2にコンソメブイヨンと水を加えて煮込み、耐熱容器に注ぐ。
4. 3にカリカリに焼いたバゲットを入れ、チーズをのせる。
5. 4をトースターに入れてチーズが溶けるまで焼き、仕上げにパセリを散らす。

**調理のコツ**　とろけるチーズの代わりにグリュイエールチーズを入れると本格的な味に！　とろろいもやお餅をのせてトースターで焼いてもおいしい。

1人分 135 kcal／冷蔵 1日間／冷凍 NG（飴色玉ねぎのみ1ヶ月）

# ミネストローネ
少量のカレー粉ときび砂糖が隠し味に！

### 材料（4人分）
- じゃがいも（約8mmの角切り）…2個分
- にんにく（つぶす）…2かけ分
- ベーコン（5mm幅）…120g
- 玉ねぎ（粗みじん切り）…1個分
- セロリ（薄切り）…½本分
- にんじん（約8mmの角切り）…1個分
- 塩…大さじ1
- A【白ワイン100ml、ホールトマト缶（手でつぶす）100g、ローリエ3枚、水600ml】
- キャベツ（ざく切り）…¼個分
- ショートパスタ…30g（表示通りゆでる）
- B【砂糖小さじ2、カレー粉小さじ⅛】
- オリーブオイル・塩・こしょう・パルミジャーノレッジャーノチーズ（すりおろし）…各適量

### 作り方
1. じゃがいもは水にさらしておく。
2. 鍋ににんにくとオリーブオイルを入れて弱火にかけ、にんにくの香りが出たら、ベーコン、玉ねぎ、セロリを入れ、野菜に透明感が出るまで炒める。にんじん、じゃがいも、塩を加え、さっと炒め、Aを加えて15分ほど煮込む。
3. 2にキャベツ、ショートパスタ、Bを加え5分ほど煮、塩、こしょうで味をととのえる。
4. 器に盛り、パルミジャーノレッジャーノチーズをかける。

1人分 316 kcal／冷蔵 4日間／冷凍 1ヶ月

## えびワンタンとレタスのスープ

豚ひき肉とえびペーストの相性が抜群！

### 材料（4人分）
- えびペースト(P200)…大さじ4
- 豚ひき肉…150g
- A【しょうゆ・ごま油各小さじ2、塩少々】
- ワンタンの皮…30枚
- B【中華だし(P73) 800㎖、酒50㎖、塩小さじ½、こしょう適量、しょうゆ大さじ1】
- レタス(ざく切り)…1個分

### 作り方
1 ボウルにえびペースト、豚ひき肉、Aを入れ、混ぜ合わせる。
2 ワンタンの皮の中央に1をのせ、三角形に包む。
3 鍋にBを入れて中火にかけ、沸騰したら1のワンタンとレタスを加えてワンタンが浮かんできてから1分ほど煮る。

**調理のコツ**　レタスはシャキッとさせてから加えます。余裕があれば、ワンタンを別ゆでしてからスープに加えると澄んだスープのままおいしく食べられます。

1人分 254kcal ／ 冷蔵1日間 ／ 冷凍1ヶ月（スープとワンタンは分けて保存）

## にんじんとかぼちゃのクリームスープ

牛乳と生クリームを加えて丁寧にのばして

### 材料（4人分）
- にんじん(半月切り)…1本分
- かぼちゃ(皮と種を取り、2cm角)…¼個分
- 玉ねぎ(薄切り)…1個分
- にんにく(薄切り)…1かけ分
- バター…大さじ1
- 牛乳…400㎖
- 生クリーム…100㎖
- 塩・こしょう…各適量
- きび砂糖…小さじ¼

### 作り方
1 鍋にバターを熱し、にんにく、玉ねぎ、塩少々（分量外）を加えて炒め、しんなりしたらにんじんとかぼちゃを加えて炒める。
2 1にひたひたの水（分量外）を加え、にんじんがやわらかくなるまで煮込む。
3 2をミキサーで撹拌し、再び鍋に戻す。牛乳を加えてのばし、塩、こしょう・きび砂糖で味をととのえ、生クリームを加える。

**調理のコツ**　きび砂糖はなければ入れなくても大丈夫ですが、加えるとコクが出ます。三温糖やはちみつでもOK。

1人分 302kcal ／ 冷蔵4日間 ／ 冷凍1ヶ月

# なすと豚肉のすいとん

もっちりとしたお団子入りで満腹に！

お団子が入って満足感アップ

お好みで根菜を具材にしても◎

### 材料（4人分）
- なす…4本
- 豚ばら薄切り肉（3cm幅に切る）…6枚
- 薄力粉…150g
- 塩…小さじ½弱
- 水…½カップ弱
- サラダ油…大さじ1
- A【和風だし（P72）1ℓ、しょうゆ大さじ2、塩小さじ1、酒50mℓ】
- しょうゆ・塩…適宜

### 作り方
1. ボウルに薄力粉と塩を入れて混ぜ、水を少しずつ加えて5本の指でざっとかき混ぜる。水分が全体に回ったらひとつにまとめてポリ袋に入れ、1～2時間寝かせる。
2. なすはヘタを取り、調理直前に縦4等分に切る。
3. 鍋にサラダ油を熱し、豚肉を炒め、脂が出てきたらなすを加える。油が回るまで炒めたらAを加え、沸騰したら1の団子を一口大にちぎり、指で薄くのばして鍋に入れる。お好みでしょうゆと塩を加えて味をととのえる。すいとんに透明感が出て浮いてくるまで煮る。

1人分 303 kcal ／ 冷蔵 1日間 ／ 冷凍 2週間（すいとんのみ）

あったかスープ

# 白みそと酒粕の豚汁

甘いみそと酒粕の香りがふわりと漂う

### 材料（4人分）
- 豚ばらかたまり肉…400g
- 長ねぎ…1本
- こんにゃく…1枚
- 大根（1cmの厚さのいちょう切り）…3cm分
- サラダ油…大さじ2
- 和風だし（P72）…1ℓ
- 油揚げ（さっと湯通しする）…1枚
- 酒…50mℓ
- 白みそ…80～100g
- 酒粕…大さじ2

### 作り方
1. 長ねぎの白い部分は1cm幅に切り、青い部分はとっておく。こんにゃくは食べやすい大きさにちぎり、水から入れて火にかけ、沸騰したら2分ほどゆで、ザルにあげて水けをきる。油揚げは半分に切り、1cm幅に切る。
2. 鍋にサラダ油を熱し、大根、豚肉、こんにゃく、油揚げを加えて軽く炒め、和風だし、ねぎの青い部分を加え、沸騰したら中火にし、アクと油をすくい取りながら煮る。
3. 野菜に火が5割方通ったら、酒、半量のみそ、酒粕を加えて煮る。完全に火が通ってやわらかくなったら残りのみそ、ねぎの白い部分を加え、ねぎに火が通るまで煮る。最後にねぎの青い部分を取り除く。

体ポカポカ！寒い冬におすすめ

酒粕を加えればコクが増す！

**調理のコツ**：みそはメーカーによって塩分が異なります。レシピの分量を参考にして味をみながら加えましょう。何種類かのみそを混ぜて入れるとおいしいです。白みそを少し加えると甘みが出るのでおすすめ。酒粕を入れると冬は特に温まります。また、具材にごぼうなどを加えても◎。

1人分 372 kcal ／ 冷蔵 3日間 ／ 冷凍 1ヶ月

column

## 冷蔵庫整理メニュー
金曜日に必ずチェック！

作りおきおかずと残った食材を無駄なく使い切るために、1週間に1度冷蔵庫内の整理をする習慣を。
毎週金曜日の夜は、冷蔵庫、冷凍庫、野菜室、乾物ストックの引き出しをチェック！

### 冷蔵庫整理のコツ

**コツ1 早く食べ切りたい！というものは金曜日の夜に冷蔵庫へ**

冷蔵庫の引き出しをチェックしながら、現時点のストック品が何なのかを把握します。そして、冷凍室にある早く食べ切りたいものは冷蔵室へ移して自然解凍し、週末に食べ切ること。

**コツ2 乾物の賞味期限が近づいてきたら翌週使う**

乾物はいつまでも保存できると思っていませんか？　それは大間違い。乾物にも賞味期限はあるんです。賞味期限が近づいているものがあったら、次週のおかず作りに利用します。

**コツ3 冷蔵庫掃除はメニューを考えずにラクラク献立作り！**

毎週金曜日の夜に必ず冷蔵庫チェックをすることで、週末の食卓が豊かになるばかりか、献立作りのヒントにもなるのでおすすめです。何より無駄なく食べ切ることが大切です。

---

ごはんやパスタでワンディッシュ！

## いろいろカレー
**余った食材を刻んで煮込むだけ！**

冷蔵庫にある具材をお好みで！

1人分 816 kcal

**材料（4人分）**
- 肉（豚ばら薄切り肉などなんでもOK。ツナ缶でも）…250g
- 玉ねぎ（薄切り）…1個分
- いも類（さつまいもなどなんでもOK。かぼちゃでも／半月切りにして水にさらす）…150g
- きのこ類（しめじなどなんでもOK／ほぐす）…1パック分
- 冷凍オクラ（アスパラやズッキーニなどでもOK／斜め半分切り）…6本分
- サラダ油…大さじ1
- ローリエ…1枚
- 水…600㎖
- カレールウ（市販）…6皿分
- A【ガラムマサラ小さじ1、バター10g】
- 塩・こしょう…各少々
- ご飯…4膳
- ゆで卵・アーモンドスライス…各適宜

**作り方**
1. 厚手の鍋にサラダ油を熱し、玉ねぎ、ローリエをしんなりするまで炒め、肉を入れて炒め、いもを加えてさらに炒める。
2. 水を加えて沸騰したらきのこを加え、アクをしっかり取りながら、弱火でさつまいもに竹串が通るまで煮込む。
3. 一度火を止め、カレールウを加えて混ぜ、凍ったままの冷凍オクラを加えて火をつけ、弱火で10分ほど煮込む。仕上げにAを加える。
4. 器にご飯を盛り、3をかける。お好みでゆで卵やアーモンドスライス適量を添えてもよい。

## かつおの手こね寿司

刺身が余ったらコレが一番おすすめ！

### 材料（2杯分）
- 刺身（かつお、まぐろ、ぶりなど）…½さく
- A【しょうゆ大さじ4、みりん大さじ3】
- 寿司飯…多めの2膳分
- 青じそ（せん切り）…4枚分
- 焼きのり…⅓枚
- 万能ねぎ（小口切り）…2本分
- 白いりごま…大さじ1

### 作り方
1. 刺身は5mm幅に切り、ボウルに入れ、Aを加えて混ぜ合わせる。
2. 寿司飯に青じそを加えて混ぜる。
3. 器に2をよそい、のりをちぎってのせる。1のかつおをのせて、上から万能ねぎをのせ、ごまをふる。

味が染みた刺身がご飯に合う

1人分 565 kcal

1人分 702 kcal

## あんかけチャーハン

肉と魚介の旨味が贅沢！

少量の魚介や肉を使って豪華チャーハン！

### 材料（2杯分）
*チャーハン*
- 卵…2個
- 魚介（ゆでだこ、えび、いか、ほたてなど／1cm幅）…適量
- ごま油…大さじ1½
- ご飯…2膳
- 万能ねぎ（小口切り）…3本分
- A【塩1つまみ、しょうゆ小さじ2】

*あんかけ*
- 余った肉（豚ばら薄切り肉など／1cm幅）…4枚分
- 余った野菜（ピーマン、アスパラガスなど／細切り）…2個分
- B【酒大さじ2、水100mℓ、塩1つまみ、しょうゆ大さじ1½、砂糖小さじ1】
- 水溶き片栗粉…大さじ1～2

### 作り方
1. チャーハンを作る。フライパンにごま油大さじ1を熱し、さっと溶いておいた卵液を流し入れてかき混ぜてから一度取り出す。ごま油大さじ½を熱し、魚介を炒め、塩（分量外）をふる。ご飯を加えてよく炒め、万能ねぎ、2の卵を加え、Aで味をととのえ、器に盛る。
2. あんかけを作る。フライパンにごま油を熱し、肉と野菜を入れて炒め、Bを加えて煮立て、水溶き片栗粉でとろみをつける。1の上にかける。

## 春菊とえび、ベーコンのパスタ

青菜と魚介、ベーコンの相性抜群！

### 材料（2皿分）
- スパゲッティ…160g
- EVオリーブオイル…大さじ2＋適量
- にんにく（つぶす）…1かけ分
- えび（下処理をして半分の厚みに切る）…6尾分
- スライスベーコン（細切り）…2枚分
- 青菜（春菊、水菜やせりなど／3cm幅）…½束分
- 酒…大さじ2
- A【バター8g、塩2つまみ、こしょう適宜】
- パルミジャーノレッジャーノチーズ…適宜

### 作り方
1. スパゲッティは塩（分量外）を加えた熱湯で表示より1分短くゆでる。
2. フライパンにオリーブオイルとにんにくを入れて弱火にかけ、香りが出てきたら、えびとベーコンを加えて炒める。
3. 2に酒を加えて沸騰させ、春菊と1を加えてからめる。Aを加えて炒め、皿に盛る。チーズをすりおろし、EVオリーブオイル適量をかける。

春菊の苦味とベーコンの旨味が合う

1人分 595 kcal

## ボリューム満点のおかずに！

### いろいろかき揚げ
余りもの食材でササッとできる！

**材料（4人分）**
- にんじん（マッチ棒くらいの細切り）…1本
- まいたけ（食べやすくほぐす）…1パック分
- ゆでえび（1cm幅に切る）…8尾分
- 万能ねぎ（小口切り）…1本分
- 天ぷら粉・冷水…各1カップ
- 揚げ油…適量

＊今回は上記の具ですが、なすやいんげん豆などもおすすめ。

**作り方**
1. ボウルに天ぷら粉、水を入れて混ぜる。
2. 1ににんじん、まいたけ、えび＆万能ねぎをそれぞれくぐらせ、180℃の揚げ油で揚げる。

お好みの野菜、魚介、きのこを使って

1人分 495kcal

### オイスターソース炒め
炒め物は冷蔵庫整理の鉄板！

**材料（4人分）**
- なす（乱切り）…大1本
- ピーマン（1cm四方）…1個
- ほたて（大きければ半分か4等分に切る）…4個分
- するめいか（皮をむいて輪切り）…½杯
- サラダ油…大さじ2
- 塩…1つまみ
- 酒…大さじ2
- オイスターソース…小さじ1½
- こしょう…少々

**作り方**
1. フライパンにサラダ油を熱し、なすを炒め、油が回ったら塩を加えてさらに炒める。
2. ピーマン、ほたて、いかを加えて炒め、酒、オイスターソースを加えて魚介に火が通るまで炒め、仕上げにこしょうをふる。

オイスターソースが食欲をそそる！

1人分 123kcal

## スープにも！

### なんでもトマトスープ
肉や豆、野菜など、なんでもトマトスープに！

**材料（作りやすい分量）**
- にんにく（つぶす）…1かけ分
- ローリエ…1枚
- オリーブオイル…大さじ1
- 玉ねぎ（粗みじん切り）…½個分
- にんじん（8mm角切り）…½本分
- A【スライスベーコン（細切り）2枚分、青大豆（ひよこ豆やキドニービーンズ、白いんげん豆、大豆、黒豆などなんでも可）戻したもの1カップ、パプリカ（赤・黄／1cm角切り）各⅓個分】
- B【酒50㎖、水600㎖、ホールトマト缶½缶】
- ハンバーグのタネ（P45）…150g
- 塩…小さじ1
- ピザ用とろけるチーズ・バジル…各適量

**作り方**
1. 鍋にオリーブオイル、にんにく、ローリエを入れて火にかけ、香りが出てきたら玉ねぎ、にんじんを炒める。Aも加えてさっと炒め、Bを加え、ハンバーグのタネを丸めて入れる。塩を加え、にんじんに火が通るまで煮込む。
2. 器に1を盛ってこしょう適宜（分量外）をふり、チーズとバジルをのせる。

冷蔵庫にある野菜で簡単！

1人分 266kcal

## 漬けるだけ！

### なんでも浅漬け
野菜室に残った野菜ならなんでもOK！

**材料（作りやすい分量）**
- お好みの野菜（キャベツ、かぶ、みょうが、きゅうりなどなんでも可）…適量
- A【昆布10cm長さ2枚、水1ℓ、塩大さじ1】
- 赤唐辛子…1本

**作り方**
1. 大きめの容器にAを入れ、食べやすい大きさに切った野菜、種を取った赤唐辛子を加える。にんにくや柚子の皮を一緒に漬けても◎。
2. 1を冷蔵庫に入れて漬ける。翌日から食べられるが、2日目くらいがおいしい。翌日くらいなら、しょうゆをさっと回しかけて食べても。

箸休めにぴったり！

1人分 38kcal

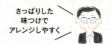

## 余った材料で鍋料理も！

塩味にキムチと卵がマッチ！

### ちゃんこ鍋

キムチと温泉卵をからめて食べるのがおいしい！

1人分 139kcal

#### 材料（1人分）
- 豚ばら薄切り肉（半分の長さに切る）…4枚分
- 油揚げ…½枚
- 絹ごし豆腐（1cm幅）…⅓丁分
- せり・白菜（ざく切り）…各適量
- しめじ（小房に分ける）…適量
- しらたき（小巻き）…3個
- A【和風だし（P72）400㎖、酒50㎖、塩小さじ1、しょうゆ大さじ2】

#### 作り方
1. 油揚げは湯通しし、食べやすい大きさに切る。
2. 鍋にAを入れて煮立て、葉物野菜以外の具を入れて10分ほど煮る。
3. 2に残りの葉物野菜を加え、お好みのクタクタ感になるまで煮る。お好みでキムチと温泉卵をからめて煮る。

食べ方のコツ：小さな子どもは辛い味が苦手なので、キムチは後からトッピングを。温泉卵と一緒にからめて食べるのがおすすめ。

## ちゃんこ鍋リメイク

### おじや
お鍋に余った汁はおじやにして残さずいただく

#### 材料と作り方
1. 余ったちゃんこ鍋の汁400㎖にご飯を加えて火にかける。
2. 煮えてきたら、溶き卵1個分を流し入れて蓋をし、弱火で1分ほど煮る。仕上げに長ねぎの小口切り適量をのせる。

鍋の締めの定番メニュー

1人分 285kcal

### 中華麺
鍋の汁と卵黄が麺にからんで、コクがアップ！

#### 材料と作り方
1. 余ったちゃんこ鍋の汁400㎖に表示通りにゆでた中華麺½玉を入れて火にかけ、しょうゆ小さじ1～2で味をととのえる。
2. 仕上げにラー油適量をかけ、卵黄1個分をのせる。

卵黄をのせてまろやかに！

1人分 352kcal

### 煮込みパスタ
ちゃんこ鍋の汁で作る絶品和風パスタ

#### 材料と作り方
余ったちゃんこ鍋の汁400㎖に表示通りにゆでたスパゲッティ30gを入れて火にかけ、EVオリーブオイル大さじ1、ざく切りにしたトマト1個分、すりおろしたにんにく小さじ½を加えて煮からめる。仕上げにパルメザンチーズ大さじ1～2をかける。

トマトとチーズで一気にイタリアン！

1人分 358kcal

column

# おかず作りがラクになる！
# ソース・タレ・ペースト

市販のソースを使うのも手ですが、自宅でも簡単に作ることができます。
フレッシュでおいしく仕上がりますよ！

## ソース

### さっぱり梅ソース
和風だしと薄口しょうゆで作る

**材料**（作りやすい分量）
- 梅肉（叩く）…大さじ3
- 和風だし（P72）・しょうがの絞り汁・ごま油…各大さじ2
- みりん…大さじ1～2
- 薄口しょうゆ…小さじ1
- 砂糖…少々

**作り方**
全ての材料を混ぜる。

冷蔵 2週間

↓

### 大根と春菊とたこのサラダ
酸味のあるソースが食欲をそそる

**材料**（4人分）
- 大根（せん切り）…¼本分
- 春菊（葉のやわらかい所を摘む）…½束分
- ゆでだこ（足／輪切り）…1本分
- さっぱり梅ソース…大さじ6
- 黒炒りごま…適量

**作り方**
1. 大根と春菊は冷水につけてシャキッとさせ、水けをきる。
2. ボウルに全ての材料を入れてあえ、器に盛り、ごまをふる。

梅と春菊がよく合う！

1人分 101kcal

---

### ハニーマスタードソース
少ない具材でできる簡単ソース

**材料**（作りやすい分量）
- マヨネーズ…大さじ2
- 粒マスタード・はちみつ…各小さじ2

**作り方**
全ての材料を混ぜる。

冷蔵 2週間

↓

### チキンメンチカツ
カツに添えると濃厚で絶品に！

**材料**（4人分）
- A【鶏ももひき肉400g、玉ねぎ（みじん切り）½個分、卵1個、パン粉・牛乳各大さじ3、塩・こしょう・ナツメグ各少々】
- 薄力粉・溶き卵・パン粉・揚げ油…各適量
- ハニーマスタードソース…適量

**作り方**
1. ボウルに1を入れてよく混ぜ、小さく丸める。
2. 1に薄力粉、溶き卵、パン粉の順に衣をつけ、170℃の揚げ油でカリッときつね色になるまで揚げる。
3. 器に盛りハニーマスタードソースをかける。

甘めのソースで子どもも喜ぶ♪

1人分 454kcal

---

### パプリカマヨソース
彩りも美しいソースが完成

**材料**（作りやすい分量）
- パプリカ（みじん切り）…⅙個分
- ピーマン（みじん切り）…½個分
- マヨネーズ…60g
- ヨーグルト・生クリーム…各大さじ2
- レモンの搾り汁…½個分
- 塩・こしょう…各少々

**作り方**
全ての材料を混ぜる。

冷蔵 1週間

↓

### ほたてとえびの冷製パプリカソースがけ
おもてなしにも使えるメニュー

**材料**（4人分）
- ほたて…8個
- えび（殻をむき、尾と背ワタを取る）…8尾
- A【水600mℓ、レモン（輪切り）2枚、酒大さじ2、塩小さじ1】
- 塩…2つまみ
- EVオリーブオイル…大さじ1
- パプリカマヨソース…½カップ

**作り方**
1. 鍋にAを入れて沸騰させ、ほたてとえびを入れて火を止め、完全に冷めるまでおく。
2. ほたてとえびを取り出して器に盛り、塩、EVオリーブオイル、パプリカマヨソースをかける。

レモン汁が入ってさわやか！

1人分 259kcal

## トマトソース
完熟トマトでフレッシュに！

### 材料（作りやすい分量）
ホールトマト…2缶
オリーブオイル…大さじ2
にんにく（つぶす）…2かけ分
ローリエ…2枚
A【酒50㎖、塩1つまみ】

### 作り方
フライパンにオリーブオイル、にんにく、ローリエを入れて弱火にかけ、香りが出てきたら手でつぶしたホールトマトとAを加え、15～20分ほど弱火で煮込む。

⬇

## かつおのフライ イタリアン仕立て
トマトソースでさっぱりいただく

### 材料（4人分）
かつお（1cm幅に切る）…大1さく
塩・こしょう…各少々
薄力粉・溶き卵・パン粉・揚げ油…各適量
オリーブオイル…大さじ2
トマトソース…大さじ6
パルミジャーノレッジャーノチーズ（すりおろし）…大さじ2
バジル…8枚

### 作り方
1 かつおに塩、こしょうをふり、薄力粉、溶き卵、パン粉の順に衣をつけてオリーブオイルを加えた180℃の揚げ油できつね色になるまで揚げる。
2 器に盛り、トマトソース、チーズ、EVオリーブオイル少量（分量外）をかけ、バジルをのせる。

チーズとバジルでイタリアン♪
1人分 321kcal

## ホワイトソース
少量のナツメグがアクセントに

### 材料（作りやすい分量）
牛乳…300㎖
薄力粉…大さじ3
A【バター15g、生クリーム100㎖、塩1つまみ、こしょう・ナツメグ各少々】

### 作り方
鍋に牛乳と薄力粉を入れて泡立て器でよく混ぜ、火にかける。とろみがつくまで混ぜ、Aを加えてさらに混ぜる。

⬇

## えびとアボカドのクロックムッシュ
食パンにソースをたっぷりぬって

### 材料（2個分）
食パン（8枚切り）…2枚
ホワイトソース…適量
ハム…2枚
アボカド（スライス）…½個分
ゆでえび（半分の厚みに切る）…6尾
ピザ用チーズ…2つかみ
こしょう…少々

### 作り方
1 オーブンは190℃に温めておく。食パン2枚の片面にホワイトソースをたっぷりとぬる。
2 1枚のパンにハムを1枚おき、もう1枚のハムは半分に切って、切り口を外側に向けてのせる。アボカド、えび、チーズ1つかみ、ホワイトソースをぬった面を上にしたもう1枚の食パンを順にのせる。さらにチーズを1つかみのせたら、オーブン用シートをしいた天板におく。
3 2を180℃に下げたオーブンで20分ほど焼く。上が焦げそうになったらアルミホイルをかぶせる。仕上げにこしょうをふり、半分に切る。

食べ応えしっかり朝ごはんにも！
1個分 368kcal

## スイートチリソース
パプリカ入りで甘みアップ

### 材料（作りやすい分量）
赤パプリカ（みじん切り）…縦1cm幅分
にんにく（みじん切り）…1かけ分
赤唐辛子（みじん切り）…1本分
ナンプラー・米酢…各50㎖
砂糖…130g

### 作り方
全ての材料を小鍋に入れて沸騰させ、砂糖が完全に溶けたら冷ます。

⬇

## 生春巻き
たっぷり野菜とソースが合う

### 材料（4人分）
ライスペーパー（かために戻す）…8枚
鶏ささみ…2本
ナンプラー…大さじ1
えび（殻をむき、尾と背ワタを取る）…2尾
ビーフン…30g
ごま油…小さじ½
お好みの野菜（サニーレタス、青じそ、香菜、スペアミント、にらなど）…適量
スイートチリソース…適量

### 作り方
1 鶏ささみは酒（分量外）を入れた熱湯でゆで、ナンプラーを加えてそのまま冷ます。
2 えびは酒（分量外）を入れた熱湯でさっとゆで、1に入れる。ビーフンはゆでて水で洗い、水けをきってごま油とあえる。
3 ライスペーパーに好きな具材を入れてきつく巻き、スイートチリソースをつけて食べる。

プリプリのえびがおいしい！
1人分 291kcal

# タレ

## 塩ねぎダレ
青ねぎの豊かな風味を楽しむ

### 材料（作りやすい分量）
青ねぎ（細かく刻む）…1本分
にんにく（すりおろし）…小さじ¼
ごま油・白すりごま…各大さじ1
塩…小さじ½
砂糖…1つまみ

### 作り方
全ての材料を混ぜる。

冷蔵 1週間

↓

## 牛タン塩焼き
薄味の塩焼きにタレをたっぷり

### 材料（4人分）
牛タンスライス…8枚
塩・こしょう・ごま油…各少々
塩ねぎダレ…大さじ3

### 作り方
1 牛タンに塩、こしょう、ごま油をもみ込み、フライパンで焼く。
2 器に盛り、塩ねぎダレをかける。

1人分 193 kcal

たっぷりのねぎが牛タンに合う

---

## にらじょうゆダレ
にらと唐辛子でピリ辛に

### 材料（作りやすい分量）
しょうゆ…大さじ4
にら（3mmに刻む）…3本分
にんにく（薄切り）…1かけ分
赤唐辛子（種を取る）…1本分
酢…大さじ1
オリーブオイル…大さじ3

### 作り方
全ての材料を混ぜる。

冷蔵 1週間

↓

## しゃぶしゃぶ
軽くゆでた肉にコクをプラス

### 材料（4人分）
豚肩ロース薄切り肉…200g
にらじょうゆダレ…½カップ

### 作り方
1 酒（分量外）を入れた熱湯で、豚肉をさっとゆでて水けをきる。
2 器に盛り、にらじょうゆダレをかける。

1人分 194 kcal

にらとにんにくが食欲をそそる！

お刺身にかけて和風カルパッチョ風や、焼いた肉に合わせても！

---

## ごまダレ
すりごまと練りごまをダブルで

### 材料（作りやすい分量）
白すりごま…大さじ4
白練りごま…大さじ2
しょうゆ…大さじ4
米酢…大さじ2
ごま油…小さじ2

### 作り方
全ての材料を混ぜる。

冷蔵 2週間

↓

## さつま揚げと小松菜のあえもの
濃厚なタレが具材によく合う

### 材料（4人分）
さつま揚げ…2枚
ゆで小松菜…1束
ごまダレ…½カップ

### 作り方
1 さつま揚げは短冊切り、小松菜は4cm長さに切る。
2 1とごまダレをあえる。

1人分 125 kcal

コクのあるタレが具材とマッチ！

## からし酢みそダレ
**甘みと辛みと酸味の融合**

### 材料（作りやすい分量）
みそ…大さじ2
米酢・砂糖・白すりごま…各大さじ1
からし…小さじ½

### 作り方
全ての材料を混ぜる。

（冷蔵 2週間）

↓

## 鯛と香味野菜のからし酢みそあえ
**お刺身のタレとしても最適！**

### 材料（4人分）
鯛（刺身用）…1さく
玉ねぎ…¼個分
みょうが……3本
青じそ…4枚
からし酢みそダレ…大さじ4〜5

### 作り方
1 玉ねぎは薄切り、みょうがは縦半分に切って薄切り、青じそは手でちぎる。全て氷水につけてシャキッとさせ、水けをしっかりきる。鯛は薄切りにする。
2 ボウルに1を入れて混ぜ、タレをかけてさっとあえる。
＊お子さんのいる家庭ではからしを入れずに、酢みそあえにしても。

1人分 39kcal

 みょうががよく合う！

## ゆずみそダレ
**果汁も皮も使って風味アップ**

### 材料（作りやすい分量）
田舎みそ…1カップ
砂糖…½カップ
酒・みりん…各大さじ2
ゆず…2個

### 作り方
ゆずは果汁を搾り、皮は黄色い部分をすりおろす。白い部分は苦いので入らないようにする。ゆずの皮以外の材料を鍋に入れ、弱火で10分ほど加熱する。最後にゆずの皮を加える。冷めると固くなるので、少しやわらかい状態で火を止める。

（冷蔵 1ヶ月）

↓

## なすのみそチーズ焼き
**こってり料理にゆず風味をプラス**

### 材料（4人分）
なす（縦3等分に切る）…4本
EVオリーブオイル…大さじ5
塩…少々
ゆずみそダレ…大さじ4
ピザ用チーズ…大さじ8
長ねぎ（輪切り）…適量

### 作り方
1 フライパンにEVオリーブオイルを熱し、なすをじっくり両面焼き、塩をふる。ゆずみそダレとチーズをのせて、オーブンまたはオーブントースターでチーズが溶けるまで焼く。
2 器に盛り、長ねぎをのせる。

1人分 254kcal

ゆずの香りが広がる！

## 麺つゆダレ
**だしを効かせた本格的なタレ**

### 材料（作りやすい分量）
しょうゆ・みりん…各200ml
かつお節…30g
昆布…10cm四方

### 作り方
鍋に全ての材料を入れ、弱めの中火にかけ、沸騰したら弱火にし、2〜3分ほど煮出す。そのまま冷ましてから、ザルでこす。＊そうめんなどのときは、同量の水で薄めて食べる。

（冷蔵 1ヶ月）

↓

## 揚げびたし
**素揚げした食材をさっぱりと**

### 材料（4人分）
なす（縦4等分に切る）…4本
万願寺唐辛子…8本
揚げ油…適量
A【麺つゆダレ150ml、水100ml】

### 作り方
なす、万願寺唐辛子は素揚げし、Aに浸す。

1人分 274kcal

 お酒のお供にもおすすめ♪

煮物や丼などで使うのもおすすめ！

## ペースト

### 鮭フレークペースト
ご飯やパンにもよく合う!

**材料**(作りやすい分量)
塩鮭…3切れ
ごま油…小さじ2
酒…小さじ2
白炒りごま…大さじ1

**作り方**
鮭は焼いてほぐす。フライパンにごま油を熱し、鮭を入れて酒をふりかけ、水分を飛ばすように炒める。仕上げにごまをふる。

冷蔵 1週間
冷凍 2週間

↓

### 鮭フレークペーストのサワークリームあえ、じゃがいものせ
食べ応え満点の主役級メニュー

**材料**(4人分)
鮭フレークペースト…大さじ2
サワークリーム…大さじ3
マヨネーズ…大さじ2
ゆでじゃがいも…2個
粗びき黒こしょう…少々
バジル(細かく刻む)…8枚分

**作り方**
鮭フレーク、サワークリーム、マヨネーズを混ぜ、じゃがいもとバジルにあえる。粗びき黒こしょうをふる。

1人分 156kcal
じゃがいもがたくさん食べられる

---

### バジルペースト
フレッシュなバジルで作ると絶品

**材料**(作りやすい分量)
A【バジル60g、にんにく½かけ、塩小さじ1】
B【松の実・くるみ各15g】
EVオリーブオイル…100ml
パルミジャーノレッジャーノチーズ…大さじ6

**作り方**
フードプロセッサーにAを入れて混ぜ、乾煎りしたBを加えて混ぜ、少しずつEVオリーブオイルを加える。最後にチーズを加えて撹拌する。

冷蔵 2週間
(使い始めたら早めに食べきる)

↓

### トマトと豆腐のサラダ
バジルが食材の味を引き立てる

**材料**(4人分)
ミニトマト…1カップ
木綿豆腐(水けをきる)…1丁
バジルペースト…½カップ

**作り方**
1 ミニトマトは半分に切り、豆腐は1.5cm角に切る。
2 1とバジルペーストをあえる。

1人分 211kcal
バジルの風味がくせになるおいしさ

焼いた魚やお肉、サラダにかけたり、パスタソースにしても!

---

### えびペースト
新鮮なえびの甘みを味わえる

**材料**(作りやすい分量)
えび…250g
A【卵白½個分、片栗粉大さじ2、酒大さじ½、塩・薄口しょうゆ各小さじ½、こしょう少々】

**作り方**
えびは殻をむいて尾と背ワタを取り、包丁で叩いてペーストにし、Aと混ぜる。

冷蔵 3日間
冷凍 1ヶ月

↓

### 万願寺唐辛子のえび団子詰め揚げ
えびを詰めてマイルドさを足す

**材料**(4人分)
万願寺唐辛子・しし唐辛子…合わせて8個
えびペースト…2カップ
揚げ油…適量
塩…適量
レモン(くし形切り)…1個

**作り方**
1 万願寺唐辛子としし唐辛子は半分に切り、種を取る。えびペーストを詰め、170℃の揚げ油で揚げる。
2 器に盛り、塩をふり、レモンを添える。

1人分 152kcal
お酒にもご飯にもよく合うおかず

春巻き、餃子、ワンタン、シュウマイの具にしてもおいしい

## パプリカトマトペースト
### 煎ったアーモンドがアクセント

**材料**（作りやすい分量）
アーモンドスライス…大さじ2
A【パプリカ（赤）⅓個、にんじん・玉ねぎ各20g、ミニトマト2個、オリーブオイル大さじ4、バルサミコ酢大さじ1＋小さじ2、米酢小さじ2、塩・こしょう各少々】

**作り方**
アーモンドスライスは乾煎りして細かく刻む。ミキサーにAを入れて撹拌し、最後にアーモンドを加えて混ぜる。

冷蔵 2週間

↓

## 青大豆とモッツァレラのサラダ
### 全体をよく混ぜていただこう

**材料**（4人分）
サニーレタス…3枚
ゆで青大豆…1カップ
モッツァレラチーズ（水けをきる）…1個
パプリカトマトペースト…½カップ
粗びき黒こしょう…少々

**作り方**
1 サニーレタスは食べやすい大きさにちぎり、冷水につけてシャキッとさせ、水けをきる。
2 器に1、青大豆、モッツァレラチーズを盛り、パプリカトマトペーストをかけ、粗びき黒こしょうをふる。

1人分 196 kcal
アーモンドの食感が楽しい！

## ゆで卵ペースト
### ハーブや漬け物を加えても！

**材料**（作りやすい分量）
ゆで卵…4個
マヨネーズ…大さじ8
塩・こしょう…各少々
砂糖…1つまみ

**作り方**
ゆで卵は細かく刻み、全ての材料を混ぜる。
＊ディルやパセリなどのハーブを混ぜたり、ピクルスや柴漬け、たくあんなどの漬け物を刻んで混ぜてもおいしい。

冷蔵 1週間
冷凍 1ヶ月

↓

## 野菜ロールカツのゆで卵ペースト添え
### ゆで卵ペーストと揚げ物が合う！

**材料**（4人分）
ヤングコーン…8本
ゆでいんげん…16本
ゆでにんじん（いんげんに長さと太さをそろえる）…1本分
豚しょうが焼き用薄切り肉…16枚
塩・こしょう…各少々
薄力粉・溶き卵・パン粉・揚げ油…各適量
ゆで卵ペースト…適量

**作り方**
1 野菜を豚肉で巻き、塩、こしょうをふる。薄力粉、溶き卵、パン粉の順で衣をつけ、170℃の揚げ油で揚げる。
2 器に盛り、ゆで卵ペーストをたっぷり添える。

1人分 612 kcal
ボリューム満点ガッツリおかず

## 白身魚ペースト
### 魚の味をそのままペーストに

**材料**（作りやすい分量）
白身魚（たらなど）…4切れ

**作り方**
白身魚は骨や皮を取り、フードプロセッサーでペースト状にする。

冷蔵 3日間
冷凍 1ヶ月

↓

## コーンのさつま揚げ
### マヨネーズ入りでコクがアップ

**材料**（4人分）
はんぺん…1枚
白身魚ペースト…全量
マヨネーズ…大さじ2
玉ねぎ（粗みじん切り）…½個分
コーン…½カップ
塩…小さじ½
砂糖…小さじ1
揚げ油…適量

**作り方**
1 フードプロセッサーにはんぺんを入れて撹拌する。
2 1と白身魚ペーストと混ぜ、マヨネーズ、玉ねぎ、コーンを加えて混ぜる。さらに塩、砂糖を加えて混ぜ、小さく丸め、170℃の揚げ油で揚げる。

1人分 230 kcal
コーンの甘味が優しく広がる♪

さつま揚げや魚介のハンバーグ、春巻きの具にしても！

# おかず さくいん

## ＊肉類＊

### ◆牛肉
完熟トマトとコーンのカレー……34
トマト肉じゃが……42
シンプル牛すじ肉じゃが……42
ゆで牛すじ……54
ゆで牛すね肉……54
牛すじと豆腐、大根のしょうゆ煮込み……55
牛肉のデミグラスソース煮込み……92
すき焼き……93
牛肉と玉ねぎのしょうゆ煮込み……93
プルコギ……94
ビーフストロガノフ……94
チンジャオロースー……95
ローストビーフ……95
アジア風牛肉オムレツ……30、124
肉豆腐……133
野菜と卵のクッパ……138
チャプチェ……167
牛ステーキ肉のグリル……179
牛すじの土手煮……183
牛肉のトマト煮込み……183
ビーフシチュー……184
牛タン塩焼き……198

### ◆豚肉
定番コクうまカレー……32
豚こまから揚げ……38
肉じゃが……28、40
ゆで豚……54
ゆで豚のポッサム（韓国風ゆで豚の野菜巻き）……55
豚肉キムチ卵炒め……74
豚のしょうが焼きサラダ……78
豚の角煮と煮卵……86
焼き豚……87
ひとくちトンテキ……87
豚のしょうが焼き……88
豚みそ……88
回鍋肉……89
野菜と黒酢の酢豚……89
ハーブローストポーク……90
豚とプルーンの赤ワイン煮込み……90
ねぎみそダレトンカツ……91
豚の五目春巻き……77、91
ゆでいんげんと豚しゃぶのごまししょうがあえ……116
カスレ……131
厚揚げの肉巻きカツ……135
中華丼……138
春菊トマト肉豆腐どんぶり……138
ほうれん草とトマト・チーズのロールカツ……147
にらレバ……148
豚とセロリとパプリカの炒め物……149
八宝菜……154
れんこんの豚肉巻き照り焼き……154
キャベツとあさりの酒蒸し……154
大根と豚ばら肉の和風だし煮……155
白菜と豚ばら肉のピリ辛中華蒸し……155

### ◆ひき肉
えびにら水餃子……30
ひき肉と夏野菜のカレー……34
ハンバーグ　赤ワイントマトソースとアボカドソース……44
和風ポークハンバーグ……46

肉入りごまきんぴら……157
五目きんぴら……157
じゃがいもと豚肉のオイスター炒め……159
山いもたっぷりのお好み焼き……159
きのこと厚揚げのピリ辛炒め……164
きのこと豚肉のストロガノフ……165
クープイリーチー……168
ヤムウンセン……172
ゴーヤチャンプル……174
トマト、なす、豚肉炒め……174
豚もつ煮込み……182
ポトフ……29、186
なすと豚肉のすいとん……191
白みそと酒粕の豚汁……145、191
いろいろカレー……192
あんかけチャーハン……193
ちゃんこ鍋……195
しゃぶしゃぶ……198
野菜ロールカツのゆで卵ペースト添え……201

### ◆鶏肉
根菜カレー……34
鶏のから揚げ……36
もちこチキン……38
ふっくら鶏むね肉のから揚げ……38
ハーブフライドチキン……38
から揚げおにぎり……39、76
ベトナム風揚げ鶏……39
から揚げサラダ……39
ピリ辛鶏肉じゃが……42
鶏むね肉のしっとりゆで　オイスター中華ダレ……52
鶏ハム……54
鶏ハムのサラダ……55
チキンときのことトマトのグラタン……70
照り焼きチキンロール……80
ガーリックバターチキン……81
ミラノ風チキンカツ……81
鶏の天ぷら……82
鶏レバーのしょうが煮……82
油淋鶏……83
棒棒鶏……83
本格チキンカレー……84
鶏ピザ……84
キャベツチキン南蛮……31、85
鶏の白ワイン煮込み……85
チキンナゲット……99
茶碗蒸し……125
親子煮……127
筑前煮……152
大根と鶏肉のこっくり煮……155
きのことチキンのクリーム煮込み……162
きのことささみのホイル焼き……165
ひじきとささみのサラダ……173
白菜のクリームシチュー……184
チキンとパプリカの煮込み……185
うちのおでん……187
簡単参鶏湯……187
生春巻き……197

ひとくちイタリアン風ハンバーグ……46、181
チーズinハンバーグ……46
プロヴァンス風玉焼きのせハンバーグ……46
餃子……48
えびにら餃子……50
春菊と白菜の餃子……50
牛肉とトマトの餃子……50
えびとれんこんの餃子……50
ミートソース……56、118
白いミートソース……58
タコスミートソース……58
坦々ミートソース……58
エスニックミートソース……58
麻婆豆腐……64
麻婆春雨……66
麻婆揚げじゃがいも……66
麻婆なす……66
麻婆白菜……66
スウェーデン風ミートボール……96
中華風ミートボール……97
四川風おかずワンタン……97
ミートローフ……98
アッシェパルマンティエ……98
ミートクリームコロッケ……99
チキンナゲット……99
ドライカレー……100
野菜鶏そぼろ……100
シュウマイ……101
しそと松の実のつくね……101
チリコンカン……128
豆腐とひじきの揚げ団子……134
キャベツのミルフィーユ……156
里いもと鶏ひき肉の煮物……158
きのこ春巻き……164
しいたけの肉詰めフライ……165
高野豆腐の肉詰め煮込み……167
揚げなすと小松菜の炒め煮……175
ロールキャベツ……185
えびワンタンとレタスのスープ……190
チキンメンチカツ……196

## ＊肉加工品＊
えびのマカロニグラタン……68
かきとほうれん草のグラタン……70
ハムとチーズとねぎのオープンオムレツ……74
鶏の白ワイン煮込み……85
豚とプルーンの赤ワイン煮込み……90
かじきのベーコン巻きフライ……104
鶏スープで冬瓜スープ……118
ソーセージ炒め……119
ゆで野菜とサラミ、ゆで卵サラダ……121
じゃがいもとハムのスペイン風オムレツ……124、180
ズッキーニとコーンとトマトの卵パイ……126
チリコンカン……128
カスレ……131
ラタトゥイユ……146
アスパラガスの生ハム巻きフライ……147
ゴーヤとウインナーのかき揚げ……148
白菜としめじのカレークリーム煮……156

キャベツのミルフィーユ……156
じゃがいもとほたてのオーブン焼き……159
きのことツナとなすのトマト煮込み……163
マッシュルームとほうれん草のクリームパイ……163、179
ポテトサラダ……172
キャベツとベーコンの卵とじ……175
いちじくとソフトサラミのグリーンサラダ……178
白菜のクリームシチュー……184
ロールキャベツ……185
チキンとパプリカの煮込み……185
ポトフ……29、186
クラムチャウダー……188
ミネストローネ……79、189
春菊とえび、ベーコンのパスタ……193
なんでもトマトスープ……194
えびとアボカドのクロックムッシュ……197

## ＊魚介類・貝類・魚加工品＊

### ◆あさり
あさりのトマトパスタ……29
クラムライス……121
キャベツとあさりの酒蒸し……154
あさりとじゃがいものトマトソース煮込み……186
クラムチャウダー……188

### ◆あじ
シーフードフライ（あじフライ）……60
あじフライのサラダ……63
あじの南蛮漬け……108
あじのたたき……140

### ◆いか
いかリングフライ……62
いかのレモンマリネ……111
いかのトマト煮込み……112
大阪風いか焼き……126
おからのいかの煮物……136
パプリカと紋甲いかの中華炒め……147
小松菜といかの梅あえ……150
八宝菜……154
松前漬け……169
ヤムウンセン……172
オイスターソース炒め……194

### ◆いわし
いわしのマリネ……107
いわしの梅煮……109

### ◆えび・干しえび・桜えび
えびにら水餃子……30
野菜とカレーのオーブン焼き……35
えびにら餃子……50
えびとれんこんの餃子……50
えびフライ……62
えびフライサンド……63
えびのマカロニグラタン……68
えびチリ……110
えびマヨ……113
えびのさつま揚げ……113
ふくさ焼き……122
茶碗蒸し……125

青大豆とれんこん、えびの明太マヨ
あえ ……………………… 77、131
えび、にら玉、トマトどんぶり … 139
かぼちゃ茶巾のチーズ焼き ……… 150
れんこんの挟み揚げ ……………… 153
八宝菜 ……………………………… 154
白菜と豚ばら肉のピリ辛中華蒸し
……………………………………… 155
じゃがえび ………………………… 160
桜えびと玉ねぎ、そら豆のかき揚げ
……………………………………… 169
シーフードサラダ ……… 170、180
ヤムウンセン ……………………… 172
マカロニサラダ …………………… 173
えびワンタンとレタスのスープ
……………………………………… 190
春菊とえび、ベーコンのパスタ
……………………………………… 193
いろいろかき揚げ ………………… 194
ほたてとえびの冷製パプリカソース
がけ ……………………………… 196
えびとアボカドのクロックムッシュ
……………………………………… 197
生春巻き …………………………… 197
えびペースト ……………………… 200

◆かき
かきフライ ………………………… 62
かきとほうれん草のグラタン …… 70
かきの中華風オイル漬け ………… 111

◆かじきまぐろ
かじきのベーコン巻きフライ …… 104

◆数の子
松前漬け …………………………… 169

◆かつお
洋風かつおの刺身サラダ ………… 28
かつおの佃煮 ……………………… 105
洋風かつおのたたき ……………… 140
かつおの手こね寿司 ……………… 193
かつおのフライ イタリアン仕立て
……………………………………… 197

◆かに
かに玉 ……………………………… 127
かにと春雨の炒めもの …………… 168

◆金目鯛
金目鯛の昆布じめ ………………… 102

◆鮭
大根の葉ふりかけ ………………… 31
サーモンとじゃがいものフライパン
グラタン ………………………… 70
コールドサーモンパプリカソース
……………………………………… 103
鮭のちゃんちゃんホイル焼き …… 105
鮭フレークペースト ……… 119、200

◆さば
しめさば …………………………… 106
さばの竜田揚げ …………………… 109
しめさばサラダ …………………… 144

◆さんま
さんまのハーブ焼き ……………… 107

◆シーフードミックス
欧風シーフードカレー …………… 34

◆しらす干し・ちりめんじゃこ
大根の葉ふりかけ ………………… 31
なすとしいたけのじゃこピザ …… 116
れんこんのもちもち揚げ ………… 153
さつまいもとじゃこのきんぴら
……………………………………… 160
しらすとわかめの卵焼き …… 78、168
春菊とくるみ、じゃこのサラダ
……………………………………… 171
パプリカのきんぴら ……………… 174
小松菜とじゃこのオイル蒸し …… 176

◆鯛
鯛と香味野菜のからし酢みそあえ
……………………………………… 199

◆たこ
たことたらこのコロッケ ………… 112
たことトマトのサラダ …………… 140
山いもたっぷりのお好み焼き …… 159
シーフードサラダ ……… 170、180
あんかけチャーハン ……………… 193
大根と春菊とたこのサラダ …… 196

◆たら
えびのさつま揚げ ………………… 113
白身魚ペースト …………………… 201

◆たらこ・明太子
たらこにんじん …………………… 78
ゆでキャベツとたらこのスパゲッ
ティ ……………………………… 79
たことたらこのコロッケ ………… 112
青大豆とれんこん、えびの明太マヨ
あえ ……………………… 77、131
にんじんといんげんのたらこ炒め
……………………………………… 149
ブロッコリーと卵の明太マヨあえ
……………………………………… 151
たらこマッシュ …………………… 174
明太ポン酢冷奴 …………………… 176

◆ツナ缶
ツナじゃが …………………………… 42
にんじんとツナの卵炒め ………… 125
ズッキーニとコーンとトマトの卵パ
イ ………………………………… 126
きのことツナとなすのトマト煮込み
……………………………………… 163
トマトとツナ入りにんじんサラダ
……………………………………… 171
スパゲッティサラダ ……………… 172
きのことツナのオムレツ ………… 175

◆練り製品
えびのさつま揚げ ………………… 113
茶碗蒸し …………………………… 125
お揚げの宝煮 ……………………… 137
ヘルシー鶏ぞうすい ……………… 142
春菊とちくわのナムル …… 145、149
筑前煮 ……………………………… 152
ごちそうひじき煮 ……… 119、167
クープイリチー …………………… 168
うちのおでん ……………………… 187
さつま揚げと小松菜のあえもの
……………………………………… 198
コーンのさつま揚げ ……………… 201

◆ぶり
ぶりの照り焼き …………………… 108

◆ほたて・干し貝柱
干し貝柱ご飯 ……………………… 30
ほたてフライ ……………………… 62
白菜と豚ばら肉のピリ辛中華蒸し
……………………………………… 155
じゃがいもとほたてのオーブン焼き
……………………………………… 159
シーフードサラダ ……… 170、180
オイスターソース炒め …………… 194
ほたてとえびの冷製パプリカソース
がけ ……………………………… 196

◆まぐろ
自家製まぐろのツナ ……………… 103
ねぎま ……………………………… 104
ねばねば納豆丼 …………………… 139
まぐろとアボカドとくるみのサラダ
……………………………………… 140

＊海藻類＊
◆昆布
干し貝柱ご飯 ……………………… 30
金目鯛の昆布じめ ………………… 102
味たまご …………………………… 123
五目豆煮 …………………………… 130
白菜と豚ばら肉のピリ辛中華蒸し
……………………………………… 155
クープイリチー …………………… 168
松前漬け …………………………… 169
うちのおでん ……………………… 187
なんでも浅漬け ……… 28、119、194
麺つゆダレ ………………………… 199

◆ひじき
豆腐とひじきの揚げ団子 ………… 134
ごちそうひじき煮 ……… 119、167
ひじきとささみのサラダ ………… 173

◆もずく
もずくと豆腐のスープ …………… 78

◆わかめ
豆腐とわかめ、油揚げのみそ汁
……………………………………… 119
しらすとわかめの卵焼き …… 78、168
豆腐とわかめのサラダ …………… 171

＊野菜類＊
◆オクラ
ドライカレー ……………………… 100
ねばねば納豆丼 …………………… 139
野菜たっぷりチーズトースト …… 139
落とし卵とオクラのみそ汁
……………………………… 28、175
いろいろカレー …………………… 192

◆貝割れ大根
金目鯛の昆布じめ ………………… 102

◆かぶ
かぶときゅうりとミニトマトのピク
ルス ……………………………… 153
ポトフ ……………………… 29、186
なんでも浅漬け …………… 28、194

◆かぼちゃ
かぼちゃと卵のサラダ …… 79、150
かぼちゃ茶巾のチーズ焼き ……… 150
かぼちゃのグラタン ……………… 151

にんじんとかぼちゃのクリームスー
プ ………………………… 144、190

◆絹さや
おからといかの煮物 ……………… 136

◆キャベツ
キャベツとみょうがのサラダ …… 30
キャベツと豆腐、すりごまのみそ汁
……………………………………… 31
餃子 ………………………………… 48
ゆでキャベツとたらこのスパゲッ
ティ ……………………………… 79
キャベツチキン南蛮 ……… 31、85
回鍋肉 ……………………………… 89
鮭のちゃんちゃんホイル焼き …… 105
すごもりキャベツ ………………… 116
キャベツ炒め ……………………… 118
ゆで野菜とサラミ、ゆで卵サラダ
……………………………………… 121
キャベツとあさりの酒蒸し ……… 154
キャベツのミルフィーユ ………… 156
山いもたっぷりのお好み焼き …… 159
キャベツとベーコンの卵とじ …… 175
ロールキャベツ …………………… 181
ポトフ ……………………… 29、186
ミネストローネ …………… 79、189
なんでも浅漬け …………………… 194

◆きゅうり
棒棒鶏 ……………………………… 83
かぶときゅうりとミニトマトのピク
ルス ……………………………… 153
レモンなます ……………… 143、156
ヤムウンセン ……………………… 172
ポテトサラダ ……………………… 172
なんでも浅漬け …………… 28、194

◆グリーンアスパラガス
野菜とカレーのオーブン焼き …… 35
パングラタン ……………………… 71
ゆで野菜とサラミ、ゆで卵サラダ
……………………………………… 121
アスパラガスの生ハム巻きフライ
……………………………………… 147

◆ゴーヤ
ゴーヤとウインナーのかき揚げ
……………………………………… 148
ゴーヤチャンプル ………………… 174

◆ごぼう
根菜カレー ………………………… 34
筑前煮 ……………………………… 152
肉入りごまきんぴら ……………… 157
五目きんぴら ……………………… 157
たたきごぼう ……………………… 157

◆小松菜
四川風おかずワンタン …………… 97
ゆで肉スープでにゅうめん ……… 120
野菜と卵のクッパ ………………… 138
小松菜といかの梅あえ …………… 150
八宝菜 ……………………………… 154
揚げなすと小松菜の炒め煮 ……… 175
小松菜とじゃこのオイル蒸し …… 176
さつま揚げと小松菜のあえもの
……………………………………… 198

203

◆さやいんげん
ひき肉と夏野菜のカレー ……… 34
肉じゃが …………………… 28、40
ツナじゃが ………………………… 42
ゆでいんげんと豚しゃぶのごましょうがあえ ……… 116
豆腐とひじきの揚げ団子 ……… 134
がんも煮 ……………………… 137
いんげんのごまみそあえ ……… 148
にんじんといんげんのたらこ炒め ……… 149
じゃがいもといんげんのスパイス炒め ……… 161
ごちそうひじき煮 ……… 119、167
ニース風サラダ ……………… 173
野菜ロールカツのゆで卵ペースト添え ……… 201

◆しし唐辛子・伏見唐辛子・万願寺唐辛子
豚のしょうが焼きサラダ ……… 78
五目きんぴら ………………… 157
揚げびたし …………………… 199
万願寺唐辛子のえび団子詰め揚げ ……… 200

◆春菊
春菊と白菜の餃子 …………… 50
すき焼き ……………………… 93
豆腐のジョン ………………… 134
春菊トマト肉豆腐どんぶり …… 138
春菊とちくわのナムル …145、149
春菊とくるみ、じゃこのサラダ ……… 171
春菊とえび、ベーコンのパスタ ……… 193
大根と春菊とたこのサラダ …… 196

◆ズッキーニ
ひき肉と夏野菜のカレー ……… 34
ピーマン、パプリカ、ズッキーニの肉詰め ……… 47
ズッキーニとコーンとトマトの卵パイ ……… 126
ラタトゥイユ ………………… 146

◆せり
焼き油揚げの香味梅あえ ……… 133
ちゃんこ鍋 …………………… 195

◆セロリ
ミートソース ………… 56、118
本格チキンカレー …………… 84
鶏の白ワイン煮込み ………… 85
豚とプルーンの赤ワイン煮込み ……… 90
ミートローフ ………………… 98
コールドサーモンパプリカソース ……… 103
カスレ ………………………… 131
豚とセロリとパプリカの炒め物 ……… 149
切り干し大根の甘酢あえ …142、166
牛肉のトマト煮込み ………… 183
ポトフ ………………… 29、186
ミネストローネ ……… 79、189

◆大根・切り干し大根
大根の葉ふりかけ …………… 31
根菜カレー …………………… 34
和風ポークハンバーグ ……… 46

牛すじと豆腐、大根のしょうゆ煮込み ……… 55
ポン酢おろしあえ …………… 115
卵焼き ………………………… 123
筑前煮 ………………………… 152
大根と鶏肉のこっくり煮 …… 155
大根と豚ばら肉の和風だし煮 … 155
レモンなます ……………… 143、156
五目きんぴら ………………… 157
切り干し大根の甘酢あえ …142、166
豚もつ煮込み ………………… 182
牛すじの土手煮 ……………… 183
白みそと酒粕の豚汁 …145、191
大根と春菊とたこのサラダ …… 196

◆たけのこ
豚の五目春巻き ……… 77、91
チンジャオロースー …………… 95

◆玉ねぎ・ペコロス・紫玉ねぎ
定番コクうまカレー ………… 32
根菜カレー …………………… 34
完熟トマトとコーンのカレー… 34
ひき肉と夏野菜のカレー ……… 34
欧風シーフードカレー ……… 34
肉じゃが …………………… 28、40
トマト肉じゃが ……………… 42
ツナじゃが …………………… 42
シンプル牛すじ肉じゃが …… 42
ピリ辛鶏肉じゃが …………… 42
ハンバーグ 赤ワイントマトソースとアボカドソース ……… 44
和風ポークハンバーグ ……… 46
ひとくちイタリアン風ハンバーグ ……… 46、181
チーズinハンバーグ ………… 46
プロヴァンス風目玉焼きのせハンバーグ ……… 46
牛肉とトマトの餃子 ………… 50
サルサ風揚げ焼き餃子 ……… 51
ミートソース ………… 56、118
白いミートソース …………… 58
エスニックミートソース …… 58
シーフードフライ（あじフライ）… 60
えびのマカロニグラタン …… 68
かきとほうれん草のグラタン … 70
本格チキンカレー …………… 84
鶏の白ワイン煮込み ………… 85
豚とプルーンの赤ワイン煮込み ……… 90
牛肉のデミグラスソース煮込み ……… 92
すき焼き ……………………… 93
牛肉と玉ねぎのしょうゆ煮込み ……… 93
プルコギ ……………………… 94
スウェーデン風ミートボール … 96
ミートローフ ………………… 98
アッシェパルマンティエ …… 98
ミートクリームコロッケ …… 99
ドライカレー ………………… 100
シュウマイ …………………… 101
しそと松の実のつくね ……… 101
コールドサーモンパプリカソース ……… 103
いわしのマリネ ……………… 107
あじの南蛮漬け ……………… 108
いかのレモンマリネ ………… 111
いかのトマト煮込み ………… 112
えびのさつま揚げ …………… 113
卵とじ丼 ……………………… 114

スイートチリマヨあえ ……… 115
サルサドレッシングサラダ …… 115
じゃがいもとハムのスペイン風オムレツ ……… 124、180
ズッキーニとコーンとトマトの卵パイ ……… 126
親子煮 ………………………… 127
チリコンカン ………………… 128
カスレ ………………………… 131
肉豆腐 ………………………… 133
厚揚げのケチャップ炒め …… 136
野菜たっぷりチーズトースト … 139
洋風かつおのたたき ………… 140
あじのたたき ………………… 140
しめさばサラダ ……………… 144
ラタトゥイユ ………………… 146
かぼちゃと卵のサラダ …79、150
白菜としめじのカレークリーム煮 ……… 156
キャベツのミルフィーユ …… 156
じゃがいもとほたてのオーブン焼き ……… 159
マッシュルームとほうれん草のクリームパイ ……… 163、179
きのこ豚肉のストロガノフ … 165
高野豆腐の肉詰め煮込み …… 167
桜えびと玉ねぎ、そら豆のかき揚げ ……… 169
トマトとツナ入りにんじんサラダ ……… 171
豆腐とわかめのサラダ ……… 171
ヤムウンセン ………………… 172
ポテトサラダ ………………… 172
マカロニサラダ ……………… 173
たらこマッシュ ……………… 174
牛肉のトマト煮込み ………… 183
ビーフシチュー ……………… 184
白菜のクリームシチュー …… 184
ロールキャベツ ……………… 185
チキンとパプリカの煮込み … 185
ポトフ ………………… 29、186
クラムチャウダー …………… 188
オニオングラタンスープ …… 189
ミネストローネ ……… 79、189
にんじんとかぼちゃのクリームスープ ……… 144、190
いろいろカレー ……………… 192
なんでもトマトスープ ……… 194
チキンメンチカツ …………… 196
鯛と香味野菜のからし酢そあえ ……… 199
パプリカトマトペースト …… 201
コーンのさつま揚げ ………… 201

◆チンゲン菜
豚の角煮と煮卵 ……………… 86

◆冬瓜
鶏スープで冬瓜スープ ……… 118

◆とうもろこし
トマトコーンサラダ ………… 31
完熟トマトとコーンのカレー… 34
カレーの残りでサモサ風 …… 35
ズッキーニとコーンとトマトの卵パイ ……… 126
五目白あえ …………………… 132
ラタトゥイユ ………………… 146
じゃがえび …………………… 160
じゃがいもといんげんのスパイス炒め ……… 161

コーンのさつま揚げ ………… 201

◆トマト・ミニトマト・トマト缶
あさりのトマトパスタ ……… 29
トマトコーンサラダ ………… 31
完熟トマトとコーンのカレー… 34
欧風シーフードカレー ……… 34
から揚げサラダ ……………… 39
トマト肉じゃが ……………… 42
ハンバーグ 赤ワイントマトソースとアボカドソース ……… 44
煮込みハンバーグ …………… 47
ハンバーグサンド …………… 47
牛肉とトマトの餃子 ………… 50
サルサ風揚げ焼き餃子 ……… 51
ミートソース ………… 56、118
アジフライのサラダ ………… 63
チキンときのことトマトのグラタン ……… 70
トマトと卵の炒め物 ………… 74
本格チキンカレー …………… 84
鶏ピザ ………………………… 84
ドライカレー ………………… 100
えびチリ ……………………… 110
いかのレモンマリネ ………… 111
いかのトマト煮込み ………… 112
サルサドレッシングサラダ …… 115
バナナとトマトのスムージー … 118
ゆで肉スープでにゅうめん …… 120
ズッキーニとコーンとトマトの卵パイ ……… 126
チリコンカン ………………… 128
カスレ ………………………… 131
春菊トマト肉豆腐どんぶり …… 138
えび、にら玉、トマトどんぶり … 139
ねばねば納豆丼 ……………… 139
野菜たっぷりチーズトースト … 139
洋風かつおのたたき ………… 140
たことトマトのサラダ ……… 140
ラタトゥイユ ………………… 146
ほうれん草とトマト・チーズのロールカツ ……… 149
かぶときゅうりとミニトマトのピクルス ……… 153
きのことツナとなすのトマト煮込み ……… 163
シーフードサラダ …… 170、180
トマトとツナ入りにんじんサラダ ……… 171
スパゲッティサラダ ………… 172
ニース風サラダ ……………… 173
トマト、なす、豚肉炒め ……… 174
牛肉のトマト煮込み ………… 183
ロールキャベツ ……………… 185
チキンとパプリカの煮込み …… 185
あさりとじゃがいものトマトソース煮込み ……… 186
ミネストローネ ……… 79、189
なんでもトマトスープ ……… 194
煮込みパスタ ………………… 195
トマトソース ………………… 197
トマトと豆腐のサラダ ……… 200
パプリカトマトペースト …… 201

◆長ねぎ・万能ねぎ
ベトナム風揚げ鶏 …………… 39
えびとれんこんの餃子 ……… 50
鶏むね肉のしっとりゆで オイスター中華ダレ ……… 52
ゆで豚のポッサム（韓国風ゆで豚の野菜巻き） ……… 55

麻婆豆腐 …………………… 64
麻婆春雨 …………………… 66
麻婆揚げじゃがいも ……… 66
麻婆なす …………………… 66
麻婆白菜 …………………… 66
納豆オムレツ …………74、119
ハムとチーズとねぎのオープンオム
　レツ ……………………… 74
豚肉キムチ卵炒め ………… 74
トマトと卵の炒め物 ……… 74
油淋鶏 ……………………… 83
ねぎみそダレトンカツ …… 91
四川風おかずワンタン …… 97
ねぎま …………………… 104
鮭のちゃんちゃんホイル焼き … 105
えびチリ ………………… 110
アジア風牛肉オムレツ …30、124
かに玉 …………………… 127
おからといかの煮物 …… 136
じゃがいもと豚肉のオイスター炒め … 159
きのこと厚揚げのピリ辛炒め … 164
チャプチェ ……………… 167
かにと春雨の炒めもの …… 168
トマト、なす、豚肉炒め … 174
明太ポン酢冷奴 ………… 176
豚もつ煮込み …………… 182
簡単参鶏湯 ……………… 187
白みそと酒粕の豚汁 …145、191
あんかけチャーハン …… 193
いろいろかき揚げ ……… 194
塩ねぎダレ ……………… 198

◆なす
ひき肉と夏野菜のカレー … 34
麻婆なす …………………… 66
なすのミートラザニア …… 70
野菜と黒酢の酢豚 ………… 89
なすとしいたけのじゃこピザ … 116
なすの油炒め …………31、116
ラタトゥイユ …………… 146
きのことツナとなすのトマト煮込み … 163
トマト、なす、豚肉炒め … 174
揚げなすと小松菜の炒め煮 … 175
なすと豚肉のすいとん …… 191
オイスターソース炒め …… 194
なすのみそチーズ焼き …… 199
揚げびたし ……………… 199

◆にら
えびにら水餃子 …………… 30
ピリ辛鶏肉じゃが ………… 42
餃子 ………………………… 48
えびにら餃子 ……………… 50
麻婆豆腐 …………………… 64
麻婆春雨 …………………… 66
麻婆揚げじゃがいも ……… 66
麻婆なす …………………… 66
麻婆白菜 …………………… 66
えび、にら玉、トマトどんぶり … 139
にらレバ ………………… 148
にらじょうゆダレ ……… 198

◆にんじん・朝鮮人参
定番コクうまカレー ……… 32
肉じゃが ……………… 28、40
ツナじゃが ………………… 42
ミートソース ………… 56、118
たらことにんじん ………… 78
本格チキンカレー ………… 84

豚とプルーンの赤ワイン煮込み
　…………………………… 90
豚の五目春巻き ………77、91
ミートローフ ……………… 98
野菜鶏そぼろ …………… 100
コールドサーモンパプリカソース
　………………………… 103
鮭のちゃんちゃんホイル焼き … 105
あじの南蛮漬け ………… 108
ふくさ焼き ……………… 122
にんじんとツナの卵炒め … 125
親子煮 …………………… 127
五目豆煮 ………………… 130
カスレ …………………… 131
五目白あえ ……………… 132
豆腐とひじきの揚げ団子 … 134
おからといかの煮物 …… 136
がんも煮 ………………… 137
中華丼 …………………… 138
ビビンバ ………………… 138
野菜と卵のクッパ ……… 138
ヘルシー鶏ぞうすい …… 142
にらレバ ………………… 148
にんじんといんげんのたらこ炒め
　………………………… 149
筑前煮 …………………… 152
八宝菜 …………………… 154
レモンなます ………143、156
肉入りごまきんぴら …… 157
五目きんぴら …………… 157
切り干し大根の甘酢あえ …142、166
ごちそうひじき煮 …119、167
チャプチェ ……………… 167
クープイリチー ………… 168
松前漬け ………………… 169
トマトとツナ入りにんじんサラダ
　………………………… 171
ひじきとささみのサラダ … 173
ゴーヤチャンプル ……… 174
豚もつ煮込み …………… 182
牛肉のトマト煮込み …… 183
ビーフシチュー ………… 184
白菜のクリームシチュー … 184
ポトフ ………………29、186
簡単参鶏湯 ……………… 187
クラムチャウダー ……… 186
ミネストローネ ……79、189
にんじんとかぼちゃのクリームスー
　プ ………………144、190
いろいろかき揚げ ……… 194
なんでもトマトスープ …… 194
パプリカトマトペースト … 201
野菜ロールカツのゆで卵ペースト添
　え ……………………… 201

◆白菜
餃子 ………………………… 48
春菊と白菜の餃子 ………… 50
麻婆白菜 …………………… 66
中華丼 …………………… 138
八宝菜 …………………… 154
白菜と豚ばら肉のピリ辛中華蒸し
　………………………… 155
白菜としめじのカレークリーム煮
　………………………… 156
白菜のクリームシチュー … 184
ちゃんこ鍋 ……………… 195

◆ピーマン・パプリカ
野菜とカレーのオーブン焼き … 35
ピリ辛鶏肉じゃが ………… 42

ピーマン、パプリカ、ズッキーニの肉
　詰め ………………47、76
サルサ風揚げ焼き餃子 …… 51
エスニックミートソース … 58
鶏ピザ …………………… 84
野菜と黒酢の酢豚 ………… 89
豚の五目春巻き ………77、91
プルコギ ………………… 94
チンジャオロースー ……… 95
コールドサーモンパプリカソース
　………………………… 103
鮭のちゃんちゃんホイル焼き … 105
いわしのマリネ ………… 107
いかのレモンマリネ …… 111
サルサドレッシングサラダ … 115
豆腐のジョン …………… 134
ラタトゥイユ …………… 146
パプリカと紋甲いかの中華炒め
　………………………… 147
豚とセロリとパプリカの炒め物
　………………………… 149
パプリカのオイル漬け …… 151
じゃがいもと豚肉のオイスター炒め
　………………………… 159
パプリカのきんぴら …… 174
チキンとパプリカの煮込み … 185
あんかけチャーハン …… 193
オイスターソース炒め …… 194
なんでもトマトスープ …… 194
パプリカマヨソース …… 196
スイートチリソース …… 197
パプリカトマトペースト … 201

◆ブロッコリー
ミートソースとブロッコリーのコ
　コット …………………… 59
グラタンのクレープ包み焼き … 71
パングラタン ……………… 71
ゆでブロッコリーのチーズ焼き
　…………………………… 79
ブロッコリーと卵の明太マヨあえ
　………………………… 151
ビーフシチュー ………… 184

◆ベビーリーフ・
　グリーンリーフ
洋風かつおの刺身サラダ … 28
鶏ハムのサラダ …………… 55
スイートチリマヨあえ …… 115
野菜たっぷりチーズトースト … 139
いちじくとソフトサラミのグリーン
　サラダ ………………… 178

◆ほうれん草
完熟トマトとコーンのカレー … 34
かきとほうれん草のグラタン … 70
グラタンのクレープ包み焼き … 71
ビビンバ ………………… 138
ほうれん草とトマト・チーズのロー
　ルカツ ………………… 147
マッシュルームとほうれん草のク
　リームパイ ………163、179

◆三つ葉
ふくさ焼き ……………… 122
茶碗蒸し ………………… 125
かに玉 …………………… 127
親子煮 …………………… 127
肉豆腐 …………………… 133
焼き油揚げの香味梅あえ … 133
お揚げの宝煮 …………… 137

ヘルシー鶏ぞうすい …… 142
簡単参鶏湯 ……………… 187

◆みょうが
キャベツとみょうがのサラダ …… 30
焼き油揚げの香味梅あえ … 133
なんでも浅漬け …28、119、194
鯛と香味野菜のからし酢みそあえ
　………………………… 199

◆もやし・豆もやし
豚の五目春巻き ………77、91
ビビンバ ………………… 138
野菜と卵のクッパ ……… 138

◆ヤングコーン
野菜ロールカツのゆで卵ペースト添
　え ……………………… 201

◆レタス・サニーレタス・えご
　まの葉・サンチュ
トマトコーンサラダ ……… 31
から揚げサラダ …………… 39
ハンバーグサンド ………… 47
ゆで豚のポッサム（韓国風ゆで豚の
　野菜巻き）……………… 55
あじフライのサラダ ……… 63
えびフライサンド ………… 63
麻婆なすのご飯レタス包み … 67
豚のしょうが焼きサラダ … 78
サルサドレッシングサラダ … 115
しめさばサラダ ………… 144
シーフードサラダ …170、180
豆腐とわかめのサラダ …… 171
いちじくとソフトサラミのグリーン
　サラダ ………………… 178
えびワンタンとレタスのスープ
　………………………… 190
生春巻き ………………… 197
青大豆とモッツァレラのサラダ
　………………………… 201

◆れんこん
根菜カレー ………………… 34
えびとれんこんの餃子 …… 50
青大豆とれんこん、えびの明太マヨ
　あえ ……………77、131
筑前煮 …………………… 152
れんこんのもちもち揚げ … 153
れんこんの挟み揚げ …… 153
れんこんの豚肉巻き照り焼き … 154
五目きんぴら …………… 157
春菊とくるみ、じゃこのサラダ
　………………………… 171

＊きのこ類＊
麻婆豆腐 …………………… 64
麻婆春雨 …………………… 66
麻婆揚げじゃがいも ……… 66
麻婆なす …………………… 66
麻婆白菜 …………………… 66
えびのマカロニグラタン … 68
チキンときのことトマトのグラタン
　…………………………… 70
鶏の白ワイン煮込み ……… 85
豚とプルーンの赤ワイン煮込み
　…………………………… 90
豚の五目春巻き ………77、91
牛肉のデミグラスソース煮込み
　…………………………… 92

205

すき焼き 93
プルコギ 94
ビーフストロガノフ 94
野菜鶏そぼろ 100
シュウマイ 101
なすとしいたけのじゃこピザ 116
ふくさ焼き 122
茶碗蒸し 125
かに玉 127
親子煮 127
五目豆煮 130
おからといかの煮物 136
お揚げの宝煮 137
中華丼 138
野菜と卵のクッパ 138
ヘルシー鶏ぞうすい 142
筑前煮 152
八宝菜 154
白菜としめじのカレークリーム煮 156
五目きんぴら 157
きのことチキンのクリーム煮込み 162
きのこペペロンチーノ 163
きのことツナとなすのトマト煮込み 163
マッシュルームとほうれん草のクリームパイ 163、179
塩なめたけ 164
きのこの春巻き 164
きのこと厚揚げのピリ辛炒め 164
きのこと豚肉のストロガノフ 165
きのことささみのホイル焼き 165
しいたけの肉詰めフライ 165
チャプチェ 167
ヤムウンセン 172
きのことツナのオムレツ 175
ビーフシチュー 184
白菜のクリームシチュー 184
クラムチャウダー 188
いろいろカレー 192
いろいろかき揚げ 194
ちゃんこ鍋 195

*いも類*
◆さつまいも
さつまいもとじゃこのきんぴら 160
さつまいものレモン煮 160
いろいろカレー 192

◆里いも
根菜カレー 34
里いもと鶏ひき肉の煮物 158

◆じゃがいも
定番コクうまカレー 32
完熟トマトとコーンのカレー 34
ひき肉と夏野菜のカレー 34
カレーの残りでサモサ風 35
肉じゃが 28、40
トマト肉じゃが 42
ツナじゃが 42
シンプル牛すじ肉じゃが 42
ピリ辛鶏肉じゃが 42
麻婆揚げじゃがいも 66
サーモンとじゃがいものフライパングラタン 70
グラタンコロッケ 71
ビーフストロガノフ 94

アッシェパルマンティエ 98
ミートクリームコロッケ 99
たことたらこのコロッケ 112
じゃがいもとハムのスペイン風オムレツ 124、180
じゃがいもとほたてのオーブン焼き 159
じゃがいもと豚肉のオイスター炒め 159
じゃがえび 160
マッシュポテト 161、180
じゃがいも餅 161
じゃがいもといんげんのスパイス炒め 161
ポテトサラダ 172
ニース風サラダ 173
たらこマッシュ 174
ハーブフライドポテト 176、179
ビーフシチュー 184
白菜のクリームシチュー 184
あさりとじゃがいものトマトソース煮込み 186
ポトフ 29、186
クラムチャウダー 188
ミネストローネ 79、189
鮭フレークペーストのサワークリームあえ、じゃがいものせ 200

◆長いも・山いも
野菜と黒酢の酢豚 89
山いもたっぷりのお好み焼き 159

*こんにゃく・しらたき*
◆こんにゃく
根菜カレー 34
五目豆煮 130
五目白あえ 132
おからといかの煮物 136
筑前煮 152
ごちそうひじき煮 119、167
玉こんにゃくの炒り煮 176
豚もつ煮込み 182
牛すじの土手煮 183
うちのおでん 187
白みそと酒粕の豚汁 145、191

◆しらたき・糸こんにゃく
肉じゃが 28、40
ツナじゃが 42
すき焼き 93
うちのおでん 187
ちゃんこ鍋 195

*卵類*
野菜とカレーのオーブン焼き 35
から揚げサラダ 39
トマト肉じゃが 42
温泉卵のせ 43
和風あんかけオムレツ 43、77
プロヴァンス風目玉焼きのせハンバーグ 46
ミートオムレツ 59
ミートソースとブロッコリーのコ
コット 59
シーフードフライ（あじフライ） 60
グラタンのクレープ包み焼き 71
納豆オムレツ 74、119

ハムとチーズとねぎのオープンオムレツ 74
豚肉キムチ卵炒め 74
トマトと卵の炒め物 74
卵焼きおにぎり 76
キャベツチキン南蛮 31、85
豚の角煮と煮卵 86
アッシェパルマンティエ 98
卵とじ丼 114
すごもりキャベツ 116
ふんわり卵 118
ゆで肉スープでにゅうめん 120
ゆで野菜とサラミ、ゆで卵サラダ 121
ふくさ焼き 122
卵焼き 123
味たまご 123
アジア風牛肉オムレツ 30、124
じゃがいもとハムのスペイン風オムレツ 124、180
にんじんとツナの卵炒め 125
茶碗蒸し 125
大阪風いか焼き 126
ズッキーニとコーンとトマトの卵パイ 126
かに玉 127
親子煮 127
肉豆腐 133
中華丼 138
ビビンバ 138
野菜と卵のクッパ 138
えび、にら玉、トマトどんぶり 139
野菜たっぷりチーズトースト 139
ヘルシー鶏ぞうすい 142
玄米ガパオライス 143
かぼちゃと卵のサラダ 79、150
ブロッコリーと卵の明太マヨあえ 151
八宝菜 154
山いもたっぷりのお好み焼き 159
チャプチェ 167
しらすとわかめの卵焼き 78、168
ポテトサラダ 172
スパゲッティサラダ 172
ニース風サラダ 173
ゴーヤチャンプル 174
落とし卵とオクラのみそ汁 28、175
きのことツナのオムレツ 175
キャベツとベーコンの卵とじ 175
うちのおでん 187
いろいろカレー 192
あんかけチャーハン 193
おじや 195
中華麺 195
ゆで卵ペースト 201

*豆類*
◆青大豆
ひたし豆 119、129
青大豆とれんこん、えびの明太マヨあえ 77、131
なんでもトマトスープ 194
青大豆とモッツァレラのサラダ 201

◆枝豆
カレーの残りでサモサ風 35
ふわふわ枝豆豆腐 130
五目白あえ 132

ひじきとささみのサラダ 173
マカロニサラダ 173

◆キドニービーンズ・金時豆
チリコンカン 128
金時豆の甘煮 129

◆グリーンピース
ゆで野菜とサラミ、ゆで卵サラダ 121

◆白いんげん豆
カスレ 131

◆そら豆
桜えびと玉ねぎ、そら豆のかき揚げ 169

◆大豆
五目豆煮 130
ごちそうひじき煮 119、167

*大豆加工品*
◆油揚げ・厚揚げ
根菜カレー 34
豆腐とわかめ、油揚げのみそ汁 119
五目白あえ 132
焼き油揚げの香味梅あえ 133
厚揚げの肉巻きカツ 135
おからといかの煮物 136
厚揚げのケチャップ炒め 136
お揚げの宝煮 137
じゃがいもと豚肉のオイスター炒め 159
きのこと厚揚げのピリ辛炒め 164
ごちそうひじき煮 119、167
落とし卵とオクラのみそ汁 28、175
白みそと酒粕の豚汁 145、191
ちゃんこ鍋 195

◆おから
おからといかの煮物 136

◆がんもどき
がんも煮 137
うちのおでん 187

◆高野豆腐
高野豆腐の肉詰め煮込み 167
高野豆腐のごまから揚げ 169

◆豆乳
ふわふわ枝豆豆腐 130

◆豆腐
キャベツと豆腐、すりごまのみそ汁 31
牛すじと豆腐、大根のしょうゆ煮込み 55
麻婆豆腐 64
もずくと豆腐のスープ 78
すき焼き 93
豆腐とわかめ、油揚げのみそ汁 119
五目白あえ 132
肉豆腐 133
豆腐のジョン 134
豆腐とひじきの揚げ団子 134

豆腐の中華マリネ ……… 135
春菊トマト肉豆腐どんぶり …… 138
豆腐とわかめのサラダ ……… 171
ゴーヤチャンプル ……… 174
落とし卵とオクラのみそ汁
……………………… 28、175
明太ポン酢冷奴 ……… 176
ちゃんこ鍋 ……… 195
トマトと豆腐のサラダ ……… 200

◆納豆
納豆オムレツ ……… 74、119
ねばねば納豆丼 ……… 139

＊乳製品＊
◆牛乳
えびのマカロニグラタン ……… 68
サーモンとじゃがいものフライパン
グラタン ……… 70
グラタンのクレープ包み ……… 71
アッシェパルマンティエ ……… 98
バナナとトマトのスムージー …… 118
マッシュルームとほうれん草のク
リームパイ ……… 163、179
白菜のクリームシチュー …… 184
にんじんとかぼちゃのクリームスー
プ ……… 144、190
ホワイトソース ……… 197

◆チーズ
あさりのトマトパスタ ……… 29
野菜とカレーのオーブン焼き …… 35
チーズinハンバーグ ……… 46
ハンバーグサンド ……… 47
牛肉とトマトの餃子 ……… 50
鶏ハムのサラダ ……… 55
ミートソースとブロッコリーのコ
コット ……… 59
ミートチーズ春巻き ……… 59
フライのタルタルグラタン …… 63
麻婆とらたらこのチーズ焼き … 67
えびのマカロニグラタン ……… 68
サーモンとじゃがいものフライパン
グラタン ……… 70
なすのミートラザニア ……… 70
チキンときのことトマトのグラタン
……………………………… 70
かきとほうれん草のグラタン … 70
パングラタン ……… 71
ハムとチーズとねぎのオープンオム
レツ ……… 74
ゆでブロッコリーのチーズ焼き … 79
鶏ピザ ……… 84
たことたらこのコロッケ ……… 112
なすとしいたけのじゃこピザ …… 116
じゃがいもとハムのスペイン風オム
レツ ……… 124、180
ズッキーニとコーンとトマトの卵パ
イ ……… 126
ラタトゥイユとモッツァレラの冷製
パスタ ……… 139
野菜たっぷりチーズトースト …… 139
ほうれん草とトマト・チーズのロー
ルカツ ……… 147
かぼちゃ茶巾のチーズ焼き …… 150
かぼちゃのグラタン ……… 151
キャベツのミルフィーユ …… 156
じゃがいもとほたてのオーブン焼き
……………………………… 159
じゃがいも餅 ……… 161

きのことチキンのクリーム煮込み
……………………………… 162
マッシュルームとほうれん草のク
リームパイ ……… 163、179
きのことささみのホイル焼き …… 165
オニオングラタンスープ …… 189
えびとアボカドのクロックムッシュ
……………………………… 197
なすのみそチーズ焼き ……… 199
バジルペースト ……… 200
青大豆とモッツァレラのサラダ
……………………………… 201

◆生クリーム
欧風シーフードカレー ……… 34
ハンバーグ 赤ワイントマトソース
とアボカドソース ……… 44
えびのマカロニグラタン ……… 68
サーモンとじゃがいものフライパン
グラタン ……… 70
チキンときのことトマトのグラタン … 70
ビーフストロガノフ ……… 94
スウェーデン風ミートボール … 96
コールドサーモンパプリカソース
……………………………… 103
かぼちゃ茶巾のチーズ焼き …… 150
かぼちゃのグラタン ……… 151
白菜としめじのカレークリーム煮
……………………………… 156
じゃがいもとほたてのオーブン焼き
……………………………… 159
じゃがえび ……… 160
マッシュポテト ……… 161、180
きのことチキンのクリーム煮込み
……………………………… 162
きのこと豚肉のストロガノフ …… 165
白菜のクリームシチュー …… 184
クラムチャウダー ……… 188
にんじんとかぼちゃのクリームスー
プ ……… 144、190
パプリカマヨソース ……… 196
ホワイトソース ……… 197

◆ヨーグルト
ペリメニ風 ……… 51
コールドサーモンパプリカソース
……………………………… 103
パプリカマヨソース ……… 196

＊果実類＊
◆アボカド
ハンバーグ 赤ワイントマトソース
とアボカドソース ……… 44
まぐろとアボカドとくるみのサラダ
……………………………… 140
えびとアボカドのクロックムッシュ
……………………………… 197

◆いちじく
いちじくはちみつミント …… 120
いちじくとソフトサラミのグリーン
サラダ ……… 178

◆すもも
すももジャム ……… 121

◆ドライプルーン
豚とプルーンの赤ワイン煮込み
……………………………… 90

◆パイナップル
パイナップルチアシード ……… 119

◆バナナ
バナナとトマトのスムージー …… 118

◆ラズベリー
鶏ハムのサラダ ……… 55

＊漬け物類＊
◆梅干し
いわしの梅煮 ……… 109
焼き油揚げの香味梅あえ …… 133
小松菜といかの梅あえ …… 150
さっぱり梅ソース ……… 196

◆キムチ
豚肉キムチ卵炒め ……… 74

◆たくあん
ねばねば納豆丼 ……… 139

＊ご飯・麺・パン・粉＊
◆うどん
カレーうどん ……… 35
うどん ……… 114

◆ご飯・玄米・米
雑穀ご飯 ……… 28
干し貝柱ご飯 ……… 30
から揚げおにぎり ……… 39、76
麻婆なすのご飯レタス包み … 67
卵焼きおにぎり ……… 76
天丼 ……… 114
天むす ……… 114
卵とじ丼 ……… 114
クラムライス ……… 121
中華丼 ……… 138
春菊トマト肉豆腐どんぶり …… 138
ビビンバ ……… 138
野菜と卵のクッパ ……… 138
えび、にら玉、トマトどんぶり … 139
ねばねば納豆丼 ……… 139
ヘルシー鶏ぞうすい ……… 142
玄米ガパオライス ……… 143
玄米塩おにぎり ……… 145
サフランライス ……… 180
簡単参鶏湯 ……… 187
いろいろカレー ……… 192
かつおの手こね寿司 ……… 193
あんかけチャーハン ……… 193
おじや ……… 195

◆シュウマイの皮・餃子の皮・
春巻きの皮・ワンタンの皮
えびにら水餃子 ……… 30
カレーの残りでサモサ風 …… 35
焼き春巻き ……… 43
餃子 ……… 48
えびにら餃子 ……… 50
春菊と白菜の餃子 ……… 50
牛肉とトマトの餃子 ……… 50
えびとれんこんの餃子 ……… 50
ペリメニ風 ……… 51
サルサ風揚げ焼き餃子 ……… 51
ミートチーズ春巻き ……… 59
豚の五目春巻き ……… 77、91
四川風おかずワンタン ……… 97
シュウマイ ……… 101

きのこ春巻き ……… 164
えびワンタンとレタスのスープ
……………………………… 190

◆そうめん・冷麦
麻婆白菜そうめん ……… 67
ゆで肉スープでにゅうめん …… 120

◆中華麺
中華麺 ……… 195

◆パスタ
あさりのトマトパスタ ……… 29
えびのマカロニグラタン ……… 68
なすのミートラザニア ……… 70
チキンときのことトマトのグラタン
……………………………… 70
ゆでキャベツとたらこのスパゲッ
ティ ……… 79
ラタトゥイユとモッツァレラの冷製
パスタ ……… 139
スパゲッティサラダ ……… 172
マカロニサラダ ……… 173
ミネストローネ ……… 79、189
春菊とえび、ベーコンのパスタ
……………………………… 193
煮込みパスタ ……… 195

◆春雨
ピリ辛鶏肉じゃが ……… 42
ミートチーズ春巻き ……… 59
麻婆春雨 ……… 66
豚の五目春巻き ……… 77、91
プルコギ ……… 94
シュウマイ ……… 101
キャベツとあさりの酒蒸し …… 154
きのこ春巻き ……… 164
チャプチェ ……… 167
かにと春雨の炒めもの ……… 168
ヤムウンセン ……… 172

◆パン
ハンバーグサンド ……… 47
えびフライサンド ……… 63
パングラタン ……… 71
野菜たっぷりチーズトースト … 139
ラタトゥイユのバゲットのせカナッ
ペ ……… 179
オニオングラタンスープ …… 189
えびとアボカドのクロックムッシュ
……………………………… 197

◆パイシート
ズッキーニとコーンとトマトの卵パ
イ ……… 126
マッシュルームとほうれん草のク
リームパイ ……… 163、179

◆ビーフン
生春巻き ……… 197

◆餅
お揚げの宝煮 ……… 137

◆ライスペーパー
生春巻き ……… 197

レシピ作成・調理・スタイリング

### 平岡淳子（ひらおかじゅんこ）

フードコーディネーター。東京下町暮らし。お米マイスター、野菜ソムリエとしても活躍。雑誌や書籍、Webサイトでレシピの提案、調理、スタイリングをおこなっている。また、毎月主催している料理教室が人気。日本ならではの四季を感じながら、旬の食材をふんだんに使った「作りやすいおうちごはん」にこだわって、ジャンルにこだわらないシンプルで美味しいレシピを提案している。著書に『決定版！朝つめるだけで簡単！作りおきのラクうま弁当350』、『一皿でごちそう　おそうざいサラダ』、『もっとおいしく、もっと楽しむ！ジャーでつくる毎日のサラダ＆デリ』（全てナツメ社）がある。
平岡淳子毎日のおかず教室
HP:http://www.hiraokajunko.com

**Staff**

| | |
|---|---|
| 撮影 | 田中宏幸 |
| デザイン | 矢﨑進　前田啓文（yahhos） |
| イラスト | 高旗将雄 |
| 調理アシスタント | 佐藤雅子 |
| 栄養計算 | 角島理美 |
| 編集協力／執筆協力 | 丸山みき（SORA企画）　富永明子 |
| 編集アシスタント | 岩本明子　大森奈津（SORA企画） |
| 編集担当 | 齋藤友里（ナツメ出版企画） |

ナツメ社Webサイト
http://www.natsume.co.jp
書籍の最新情報（正誤情報を含む）は
ナツメ社Webサイトをご覧ください。

---

## 決定版！　週末作って毎日簡単！　作りおきのラクうまおかず350

2015年12月24日　初版発行

---

| | |
|---|---|
| 著　者 | 平岡淳子 |
| 発行者 | 田村正隆 |

©Hiraoka Junko, 2015

発行所　株式会社ナツメ社
　　　　東京都千代田区神田神保町1-52　ナツメ社ビル1F（〒101-0051）
　　　　電話 03-3291-1257（代表）　FAX 03-3291-5761
　　　　振替 00130-1-58661

制　作　ナツメ出版企画株式会社
　　　　東京都千代田区神田神保町1-52　ナツメ社ビル3F（〒101-0051）
　　　　電話 03-3295-3921（代表）

印刷所　図書印刷株式会社

ISBN978-4-8163-5945-3　　　　　　　　　　　　　　　Printed in Japan

〈本書に関するお問い合わせは、上記、ナツメ出版企画株式会社までお願い致します。〉

〈定価はカバーに表示してあります〉
〈乱丁・落丁本はお取り替えします〉
本書の一部または全部を著作権法で定められている範囲を超え、
ナツメ出版企画株式会社に無断で複写、複製、転載、データファイル化することを禁じます。